RELEASING

FREI SEIN DURCH LOSLASSEN

EIN WORKSHOP MIT ISA UND YOLANDA

Herausgeber Markus Langholf

Sheema Medien Verlag

Bibliografische Information Der Deutschen Bibliothek
Die Deutsche Bibliothek verzeichnet diese Publikation in der Deutschen
Nationalbibliothek; detaillierte bibliografische Daten sind im Internet über
http://dnb.ddb.de abrufbar.

ISBN 3-931560-07-4

Die Informationen zur Biographie in Teil I und Materialien zu Theorie und Praxis des Releasing in
Teil II wurden von Dr. E.E. und. R. Lindwall freundlicherweise zur Verfügung gestellt. Die
Muskeltests und Releasing-Aussagen im dritten Teil dieses Buches werden mit der freundlichen
Genehmigung von Dr. E.E. Lindwall gedruckt.

1. Auflage 2003

© Sheema-Medien-Verlag, Wasserburg/Inn, www.sheema.de
Originalmaterial: Dr. Elmer Edward und Ruth Lindwall
Text: Markus Langholf
Photographien: Detlef Saalfeld (S. 5: R. Lillot und K. Hauerwaas)
Gestaltung: Dorothee Saalfeld

Liebe Leser

»Wenn ihr euch mit diesem Material beschäftigt, wünschen
wir euch ein Wiederaufflammen jenes göttlichen Funkens,
der euer Geburtsrecht ist – der bedingungslosen Liebe –
denn er wird eure Schritte unfehlbar lenken und euch zu
einem Licht in der Welt machen. Dann werdet ihr mit
vereinten Kräften, gemeinsam mit euren Weggefährten,
eine aufgeklärte und erleuchtete globale Gemeinschaft erschaffen, in der jede Seele ihre Bestimmung erfüllen kann.«

ISA UND YOLANDA

WIDMUNG

Vor vielen Jahren durchstreifte ein Mann den nordöstlichen Teil der Vereinigten Staaten und pflanzte in aller Stille, während er von Ort zu Ort zog, in der ganzen Gegend Apfelkerne. Viele Kerne keimten, bildeten Wurzeln und mit den Jahren wuchsen Apfelbäume heran, die den Grundstock bildeten für Obstgärten, die heute noch Früchte tragen. Man nennt ihn Johnny Appleseed (Apfelkern). Dieses Buch von einem unserer Schüler, Markus Langholf, in dem die geistige Saat unserer Arbeit aufgegangen ist und Früchte trägt, handelt vom Releasing-Prozeß (to release: engl. loslassen, erlösen), den wir 25 Jahre lang bis zum heutigen Zeitpunkt, dem Jahr 2002, überall in der Welt in 38 Ländern ausgesät und verbreitet haben. Wir sind glücklich darüber, immer noch zu reisen und zu säen.

Unsere Saat sind Ideen, die überall dort, wo wir umherstreifen, im Bewusstsein bereitwilliger Zuhörer ausgesät werden. Die erste Saat ist nicht nur aufgegangen, sondern hat bereits starke Bäume hervorgebracht, die nun ihrerseits in der ganzen Welt wunderschöne Früchte tragen. Wir sind viel zu sehr damit beschäftigt gewesen, in den Boden des Lebens Samen auszubringen, um selbst unsere Fußstapfen aufzuzeichnen. So fühlte sich Markus dazu inspiriert, uns auf mehreren Reisen nach Amerika zu befragen und die Interviews aufzunehmen, um diese Arbeit für künftige Generationen in schriftlicher Form festzuhalten. Er war einer der ersten deutschen Schüler der Releasing-Arbeit (1984), der bereits 1985 begann, diesen Prozess selbst zu lehren. Er schrieb 1997 das erste Buch über das Loslassen und gründete 1999 zusammen mit seiner Frau Angela das erste Seminarzentrum, in dem Releasing-Lehrer ausgebildet werden und die Releasing-Methode benutzt wird, um Menschen zu befähigen, ihre Visionen von einem sinnvollen und erfüllten Leben zu realisieren — die Visionswerkstatt Cap Sizun an der französischen Küste in der Bretagne.

Unsere tiefste Dankbarkeit gilt ihm für seine unermüdlichen Bemühungen als Herausgeber dieses Buches.

Besonderer Dank auch an Dorothee Saalfeld, deren gestalterische und redaktionelle Arbeit dieses Buch möglich machten. Ihr Beitrag – zusammen mit den herausragenden Photographien ihres Ehemanns Detlef (beide Releaser seit 1985) – ist wahrhaftig eine Arbeit des Herzens gewesen.

Wir nehmen die Ernte der Releasing-Arbeit nicht als unser Verdienst in Anspruch, denn wir sind lediglich der Führung der EINEN zugrunde liegenden Kraft gefolgt, die uns alle erschaffen hat und erhält. Diese machtvolle QUELLE, der in vielen Sprachen persönliche Namen gegeben wurden, nennen wir liebevoll ›SPIRIT MOST HIGH‹, ›ALLERHÖCHSTER GEIST‹. Wir persönlich wissen, dass diese großartige Kraft BEDINGUNGSLOSE LIEBE ist. Das ganze Leben lang (Isa, 83 Jahre – Yolanda, 70 Jahre) haben wir Menschen aller Rassen, Nationalitäten und Glaubensrichtungen kennengelernt und so herausgefunden, dass LIEBE universal von allen erkannt wird, die uns ihr Heim und ihre Herzen geöffnet haben. Diese Arbeit gehört all den Generationen vor uns, die für unsere biologische Entwicklung und unser spirituelles Erwachen Wegbereiter waren und auch die globale Kommunikation und Reisen in alle Welt erst ermöglicht haben. Sie gehört auch denjenigen, die in künftigen Jahren folgen werden – *The Next Generation of Releasing*.

Abschließend senden wir unsere tiefempfundene Dankbarkeit an die Mitglieder unserer geliebten Familien, die unsere Körper und unseren Geist genährt und so eine solide Grundlage für die uns bestimmte Aufgabe geschaffen haben. Obwohl uns die Namen ›Isa‹ und ›Yolanda‹ eher vom ALLERHÖCHSTEN GEIST als von unseren biologischen Eltern gegeben wurden, tragen wir immer noch und für alle Zeit die Prägung ihrer Liebe und Hingabe.

In Liebe und im Licht, immer

ISA UND YOLANDA

INHALT

EINFÜHRUNG DES HERAUSGEBERS

Isa und Yolanda sind die Seelennamen von Dr. Elmer Edward Lindwall und seiner Frau Ruth Lindwall. Isa und Yolanda sind ein natürliches, bescheidenes, humorvolles und liebenswertes amerikanisches Arzt-, Heiler- und Lehrerehepaar aus Hot Springs, Arkansas, USA. Wie bei vielen überzeugenden spirituellen Lehrern sind es ihre Einfachheit, Demut, Gelassenheit, ihr trockener und verschmitzter Humor, schlicht ihre große Menschlichkeit, Weisheit, ihr bedingungsloses Mitgefühl und ihre Integrität, die durch die Einheit von Lehre und Lebensführung für sich sprechen. Isa und Yolanda bringen das Ideal BEDINGUNGSLOSER LIEBE durch ein vollkommenes Gleichgewicht zwischen weiblicher und männlicher Energie zum Ausdruck. Sie beanspruchen für sich selbst keinerlei gesellschaftlichen oder spirituellen Status, leben, wenn sie ausnahmsweise mal nicht auf Reisen sind, ein ruhiges, unspektakuläres Alltagsleben und stehen großen Teilen des New Age-Jahrmarkts eher distanziert gegenüber.

Isa und Yolanda leben den Ausspruch von Jesus Christus: *»Wer sein Leben festhält, der wird es verlieren. Wer es aber loslässt um meinetwillen, der wird es gewinnen.«* (Matth.16.25)

Ihr bleibender Verdienst und ihre einzigartige Lebensleistung ist die Entwicklung und Verbreitung einer einfachen Selbsthilfemethode, die Menschen dabei hilft, die seelischen Ursachen von begrenzenden Gedanken, Gefühlen und Verhaltensweisen aufzulösen und zu neutralisieren. Diese Arbeit nennen sie »Releasing - frei sein durch Loslassen« (to release: engl. loslassen, erlösen).

Releasing verschafft Menschen Zugang zur Dimension und den Erinnerungen ihrer Seele, macht ihnen die darin gebundenen Energien bewusst und zeigt ihnen einen Weg, diese Blockaden loslassen zu können. Negative Selbstbilder, begrenzende Glaubenssätze, ver-

letzte Gefühle und destruktive Gewohnheiten werden auf ihre
seelische Ursache zurückgeführt und behutsam aufgelöst.

Das Loslassen begrenzender seelischer Muster aus der Vergangenheit wirkt in jeder Hinsicht befreiend: Die Lebensenergie kommt
wieder in Fluss, die Persönlichkeit wird durchlässig für die Seele und
das Bewusstsein öffnet sich für die »kreative geistige Kraft des Universums«, die Isa und Yolanda »SPIRIT MOST HIGH«, »ALLERHÖCHSTER
GEIST« nennen.

Mit der Releasing-Arbeit demonstrieren sie, dass alle menschlichen Gefühle durch bedingungsloses Mitgefühl und Liebe geheilt
werden können und dass eine neue westliche Spiritualität an erster
Stelle menschlich sein muss. Isa und Yolanda verstehen ihre Arbeit
als Dienst an der Einheit des Lebens und der globalen Entwicklung
eines erweiterten Bewusstseins.

Isa und Yolanda begannen Ende der 70er Jahre in den USA, ihre
Arbeit auf Seminaren weiter zu vermitteln. Die Teilnehmer ihrer
Workshops waren so begeistert, dass sich durch Mundpropaganda
bald mehr und mehr Menschen für Releasing interessierten. Aus den
Workshops entstanden Releasing-Gruppen – zunächst in Atlanta,
ihrem damaligen Wohnort, dann in weiteren Städten, schließlich
auch in anderen US-Bundesstaaten, in Kanada und in anderen Na-
tionen. Anfang der 80er Jahre haben sie aufgrund der wachsenden
Nachfrage ihr bürgerliches Leben und ihre florierende Arztpraxis
aufgegeben. Seither erlernten Tausende auf der ganzen Welt diese
Methode des Loslassens begrenzender seelischer Blockaden. Die
Lindwalls haben Menschen aller Kulturen, Glaubensrichtungen,
Hautfarben und sozialen Schichten in bisher fast 40 Ländern ge-
schult. Bis zum heutigen Tag haben Isa und Yolanda nur minimale
Werbung gemacht, und ihre Arbeit verbreitete sich allein durch die
Flüsterpropaganda von Herz zu Herz und entwickelte sich so zum
Geheimtip für ernsthaft motivierte Wahrheitssucher.

Wer ein einziges Mal Isa und Yolanda bei ihrer Arbeit erlebt hat,
wer die glänzenden Augen und strahlenden Gesichter ihrer Work-
shop-Teilnehmer gesehen hat, kommt aus dem Staunen nicht her-

aus, ist berührt, verwandelt sich nicht selten in einen glücklicheren Menschen und fragt sich: Wie ist das möglich? Was ist das Geheimnis des Releasing?

Als ich selbst 1984 auf einem Seminar mit Isa und Yolanda zum ersten Mal in Kontakt mit Releasing kam, befand ich mich in einer existentiellen Krise und war als angehender Pädagoge und Kulturwissenschaftler auf der Suche nach authentischen spirituellen Erfahrungen, die auch einer Überprüfung und Reflexion durch den Intellekt standhielten. Mit Releasing lernte ich eine Methode jenseits der Methoden kennen, die mir half, die seelische Dimension meiner Situation zu verstehen und im Einklang mit den Werten und Zielen meiner Seele einen freien und kreativen Weg durch das Labyrinth des Lebens finden zu können. Bis heute ist es immer wieder meine große Liebe zur Freiheit gewesen, die ich im Releasing wiedergefunden habe und die das Prinzip des Loslassens als zeitgemäße, mitten in der Welt stattfindende spirituelle Lebensweise qualifiziert. Wirklich frei zu sein war schon immer mein tiefster Wunsch, und heute weiß ich, dass es tatsächlich der einzige Wunsch unserer Seelen ist. Wirklich frei sind wir aber nur im unbegrenzten Ausdruck der Liebe, oder um es mit den Worten des Dichters Khalil Gibran zu sagen: »... *glaube nicht, du kannst den Lauf der Liebe lenken, denn die Liebe, wenn sie dich für würdig hält, lenkt deinen Lauf.*«*

So bat ich 1985 Isa und Yolanda, mit ihnen reisen und bei ihnen in die Lehre gehen zu dürfen. Es folgten intensive Lehrjahre, in denen ich jeweils mehrere Monate mit ihnen unterwegs war und andererseits daran arbeitete mein Studium der Kulturpädagogik abzuschließen. Dabei erlebte ich mich oft als Fremder in beiden Welten, denn in der Umgebung spirituell interessierter Menschen irritierte mich oft die Abwesenheit von klarer Gedankenführung und Unterscheidungsvermögen, während im akademischen Rahmen die spirituelle Dimension des menschlichen Lebens erst gar nicht auf der

* Khalil Gibran: »Der Prophet«, 1. Kapitel: »Von der Liebe«

Tagesordnung stand. Nicht zuletzt durch das Studium der Geistes-
geschichte wurde mir aber deutlich, dass meine eigene Zerrissenheit
auch individueller Ausdruck einer kollektiven Bewusstseinsspaltung
der westlichen Gesellschaften war.

Wer ausschließlich den Intellekt als Maßstab für das eigene Handeln wählt, wie es sich in der westliche Tradition spätestens seit der
Aufklärung durchgesetzt hat, opfert mit der Intelligenz der Seele die
weibliche Hemisphäre des Bewusstseins und damit auch den spirituellen Zusammenhang des Seins.

Ich selbst hatte zu Beginn meines spirituellen Weges erst am Rand
der Selbstzerstörung erfahren, »dass ich nicht bin, weil ich denke«,
sondern dass Denken eine Funktion des Seins ist. Rationalität und
Intuition schließen sich eben nicht aus, sondern sind Ausdruck
einer einzigen Wirklichkeit und bedürfen der ausgewogenen und
weisen Nutzung, um zu sinnvollen Antworten auf die Fragen des
Lebens zu kommen.

Es spricht viel dafür, dass Aufklärung, verstanden mit Kant »als
der Auszug des Menschen aus selbstverschuldeter Unmündigkeit«
ein Prozess ist, der noch nicht abgeschlossen ist. Nach der Emanzi-
pation des Individuums von äußeren Institutionen wie Staat und
Kirche und den Errungenschaften von Gedankenfreiheit und De-
mokratie steht die zweite Hälfte der Aufklärung – die Befreiung des
Menschen aus der Versklavung an die inneren seelischen Schatten-
kräfte – noch aus.

Der Mensch ist nicht nur rationales und soziales Wesen, sondern
auch spirituell. Vor diesem Hintergrund entschied ich mich als Kul-
turpädagoge im Bildungssektor zu arbeiten, um im Geist einer aufgeklärten, demokratischen und sozial engagierten Spiritualität einen
Beitrag zum inneren Zusammenhalt der Gesellschaft zu leisten.
Releasing wurde für mich zur idealen »Methode jenseits der Methoden«, um Menschen zu schulen, ihre persönlichen Bewusstseinsspal-
tungen zwischen der linken und rechten Hemisphäre und den
daraus resultierenden Widersprüchen zwischen ihrer Seele und ihrer
Lebensführung zu überwinden und sie dabei zu begleiten, die in
ihrer Seele angelegten Ziele zu entfalten.

Im Laufe der Zeit wuchs mein Interesse, auch einer breiteren Öffentlichkeit die philosophische Substanz des Releasing darzustellen und die Möglichkeit zum Loslassen aufzuzeigen.

Auch wenn es während dieses Werdeganges Phasen gab, in denen ich allein weiter ging, um zu lernen, mir selbst und meiner Arbeit zu vertrauen und einen »eigenen Stil« zu entwickeln, so waren und sind es bis heute immer wieder Isa und Yolanda, die an vielen kleinen und großen Kreuzungen meines Weges Pate standen. Zwischen uns wuchs das Vertrauen von Begegnung zu Begegnung. Durch ihr liebendes Beispiel und ihre einzigartige Durchlässigkeit für das Licht des Seins zeigten sie mir immer wieder mit unermüdlicher Geduld, dass die Möglichkeiten des Releasing für das Wachstum des Bewusstseins subtil und endlos sind.

So hat mich das Loslassen nicht losgelassen. Aus dem reichen Schatz der Einsichten und Erfahrungen, die mir Releasing geschenkt hat, habe ich bereits 1997 das Buch: »*Der Pfad des lebendigen Geistes – Loslassen!*« veröffentlicht. Dieses Buch, ein philosophischer Reiseführer durch die inneren Welten, ist Grundlage für die Releasing-Ausbildung, wie sie von mir seit 1992 in Deutschland und seit 1998 gemeinsam mit meiner Frau Angela in der *Visionswerkstatt Cap Sizun* in der Bretagne angeboten wird. »*Der Pfad des lebendigen Geistes*« reflektiert vor dem Hintergrund der Ideale der Aufklärung und ihrer Idee der freiheitlichen Entwicklung des Individuums das östliche, transzendente Modell der Chakrenlehre und zeigt anhand einer »Psychologie der Chakren« Richtung, Inhalt und Ziele und Systematik des Releasing-Prozesses.

Mit dem vorliegenden Buch möchte ich an die Ursprünge des Releasing erinnern und lade den Leser ein, Personen, Schauplätze und das Handwerkszeug des Releasing kennenzulernen. Damit erfüllt sich für Laien und Profis endlich der Wunsch nach Grundlagenmaterial für die Releasing-Praxis aus erster Hand, denn erfahrungsgemäß schmeckt das Wasser am besten an der Quelle des Flusses.

»*Spirit never told us to become a big name*« ist die Antwort von Isa und Yolanda auf die Frage, warum sie die Anfragen vieler renommierter Verlage bislang zurückgewiesen haben. Bis heute ist es ihr wichtigstes Anliegen, Schüler im persönlichen Kontakt auszubilden, Menschen, die Releasing als ihre Lebensaufgabe ansehen und weiterentwickeln. Mittlerweile ist das gesellschaftliche Bewusstsein soweit für spirituelle Fragen sensibilisiert, dass viele Menschen den Segen und den Nutzen des Releasing erkennen können. Es ist deshalb ein großes Geschenk, dass Isa und Yolanda bereit waren, nun zum ersten Mal Material für eine Veröffentlichung zur Verfügung zu stellen.

Wie nicht anders zu erwarten war, gestaltete sich die Entstehungsgeschichte dieses Buches selbst als ausgesprochen spannender kreativer Prozess. Nicht nur die Lindwalls befanden sich in den vergangenen Jahren während ihrer langen Seminarreisen nahezu täglich an einem anderen Ort sondern auch ich selbst war durch ständige Reiseaktivitäten, den Aufbau eines Seminarhauses in der Bretagne und als 4-facher Vater in einer Weise beansprucht, die die Herausgabe dieses Buches wie die Quadratur des Kreises erscheinen ließen. Nicht zuletzt die wachsenden Erkenntnisse aller beteiligten Personen stellten die bisherigen Arbeitsergebnisse immer wieder neu in Frage und brachten eine Vielzahl alternativer Perspektiven hervor, die jeden voreiligen Gedanken an ein bevorstehendes Ende der Produktion als Fata Morgana entlarvten.

Auch die Unterschiede zwischen der deutschen und der englischen Sprache wurden anfänglich unterschätzt, da niemals mit letzter Gewissheit zu gewährleisten ist, ob die beabsichtigten Bedeutungen im Gebrauch des amerikanischen Englisch gerade hinsichtlich komplexer und subtiler spiritueller Themen im Deutschen erfasst wurden.

Es sollten vier Reisen in die USA werden und zahlreiche Interviews, Arbeitstreffen und Photosessions in Deutschland und Frankreich, um das Material für dieses Buch zusammenzutragen, zu redigieren und schließlich wieder zu reduzieren, aber natürlich bestand die Hauptarbeit in der redaktionellen Überarbeitung aller Materialien, um einen einheitlichen Handlungsablauf und Erzählfluss zu erreichen. Um die Aura der Authentizität und die Lebendigkeit des gesprochenen Wortes zu erhalten, habe ich, soweit wie möglich, die Originalzitate aus Interviews und Textfragmenten von Isa und Yolanda unverändert gelassen. Der Leser möge aber berücksichtigen, dass dies nicht ausschließlich ein Buch *von* Isa und Yolanda ist, sondern auch ein Buch *über* sie.

Alle nicht auszuschließenden inhaltlichen und sprachlichen Ungenauigkeiten und Irrtümer, die unwissentlich nicht im Einklang mit dem Geist von Isa und Yolanda sind, möge der Leser bitte getrost dem begrenzten Auffassungsvermögen des Herausgebers zuschreiben und beim Lesen durch den eigenen Verstand und die eigene Intuition überprüfen.

Die Arbeit am Buch zeigte, dass es nur eine Form gab, das Material angemessen zu präsentieren: als Workshop von Isa und Yolanda. Wie auf einem realen Workshop erzählen Isa und Yolanda aus ihrem Leben, stellen dem Leser die wichtigsten philosophischen Prinzipien ihrer Arbeit vor und teilen mit ihm den großen Schatz ihrer Erfahrungen, indem sie die verbreitetsten Muster menschlicher Blockaden aufzeigen und ihn dazu einladen, mit dem Loslassen zu beginnen.

Der einführende biographische Teil ermöglicht dem Leser einen Blick auf den ursprünglichen »Ort im Leben« der Releasing-Arbeit und erzählt von den wichtigsten Koordinaten und einigen Höhepunkten ihrer Biographie. Auch wenn Isa und Yolanda den meisten Lesern persönlich nicht bekannt sein werden, kann das Studium ihrer Biographie eine Quelle der Inspiration sein, da der Leser unmittelbar, anschaulich und direkt die verwandelnde Kraft einer spirituellen Lebenseinstellung in biographischen Schlüsselsituationen erkennen kann.

Der zweite Teil geht zurück auf Textfragmente von Yolanda, die schon vor Jahren von ihr für eine Veröffentlichung vorbereitet waren. Diese Fragmente wurden mit dem Einverständnis der Lindwalls überarbeitet, wo es für eine plausible Gedankenführung notwendig erschien inhaltlich ergänzt, und anschließend wieder gemeinsam mit den Lindwalls überprüft. In diesem Abschnitt werden die wichtigsten philosophischen Prinzipien des Releasing sowie der klassische Ablauf einer Releasing-Sitzung in der Tradition von Isa und Yolanda vorgestellt. Wer das Loslassen gar nicht abwarten kann, kann natürlich auch gleich beim dritten Teil einsteigen und zu einem späteren Zeitpunkt die anderen Kapitel lesen.

Der dritte Teil stammt aus der Feder von Isa. Er enthält Listen mit den häufigsten seelischen Themen und Affirmationen zum Loslassen sowie die aus der Kinesiologie bekannten und von Isa speziell für die Releasing-Arbeit verifizierten Muskeltests mit den Entsprechungen zwischen den seelischen Mustern und verschiedenen Muskeln und Meridianen. Die Muskeltests werden detailliert beschrieben und durch einzigartige Aufnahmen mit Isa und Yolanda dokumentiert, die speziell für dieses Buch auf dem Cap Sizun in der Bretagne gemacht wurden.

Im Schlussteil rufen Isa und Yolanda noch einmal zu Einsatz und Handeln für die Zukunft der Erde auf. Im Anhang erfährt der Leser, wohin er sich wenden kann, wenn er beim Loslassen professionelle Hilfe wünscht oder sich selbst zum Releasing-Lehrer qualifizieren möchte.

Tatsächlich aber kann jeder Mensch in jeder Situation damit beginnen loszulassen. Er muss es nur wollen, bereit sein, sich selbst in Liebe anzuschauen und den eigenen Gefühlen mehr zu vertrauen als allen Büchern und äußeren Lehrern und Autoritäten.

Dann wird die Seele sich selbst zum Weg und wir verwandeln uns in »*transparente Gefäße für den Strom der lebendigen Wasser des Allerhöchsten Geistes*« (Isa und Yolanda)

In diesem Sinn ist das Buch eine Einladung zum Mitmachen, denn jeder gelungene Workshop lebt vor allen Dingen von der Bereitschaft der Teilnehmer, sich auf neue Sichtweisen und Erfahrungen einzulassen…

Herzlich willkommen und viel Spaß beim Loslassen!

MARKUS LANGHOLF, Cap Sizun, 30.7.2002

EINBLICKE

IN DAS LEBEN VON ISA UND YOLANDA

»Der Schlüssel, um das Tor zum Höheren Bewusstsein zu öffnen
ist eine Demut, die aus der BEDINGUNGSLOSEN LIEBE für
ALLES WAS IST geboren ist.« ISA

*Wie jeder Workshop, so beginnt auch dieses Buch mit einem Kennen-
lernen der Protagonisten. Isa und Yolanda reagierten auf die Bitte
nach biographischem Material anfänglich nicht gerade enthusiastisch.
Dies mag mit dem auch von anderen spirituellen Lehrern bekannten
Phänomen zu tun haben, die Vergangenheit loszulassen und sie auch
durch Worte und Gedanken nicht neu zu erschaffen, um ganz in der
Gegenwart zu sein. Tatsächlich machen sie keinerlei Aufheben um ihre
Person – weder auf Seminaren noch während ihrer raren privaten
Zeit zu Hause. Stattdessen betonen sie, ihre Persönlichkeiten seien
lediglich Instrumente, durch die Releasing in die Welt gekommen sei,
und wer die beiden kennt, weiß, dass dies der Kern ihres Selbstver-
ständnisses ist. Wer einmal beobachten konnte, mit welch unschuldiger
Freude und Hingabe sich Isa und Yolanda den alltäglichen Pflichten
und Banalitäten der Hausarbeit widmen können, beginnt zu verstehen, warum Einfachheit und Natürlichkeit zu ihren höchsten
Idealen gehören und ihnen das Streben nach gesellschaftlichem oder
spirituellem Status wesensfremd sind.*

  *Sobald es die Situation erfordert, sind sie jedoch immer bereit, alles
stehen und liegen zu lassen, um mit Hilfe ihrer einzigartigen Wahrnehmung Inspiration aus dem Geist zu empfangen und Menschen zu
helfen. Dies war auch der Grund, warum es Isa und Yolanda schließlich leicht fiel, im Rahmen dieses Buches von den maßgeblichen Erfahrungen ihres bisherigen Lebens zu erzählen, um dem Leser damit
Einsicht in die Zusammenhänge zwischen ihrem Werdegang und der
Entstehungsgeschichte des Releasing zu geben.*

Yolanda wurde am 12. Oktober 1932 in Atlanta, Georgia, in der Zeit der wirtschaftlichen Depression geboren und erhielt den Namen Mary Ruth Smith.

Als Kind war ich sehr schüchtern, still und nachdenklich und habe viel über das Leben nachgedacht. Ich wurde während der Depression geboren – das war damals eine sehr harte Zeit in Amerika. Mein Vater hatte keine Arbeit und begann zu trinken. Wir mussten ums Überleben kämpfen.

Das brachte uns dazu, tiefer in das Mysterium des Lebens einzudringen. Ich wandte mich den inneren Welten zu und fragte mich, ob es eine Kraft oder einen GOTT gibt oder jemanden, der sich um uns kümmert und der uns hören kann, oder ob wir nur dahintreiben, ohne Hoffnung, den Herausforderungen des Lebens entgegentreten zu können. So begann ich als Kind, mir innerlich Fragen zu stellen, und im christlichen Glauben fand ich schließlich eine Antwort.

Meine erste intensive Auseinandersetzung mit dem christlichen Glauben fand statt, als ich mit sieben Jahren eine Zeit lang bei meiner Tante und meinem Onkel lebte, die den Baptisten angehörten. Ich war damals an Scharlach erkrankt, obwohl weit und breit keine Fälle bekannt waren, bei denen ich mich hätte anstecken können. Es gab zu jener Zeit keine Behandlungsmöglichkeiten, und so wurde unsere ganze Familie, meine Mutter, mein Vater, meine drei Brüder und ich, unter Quarantäne gestellt. Die Gesundheitsbehörde stellte vorn am Grundstück ein Schild auf, und niemandem war es erlaubt, unser Grundstück zu verlassen bzw. zu betreten. Ich erinnere mich noch, dass ich hohes Fieber hatte, mich schwach fühlte und zu Bett ging und erst Tage später in einem Notbett in der Küche wieder erwachte. Über mich gebeugt standen meine Mutter und eine Nachbarin, und beide blickten mich mit einer Mischung aus Besorgnis und Erleichterung an. Ich war noch sehr schwach und hatte Ohrenschmerzen, aber ansonsten schien ich die

Krankheit ohne bleibenden Schaden überstanden zu haben. Das Schuljahr hatte gerade begonnen, und um zur Schule gehen zu können, kam ich deshalb eine Zeit lang zu Verwandten, die ein paar Häuser weiter wohnten. Erst nach 13 Wochen durfte ich wieder zu meiner Familie zurück. Unser Haus blieb unter Quarantäne, und meine Brüder erkrankten, einer nach dem anderen. Mein jüngster Bruder, der noch kein Jahr alt war, starb fast daran, und trotz Operation behielt er einen bleibenden Hörschaden.

Während der Zeit, als ich nicht zu Hause wohnte, besuchte ich mit meiner Tante, meinem Onkel und ihren drei Töchtern regelmäßig die Kirche. Die jüngste war auf der Highschool, die beiden älteren studierten für das Lehramt, wohnten aber noch zu Hause und unterrichteten bereits aushilfsweise an der Sonntagsschule. Ich hatte sie zwar nicht als Lehrerinnen, da sie jüngere Kinder unterrichteten, aber sie gaben mir stets das Gefühl, willkommen zu sein und dazu zu gehören. Unter ihrer Aufsicht fühlte ich mich behütet und geborgen. Das war eine völlig neue Erfahrung für mich. Auch meine Eltern waren Baptisten, sie gingen aber schon jahrelang nicht mehr zur Kirche und taten auch nichts dafür, uns Kinder dazu zu ermuntern. Als ich nach Hause zurückkehrte, nachdem meine Brüder genesen waren, fehlte mir die Sonntagsschule schon bald. Die Kirche, in die meine Tante und mein Onkel gingen, war zu Fuß nicht erreichbar, und so verbrachte ich einige Monate lang die Wochenenden bei ihnen, um mit ihnen zum Gottesdienst zu fahren. Später fand ich heraus, dass ich in einer Baptistenkirche in der Nähe unseres Hauses an sämtlichen kirchlichen Aktivitäten auch unabhängig von anderen teilnehmen konnte. In dieser nahegelegenen Kirche kümmerte man sich sehr liebevoll um die Kinder. Am meisten genoss ich dort das Singen im Jugendchor, gemeinsam mit Schulkameraden und anderen aus unserer Gemeinde, und schon bald ging ich regelmäßig dorthin.

Als ich 12 Jahre alt war wurde ich Juniorhelferin beim Bibelunterricht, der von der Kirche während der Schulferien veranstaltet wurde. Es war ein zweiwöchiges Programm, montags bis freitags von 9.00 bis 13.00 Uhr. Damals wurde mein jüngster Bruder, der beinahe an Scharlach gestorben war, aufgrund seines Hörschadens operiert, und meine Mutter wollte bei ihm im Krankenhaus sein. Mein Vater war der Ansicht, dass nur Frauen im Haushalt arbeiten sollten, und so oblagen mir als einzigem Mädchen sämtliche Pflichten meiner Mutter. Ich musste kochen, das Haus sauber halten und mich um meinen vier Jahre alten Bruder kümmern. Mit Putzen, Babysitting und Geschirrspülen hatte ich keine Probleme, das hatte ich bereits seit Jahren gemacht, aber das Kochen! Ich wusste dennoch, irgendwie würde ich es schaffen, und ich schaffte es auch… trotz der Sticheleien meines Vaters und meiner Brüder wegen zu harter Kekse oder anderer missglückter Kochversuche. Obwohl ich also damals unter erheblichem Druck stand, bereute ich meinen freiwilligen Dienst in der Kirche nicht. Es machte mir große Freude bei den jüngeren Kindern zu helfen. Es schien mir die natürlichste und befriedigendste Sache der Welt zu sein.

Nach dem Ferienprogramm veranstaltete die Kirche einen Erweckungsgottesdienst mit dem Ziel, Menschen zum Christentum zu bekehren und andere, die bereits Christen waren, zu ermutigen, ihr Leben erneut GOTT zu weihen. Am Ende des Gottesdienstes gab es also einen »Aufruf zur Wandlung«, der die Anwesenden aufforderte, nach vorn zu kommen, Christus als ihren Retter zu akzeptieren und sich dem christlichen Glauben zu verpflichten. Ich nahm an diesem Gottesdienst als Mitglied des Jugendchors teil, der ein bestimmtes Lied vortragen sollte. Als der Geistliche die anwesenden Christen aufforderte, ihre Hände zu heben, war ich ganz verstört und fragte mich, ob ich wohl Christin sei. Seit ich sieben Jahre alt war, hatte ich an den kirchlichen Aktivitäten teilgenommen. Aber ich dachte: »Nein, ich kann meine Hand nicht heben. Ich bin der Kirche nie offiziell beigetreten.«

Eine Frau bemerkte, dass ich die einzige im Jugendchor war, die ihre Hand nicht gehoben hatte. Sie kam zu mir und fragte: »Möchtest du Christin werden?« Ich antwortete: »Ich weiß es nicht.« Und sie fragte: »Glaubst du, dass JESUS der Sohn GOTTES ist?« Ich sagte »Ja.« »Glaubst du, dass er am Kreuz starb, um dich vor der Sünde zu erretten und dir ewiges Leben zu schenken?« Ich antwortete »Ja.«

»Möchtest du zum Altar gehen, niederknien und dafür beten?« Sie führte mich zum Altar und kniete sich neben mich.

Ich öffnete mein Herz und begann innerlich mit GOTT zu sprechen: »GOTT, wenn Du mich hörst, dann, bitte, gib Dich mir zu erkennen – im Inneren. Gib Dich nicht bloß theoretisch zu erkennen, durch die Worte dieser Menschen, denn ich möchte Dich in meinem Innersten selbst erkennen. GOTT, an viele Dinge, die diese Kirche lehrt, glaube ich nicht. Zum Beispiel sagen sie, es sei unrecht, ins Kino oder tanzen zu gehen. Obwohl sie sich Christen nennen, sagen sie, dass die anderen protestantischen Kirchen und die katholische Kirche nicht in Ordnung seien und wir nicht in ihre Gottesdienste gehen sollten. Sie erlauben anderen Christen, die keine Mitglieder ihrer Kongregation sind, nicht, am Abendmahl teilzunehmen.« Meine Gedanken kreisten fortwährend um dieses Dilemma. »Ich glaube aber, dass Du dich für derlei Verurteilungen und Kritik nicht interessierst.« Jesus hat gesagt »Lasset die Kinder zu mir kommen und wehret ihnen nicht; denn solcher ist das Himmelreich« (Matth. 19.14). Ich war überzeugt, er meinte jedermann und dass keiner davon ausgenommen war, weder Protestanten noch Katholiken und nicht einmal Menschen, die ins Kino oder zum Tanzen gingen oder Menschen, die gemein waren und wirklich üble Dinge taten. »Ich glaube, Du liebst uns, so wie Jesus gesagt hat. Und ich glaube nicht, dass Du uns ablehnst, wenn wir tanzen gehen. Es macht soviel Freude, sich im Rhythmus der Musik zu bewegen, ich weiß nicht, was daran schlecht sein soll. Und zu den Kinofilmen: Ich glaube, es ist Unsinn, zu sagen, es sei Sünde, einen Kinofilm anzuschauen. Es ist doch bloß eine Geschichte, die in bewegten Bildern erzählt wird. Manchmal dreht sich die Geschichte um üble Dinge, aber das Leben ist doch voll von Menschen, die alles Mögliche tun. Ich finde nicht, dass sich ein Film so sehr vom wirklichen Leben unterscheidet.« Dann wandte ich mich in Gedanken an Jesus: »Jesus, ich glaube daran, dass es Dich tatsächlich gibt. Ich mag, was Du in der Bibel sagst: ›Wenn Ihr nicht werdet wie die Kinder, so werdet Ihr nicht ins Himmelreich kommen.‹ (Matth. 18.3) ›Liebet Euren Nächsten

wie Euch selbst.‹ (3 Mose 19.18; Matth. 22.39) ›Liebet Eure
Feinde; segnet, die Euch fluchen.‹ (Matth. 5.44) ›Alles nun, was
Ihr wollt, dass Euch die Menschen tun sollen, das tut Ihnen auch!‹
(Matth. 7.12) ›Richtet nicht, auf dass Ihr nicht gerichtet werdet.‹
(Matth. 7.1) ›Was ein Mensch sät, das wird er auch ernten.‹
(Galater 6.7)« Wenn ich so zurückdenke, scheint es mir
bemerkenswert zu sein, dass mir diese Dinge wirklich so sehr am
Herzen lagen, aber es war tatsächlich so. Meine Erinnerung daran
ist so deutlich, als ob es gestern gewesen wäre.

Dann dachte ich an meinen Vater. »Mein Daddy ist oft so gemein.
Er betrinkt sich und benutzt dann wirklich schlimme Ausdrücke.
Aber ich glaube, Du liebst ihn trotzdem und hilfst ihm, sich zu
ändern. Obwohl ich also nicht mit allem einverstanden bin, was
diese Kirche lehrt, nehme ich Dich, Jesus, als meinen Lehrer und
Führer an, und ich will Deine Lehren nach besten Kräften in
meinem Leben befolgen. Ich werde dieser Kirche beitreten und
mich taufen lassen.«

Ich stand auf und stellte mich vor die Gemeinde, und als der
Geistliche mich bemerkte, sagte ich: »Ich nehme Jesus als meinen
Retter an und weihe mein Leben seiner Lehre. Ich möchte dieser
Kirche beitreten und getauft werden.« Einige Tage später wurde ich
im Taufbecken der Baptistenkirche zusammen mit anderen Kindern
und Erwachsenen getauft.

Ich entschied mich also bereits als junger Mensch, es mit dieser
Religion zu versuchen und mich darauf einzulassen. Seit jener Zeit
ist Jesus mein Leitbild. Wenn ich auch nicht beanspruche, jederzeit
nach seinen hohen Idealen zu leben, so ist mir sein Beispiel doch
das Höchste, wonach ich streben kann.

Während meiner ganzen Jugendzeit war ich sehr aktiv in der
Kirche, engagierte mich und übernahm Aufgaben in verschiedenen
kirchlichen und sozialen Diensten. So war ich z.B. Vorsitzende einer
Mädchengruppe in der Baptisten-Kirche und versah als Teenager
somit dieselben Aufgaben wie Isa in seiner Jugend in der Lutherischen Kirche. Die Prinzipien der Liebe, die ich dort kennenlernte,
waren der wichtigste Teil meiner Erfahrungen.

Ich habe viele Menschen in der Kirche getroffen, die diese Liebe praktizierten, die über ihre eigenen Bedürfnisse weit hinausging, über ihr persönliches Leben, ihre persönlichen Belange – um anderen zu helfen, um Missionen finanziell zu unterstützen, um Menschen zu helfen, die bedürftig, krank, arm und verzweifelt waren. Aber ich hatte trotzdem das Gefühl, dass da etwas fehlte, dass unsere religiösen Dogmen irgendwie den Rest der Welt ausschlossen.

Erst als ich mit 16 Jahren die Biographie von Yogananda las, erfuhr ich, dass es ein transzendentes Bewusstsein gibt, das er als Christusbewusstsein bezeichnete und das über unser alltägliches, menschliches Verständnis hinausgeht. Ich erkannte, dass es sich dabei um einen Grad der Verwirklichung handelt, den Jesus erreicht und gemeistert hatte, und den er uns lehren wollte. Er versuchte uns klarzumachen, dass wir alle diese Verwirklichung als Ziel unserer Seelenreise erreichen können. Dazu brauche es lediglich unser tiefes Verlangen und unser ernsthaftes Bestreben, diesen Durchbruch in unserem Bewusstsein zu suchen, um uns stärker auf die universelle Liebe und Bewusstheit einzustimmen, anstatt uns lediglich auf uns selbst zu konzentrieren. Obwohl es in meiner Familie, in meiner Gemeinde und unter meinen Freunden niemanden gab, der dieses Buch verstanden hätte oder mit dem ich es hätte diskutieren können, wurde es ein Lehrweg für mich. Ich fand Trost im Prinzip des Christlichen Bewusstseins – des Einsseins mit dem Vater in uns –, wie es auch Yogananda, wenn auch mit anderen Worten, lehrte. Es schien mir einleuchtend, dass ein allliebender Vater für alle Seelen da ist, die bewusst die Einheit mit Ihm suchten… auch für diejenigen ohne äußere Lehrer, Form oder Religion. Ich empfand eine starke innere Verbindung zur östlichen Philosophie, und ich versuchte eine Brücke zu finden zwischen dieser östlichen Philosophie und den westlichen Lehren.

Ich erinnere mich, dass ich in der Zeit, als ich dieses Buch las, in einem anderen Bundesstaat war, um eine Ferienarbeit anzunehmen. Dort begann ich zu meditieren, ruhig zu sein und zu

Im Sommer nach ihrem High-School-Abschluss liest Yolanda die »Autobiographie eines Yogi« von Paramahansa Yogananda.

schweigen, und ich lernte zuzuhören. Meine früheren Gebete waren Gespräche mit GOTT gewesen. – Jetzt lernte ich, mich auf GOTT einzustimmen, indem ich zuhörte.

Obwohl ich noch sehr jung war – ich hatte meinen High-School-Abschluss mit 16 Jahren gemacht – und den ganzen Sommer über allein in einer fremden Stadt arbeitete, fühlte ich mich sehr sicher und beschützt. Ich begann, dieser Führung von Innen mehr zu vertrauen als äußeren Dingen. Ich glaube, schon im Alter von 12 Jahren vertraute ich der inneren Stimme von GOTT mehr als äußeren Lehren. Obwohl ich die Erwachsenen um mich herum respektierte, fühlte ich, dass, bevor ich etwas wirklich akzeptieren konnte, es für mich selbst wahrhaftig und richtig sein musste – das war ein sehr starker Teil von mir, sogar damals schon.

Während meiner College-Jahre war ich nicht mehr so aktiv in der Kirche tätig, ich war mit dem Studium beschäftigt, hatte verschiedene Jobs und viele Aufgaben. Ich musste arbeiten, um an die Uni gehen zu können. Außerdem gab es da noch andere Schwierigkeiten in meinem Leben. Mein Vater war Alkoholiker, und das war natürlich für die ganze Familie eine große Belastung.

Mich bestärkte es in meiner Suche nach etwas, das ihm helfen konnte, das Menschen wie ihm helfen konnte. Ich wusste, dass er eine sehr schwere Kindheit gehabt hatte. Seine Mutter war gestorben als er 2 Jahre alt war, und sein Vater hatte nicht wieder geheiratet. Mein Vater und seine Schwestern wuchsen bei einer Tante und einem Onkel auf. Sein Leben wurde mit zwei Jahren so durcheinandergebracht, dass er sich davon niemals erholte. Und obwohl ich all dies wusste, hatte ich kein Werkzeug an der Hand, um ihm zu helfen. Dies wiederum verstärkte meine Suche, um innerlich Antworten und Hilfe zu finden.

Nach dem College studiert Yolanda an der Georgia State University für das Lehramt an öffentlichen Schulen.

Ich fühlte, dass ich Lehrerin werden musste, diese Idee hatte ich schon früher in meinem Leben gehabt, und so begann ich eine Ausbildung zur Lehrerin.

Meine Ehe, die Geburt und Erziehung meiner beiden Kinder, das alles war ein sehr wichtiger Teil meines Lebens. Ich wollte schon immer Kinder haben, seitdem ich als junges Mädchen geholfen hatte, meine zwei jüngeren Brüder großzuziehen. So hatte ich das Gefühl, schon mit sechs Jahren Mutter geworden zu sein. Meine beiden Brüder sind sechs bzw. acht Jahre jünger als ich, und ich hatte sehr viel Freude und Geschick bei der Erziehung dieser Jungen.

Die Erziehung meiner Kinder wurde die wichtigste Aufgabe in meinem Leben als junge Mutter. Daneben konzentrierte ich meine Energie auf Aktivitäten in der Gemeinde und der Kirche.

Während meiner Ehe begann ich mich intensiver mit dem christlichen Glauben zu beschäftigen. Mein erster Mann gehörte den Methodisten, einer anderen Richtung der evangelischen Kirche, an und engagierte sich als Gruppenleiter der Pfadfinder. Ich wechselte damals von den Baptisten zu den Methodisten und fand dort ein großes Betätigungsfeld. Ich arbeitete für das Schulprogramm der Kirche und in verschiedenen Ausschüssen und wurde im Alter von 27 Jahren Vorsitzende der Frauengruppe. Wir hatten zu der Zeit 450 Frauen in dieser Organisation, und ich sah es als immense Herausforderung an, bereits in diesem Alter solch eine Aufgabe auszufüllen. Ich wurde von vielen Menschen in dieser Aufgabe bestärkt, doch innerlich fühlte ich mich unzulänglich. Vor jeder Versammlung ging ich in die Kirche, fiel auf die Knie und bat um Hilfe, denn es gab viele Konflikte unter den Frauen der Gruppe. Viele andere Frauen hatten das Amt deshalb zuvor abgelehnt, denn sie wollten in diese internen Machenschaften nicht verwickelt werden. So machte ich es mir damals zur Gewohnheit, in die Stille zu gehen, um innere Führung zu erhalten. Und mein wachsendes Vertrauen in die Führung des »Vaters im Innern« zeitigte erste Erfolge. Die Organisation begann besser zu funktionieren. Die Frauen fingen an, harmonischer zusammen zu arbeiten. Es passierten wundervolle Dinge. Nach dieser zweijährigen Tätigkeit wurde ich als eine der beiden ersten Frauen in ein kirchliches Gremium von 150 Männern gewählt. Ich sah das als Bestätigung, dass GOTT mich dazu bewegt hatte, diese Aufgaben zu übernehmen. Und ich

Während ihres Studiums lernt sie ihren ersten Ehemann kennen, heiratet und bekommt zwei Kinder. Um sich ganz ihrer Familie widmen zu können, verzichtet sie auf eine Karriere als Lehrerin.
So lange ihre Kinder noch klein sind, beschränkt sie ihre Außenarbeit auf freiwillige Tätigkeiten in Kirche und Gemeinde und auf die Leitung sozial engagierter Gruppen.

fühlte, dass ich geführt wurde und Schritt für Schritt in die richtige Richtung ging.

1952 wird Yolandas Interesse für das UFO-Phänomen durch UFO-Sichtungen in Alabama geweckt.

In dieser Zeit begann ich auch, mich für das UFO-Phänomen zu interessieren. 1952 wurden einige UFOs in Alabama gesichtet. Ich lebte dort, nachdem wir von Georgia nach Alabama umgezogen waren. Ein enger Freund meines Mannes hatte aus nächster Nähe drei unbekannte Flugobjekte gesehen, bei denen es sich offensichtlich um etwas handelte, das nicht von unserem Planeten stammte. Es geschah, als dieser Freund und ehemalige Zimmergenosse meines Mannes mit seiner Frau von einem Ausflug nach Alabama zurückkehrte. Dieses Erlebnis verängstigte sie sehr. Sie sahen ein merkwürdiges Flugobjekt und hielten an, um es zu beobachten. Es kam so tief herunter, dass sie Angst hatten, es würde auf dem Boden zerschellen. Aber es stoppte über den Bäumen, war absolut geräuschlos und hatte die Größe eines Hauses. Die beiden waren sehr verstört. Die Lichter des UFOs waren auf die Landschaft gerichtet und erfassten plötzlich auch ihr Auto. Jetzt bekamen sie Angst, dass sie beobachtet würden, und dass das Raumschiff vielleicht nach Exemplaren menschlicher Gattungen Ausschau halten könnte. Deshalb fuhren sie schnell weiter, aber das Flugobjekt folgte ihnen in etwa 500 Fuß Höhe. Kurze Zeit später sahen sie noch zwei weitere dieser untertassenähnlichen Objekte, die von weiter aus dem Himmel kamen und in unglaublicher Geschwindigkeit und im Zickzack herumflogen. Das erste UFO stieg schließlich steil nach oben, gesellte sich zu den anderen, und gemeinsam flogen sie davon. – Das Ehepaar kam überein, nicht über das Gesehene zu sprechen und es zuerst, jeder für sich, zu Papier zu bringen. Als sie dann ihre Aufzeichnungen verglichen, waren sie erstaunt darüber, dass sie beide dasselbe gesehen hatten. Sie beschrieben so etwas Ähnliches wie Fenster, wie den Rumpf eines Flugzeugs, und sie sahen Bewegungen hinter den Fenstern. Sie sahen auch große Lichter, die wie Flutlichter auf den Boden gerichtet waren. Später erfuhren die beiden, dass dieselben Raumschiffe auch von anderen gesehen worden waren, die diese Sichtung sofort einer nahe gelegenen Militärbasis meldeten. Der Freund meines Mannes, der Pilot beim Militär gewesen war, arbeitete zu jener Zeit bei einer Zeitung. Er kannte viele Anzeigen von UFO-Sichtungen, aber den Zeitungen war verboten worden, darüber zu schreiben. Er wusste also, was los war und was der Öffentlichkeit verschwiegen wurde.

Das alles interessierte mich. Ich wurde Mitglied in einem Bürgerverein, der Daten über solche Phänomene sammelte, die in den Zeitungen nicht veröffentlicht wurden. Unsere Vereinsmitglieder machten Interviews mit Leuten, sammelten Informationen und verschickten dann private Rundschreiben an die Mitglieder.

Während der nächsten Jahre war ich Mitglied in zwei solcher Organisationen, und mir wurde bewusst, dass sehr viel mehr vor sich ging auf unserem Planeten als gemeinhin bekannt war.

Als ich begann, mehr und mehr über das UFO-Phänomen zu lesen, stieß ich auch auf Bücher über andere unbekannte Phänomene. So erfuhr ich von dem »schlafenden Propheten Edgar Cayce«. Mich interessierte seine eigenartige Weise, sich in Trance zu versetzen, um Zugang zu Informationen zu bekommen, die ihm halfen, die gesundheitlichen Probleme der Menschen, die zu ihm kamen, zu diagnostizieren. In Trance beschrieb er ihren physischen Zustand und machte ihnen Vorschläge, wie sie einfache und natürliche Arzneimittel für ihren Heilungsprozess einsetzen und was sie tun konnten, um ihre Lebensqualität zu verbessern. Er schien die vergangenen Leben der Menschen zu kennen und setzte Geschehnisse aus ihren früheren Leben in Beziehung zu Ereignissen und Situationen ihres jetzigen Lebens. Das erinnerte mich an eine Passage im Yogananda-Buch, die ich als Teenager nicht verstanden hatte, nämlich die Theorie der Reinkarnation. In der christlichen Lehre erfuhr ich nichts darüber, und deshalb tat ich es als Phantasievorstellung ab, bis es mir in den Werken von Edgar Cayce wiederbegegnete.

Dieses Studium des Cayce-Materials führte mich zu weiteren Büchern. So las ich auch die Autobiographie von Arthur Ford »Nothing so strange«. Cayce war zu dieser Zeit schon gestorben, und

Ihre Nachforschungen bringen Yolanda in Kontakt mit Literatur des berühmten amerikanischen Heilers und Hellsehers Edgar Cayce, den Isa später als einen der Wegbereiter für die Releasing-Arbeit bezeichnen wird.

so war ich glücklich, einen lebenden Menschen gefunden zu haben, einen Amerikaner, der in einem Nachbarstaat lebte und der ebenso wie Cayce in der Lage war, sich in einen Trancezustand zu versenken und anderen Wesenheiten zu erlauben, durch ihn zu kommunizieren. Ich wollte diesen Mann treffen und mit ihm sprechen, um herauszufinden, worum es da ging.

1968 begegnet Yolanda Arthur Ford, dem Mitbegründer der Organisation »Spiritual Frontiers Fellowship«, und wird Gründungsmitglied einer Zweigstelle in Atlanta.

Einige Zeit später kam ein Mitglied der Organisation »Spiritual Frontiers Fellowship« nach Atlanta, um einen Vortrag zu halten. Ich ging hin und erfuhr, dass Arthur Ford, der Autor von »Nothing so strange«, eines der Gründungsmitglieder dieser Organisation war. Ich wurde dann selbst Gründungsmitglied einer Zweigstelle dieser Organisation in Atlanta und arbeitete in ihrem Programmkomitee mit. Wir brachten Arthur Ford nach Atlanta, um dort im Civic Center einen Vortrag zu halten.

Arthur Ford war ein Geistlicher, der als junger Mann bei einem Autounfall schwer verletzt worden war. Um seine Schmerzen zu lindern, wurden ihm nach der Operation hohe Morphiumdosen verabreicht. Ein junger Assistenzarzt bemerkte, dass Ford, während er unter dem Einfluss des Morphiums stand, in der Lage zu sein schien, Dinge wahrzunehmen und zu erkennen, die dem Wahrnehmungsspektrum der fünf Sinne nicht zugänglich sind. Beispielsweise konnte er die Namen der an der Front gefallenen Soldaten, einen Tag bevor sie der Öffentlichkeit mitgeteilt wurden, vorhersehen. Offenbar aktivierte die Droge seine Hellsichtigkeit.

Der Assistenzarzt war fasziniert von Fords Mitteilungen. Er verschrieb Ford zusätzliche Morphiumgaben, um sich auch in persönlichen Angelegenheiten Klärung zu verschaffen. Für Ford bedeutete dies allerdings eine schwere gesundheitliche und psychische Belastung. 1970 vertraute er mir an, dass er seine hellseherische Gabe zu Beginn eher als Last denn als Freude empfand. Glücklicherweise begegnete er Paramahamsa Yogananda, der ihn lehrte, wie er in einen anderen Bewusstseinszustand, ähnlich dem Schlafzustand, wechseln konnte, indem er sich hinlegte, seine Augen mit einem Tuch bedeckte und eine spezielle Atemtechnik anwandte.

Ford wurde aufgrund seiner Fähigkeit, in diesem Zustand mit verstorbenen Seelen kommunizieren zu können, international berühmt. Er hielt in den gesamten Vereinigten Staaten und in Europa Vorträge, und seine Fähigkeiten wurden von vielen prominenten Menschen auf der ganzen Welt in Anspruch genommen.

Ein verstorbener frankokanadischer Freund Fords namens Fletcher sprach »von der anderen Seite« durch Fords Stimmbänder und versprach, ihm als Führer und Beschützer zu dienen. Er verpflichtete sich, für eine zuverlässige Übertragung der Mitteilungen von seiner Dimension in unsere dritte Dimension zu sorgen. Mit seinem französischen Akzent übermittelte Fletcher Botschaften von Seelen »auf der anderen Seite« an Freunde und Familienmitglieder in der physischen Dimension. Fords Körper ähnelte, wie er selbst sagte, in diesem Bewusstseinszustand einem Radio. Er empfing und sandte Nachrichten von anderen Ebenen des Bewusstseins.

Anlässlich des Vortrages, den Ford in Atlanta halten sollte, trafen wir ihn zuvor bei mir zu Hause. In diesem Gespräch im Trancezustand konnte ich durch ihn bzw. Fletcher mit meiner Großmutter sprechen, die starb, als ich sieben Jahre alt gewesen war. Sie nannte uns ihren Mädchennamen und den Mädchennamen meiner Mutter. Dann sagte sie etwas, das niemand im Raum wissen konnte, auch mein Mann und meine Kinder nicht. Dieser Hinweis war so eindeutig, dass ich nicht bestreiten konnte, dass es meine Großmutter war, die ich nur kurze Zeit gekannt hatte. Auch die übrigen Anwesenden empfingen Botschaften und Informationen, die niemand außer ihnen wissen konnte.

Das waren zu der Zeit für uns sehr befremdliche Vorkommnisse. Denn obwohl ich fühlte, dass es wirklich eine Verbindung gegeben hatte, war mir klar, dass es für die meisten Menschen doch fraglich ist, ob das Individuum über den Tod hinaus weiterlebt. Viele glauben, dass wir in ein Kollektivbewusstsein eingehen, dass wir nur ein Leben haben und dies die einzige Chance ist, eine Seelenerfahrung zu machen, und danach ist es vorbei. Durch meine persönlichen Erfahrungen mit Ford kam ich zu dem Schluss, dass die Seele nach dem Tod weiterlebt.

Die Organisation »Spiritual Frontiers Fellowship« machte es sich zur Aufgabe, die mystische Kraft des Gebets und das Weiterleben der Seele nach dem Tod zu erforschen. Mystisches Gebet – das bedeutet zu meditieren und mit GOTT auf direktem Weg zu kommunizieren – nicht nur durch Worte, die irgendwo niedergeschrieben sind, sondern auf einem sehr persönlichen inneren Weg. Ich war sehr an diesen Themen interessiert.

Bei dem Treffen mit Referend Ford in meinem Haus war auch eine Journalistin aus Atlanta zugegen. Sie erhielt ebenso klare Informationen wie die anderen in der Gruppe. Diese Begegnung veranlasste sie dazu, einen großen Artikel über Ford und sein Leben in der Atlanta Journal Constitution Newspaper, der größten Zeitung Atlantas, zu veröffentlichen. Dieser Artikel fand große Beachtung und trug dazu bei, dass über 3000 Menschen zum Civic Center kamen, als er sprach.

Ich empfand es als Segen und Privileg, dass ich Arthur Ford kennenlernen durfte.

1964 beginnt Yolanda, ihre Träume aufzuschreiben und eine spirituelle Form der Traumarbeit zu entwickeln.

1964 hatte ich damit begonnen, meine Träume aufzuschreiben, angeregt durch ein Buch von Edgar Cayce, in dem er beschrieb, wie man seine Träume deuten kann. Cayces Philosophie war, dass Träume für unser Alltagsbewusstsein sehr wichtig sind. Oft sind sie unterbewusste Archive von Dingen, die wir in der Vergangenheit erfahren haben und die noch unerlöst sind. Im Schlafzustand, wenn wir nicht mit der Außenwelt beschäftigt sind, versuchen Träume uns zu zeigen, welches die wahren Botschaften und die wirklich wichtigen Aspekte in unserem Leben sind.

Mit der Zeit habe ich gelernt, meine eigenen Traumsymbole zu verstehen. Indem ich meditierte und in die Stille ging, bat ich GOTT, sie für mich zu deuten. Bald war ich in der Lage, wichtige Hinweise zu erkennen, und so erfuhr ich, welchen Herausforderungen ich mich zu stellen hatte.

Cayce sagte, dass nicht alle Träume unterbewusste Probleme widerspiegeln, die gelöst werden müssen, sondern dass oft auch körperliche Zustände Träume hervorrufen wie z.B. eine Magenverstimmung. Oder jemand streckt in einer kalten Nacht die Füße aus dem Bett und träumt dann, durch tiefen Schnee zu laufen. Diese physisch hervorgerufenen Träume sind klar und leicht zu interpretieren, aber die vom Unterbewusstsein hervorgerufenen Träume haben Symbolcharakter und sind schwieriger zu deuten. Das Bewusstsein schirmt normalerweise alles ab, was im Unterbewusstsein verborgen ist und was es nicht sehen will. Deshalb muss es in Symbolform erscheinen, weil wir es sonst nicht akzeptieren könnten.

Nehmen wir als Beispiel eine Person hinter einer verschlossenen Tür, die sagt: »Ich möchte dir gern zeigen, wie eine Tomate aussieht«, aber die Person auf der anderen Seite der Tür sagt: »Nein, ich möchte die Tomate nicht sehen, ich habe Angst vor Tomaten, ich habe Angst vor dir, ich kann die Tür nicht öffnen.« Darauf der andere: »Dann presse ich die Tomate eben durch das Schlüsselloch, damit du siehst, was eine Tomate ist.« Nun, was auf der anderen Seite heraus kommt, mag wie eine Tomate schmecken, es mag die chemische Zusammensetzung einer Tomate haben und es mag so riechen, es wird aber nicht wie eine Tomate aussehen, denn es hat seine Form verändert, um durch das Schlüsselloch zu passen. – Fast genauso ergeht es uns mit den Symbolen in unseren Träumen. Sie müssen durch das Schlüsselloch des Schutzschildes, das sie verborgen hält, und sie kommen dann in anderer Form zum Vorschein. Der große Grizzlybär, der uns in unseren Träumen jagt, könnte im wirklichen Leben unser Chef sein, vor dem wir Angst haben.

Einige Träume können auch von überbewussten transzendenten Ebenen des Bewusstseins kommen. Sie können uns von den Aufgestiegenen Meistern geschickt sein, wunderbaren Wesen, die ihre Prüfung auf dem Planeten Erde bereits gemacht haben und die jetzt in höheren Sphären sind. Sie kommen nun freiwillig zurück und setzen ihre Schwingung herab, um mit denen zu kommunizieren, die sich noch in einem Körper befinden und sich hier auf der Erde abmühen. Seelische Offenheit kann sehr hilfreich sein, um aus diesen höheren Ebenen Führung zu bekommen und auch um unsere Lektionen schneller zu lernen. Wunderbare geistige Propheten und Lehrer sind zu uns herabgekommen, um die Menschheit zu unterstützen und uns den spirituellen Weg zu zeigen. Viele Religionen basieren auf dem Einfluss selbstverwirklichter oder heiliger Wesen, die von einer höheren Ebene aus versuchen, uns zu helfen, unser Bewusstsein anzuheben.

Die höchsten Träume kommen von der GÖTTLICHEN QUELLE, die uns geschaffen hat, von ALLEM WAS IST. Es ist die leise Stimme jenseits des Schutzschildes unserer Persönlichkeit, die uns direkt aus unserer eigenen Seele heraus lehrt. Ihre Tiefe ist unergründlich.

Menschen, die eine außerkörperliche Erfahrung oder ein Nahtoderlebnis hatten, erklären oft, dass sie durch einen Tunnel gegangen und sich einem strahlenden Licht gegenüber gesehen haben. Sie beschreiben es als innere Führung und ein Gefühl der Liebe und des Friedens, das über alles hinausgeht, was sie bis dahin empfunden haben. Diese Erfahrungen sind mit Traumsequenzen zu vergleichen, die aus der HÖCHSTEN QUELLE kommen und uns im täglichen Leben führen möchten.

Wenn ein Mensch sich entscheidet, mehr über das Leben zu lernen, dann sollte er einen Stift und ein Stück Papier neben sein Bett legen und ein Abkommen mit der GÖTTLICHEN QUELLE in seiner Seele treffen, nämlich aufzuwachen und den Traum niederzuschreiben. Nach einiger Zeit wird man feststellen, dass man sich seiner Träume bis ins Detail erinnert. Ich habe es als hilfreich empfunden, die Emotionen, die ich beim Aufwachen hatte, zu notieren, was mir wiederum half, in die Gefühle des Traumes einzutauchen. Dadurch erinnerte ich mich auch wieder an seinen Inhalt. Wenn man von dieser wunderbaren Verbindung mit dem Universum etwas erfahren will, ist das Aufschreiben der eigenen Träume eine sehr einfache Methode, die jeder lernen kann.

Jedesmal, wenn ich nachts vom ALLERHÖCHSTEN GEIST in mir geweckt wurde und den Traum niedergeschrieben hatte, sagte ich: »Okay, ALLERHÖCHSTER GEIST, bitte sag mir, was er bedeutet.« Ich versenkte mich in einen meditativen Zustand, wurde ruhig und still und hörte zu.

Die Träume wurden zu meiner Nachtschule, in der ich spirituelle Lektionen lernte. Mit der Zeit entschlüsselte ich meine persönlichen

Traumsymbole. Es war deutlich, dass ich im Traum auf Ereignisse vorbereitet wurde, mit denen ich im Wachzustand konfrontiert würde. Indem ich die im Traum erlebte Situation interpretierte und meisterte, wurde die Auseinandersetzung im wirklichen Leben ein Wiederabspielen eines bereits bestandenen Tests. Das Leben verlor seinen Schrecken, und mit jedem Wachstumsschritt entwickelte sich größerer Frieden und Gelassenheit. Das Ergebnis war ein wachsendes Vertrauen in die innere Führung der QUELLE DES LEBENS.

Eines Morgens rekapitulierte ich einen außergewöhnlich lebendigen Traum, in dem mir gesagt wurde, ich würde Lehrerin werden. Beim Aufwachen meditierte ich und fragte innerlich nach der Art der Arbeit als Lehrerin. Würde ich wieder an öffentlichen oder kirchlichen Schulen, in Tanz oder Kunst unterrichten, wie ich es in der Vergangenheit bereits getan hatte? Die Antwort war: »Nein.« Ich wurde ermahnt, mir keine Sorgen darüber zu machen, ich sei bereits ausgebildet und meine Schüler und Studenten würden von selbst zu mir kommen. Alles würde sich ohne mein Zutun zum richtigen Zeitpunkt entwickeln.

Mit 35 träumt Yolanda, dass sie Lehrerin werden wird und erfährt bei der Interpretation des Traumes das Göttliche Licht

(Anm.d.Hrsg.: Wenn man Yolanda live während eines Vortrages erlebt, begegnet man tatsächlich dem Urtyp einer Lehrerin, so wie sie sich viele von uns vielleicht schon früher gewünscht hätten. Mit großer Klarheit, die das Licht aus dem Wesen der Dinge durchleuchten lässt, mit Warmherzigkeit und großer Musikalität der Stimme und einem aus reicher Lebenserfahrung gewonnenen ansteckenden Humor versprüht sie lebendige Weisheit um sich herum. Sie hebt das Bewusstsein ihrer Zuhörer an und hilft ihnen, sich selbst mit größerer Liebe in ihrer ganzen Menschlichkeit anzunehmen und über sich selbst lachen zu können. Übrigens ist es für das gemeinsame Auftreten von Isa und Yolanda bezeichnend, dass Yolanda in der Regel den lehrenden Part, Wissen und Weisheit, zum Ausdruck bringt, während Isa häufig zurückgenommener agiert und sich seines Ausdruckskanals als Heiler bedient, um die Energie der Liebe zu verbreiten. Mittlerweile haben allerdings beide ihre weiblichen und männlichen Anteile soweit aus-

geglichen, dass ihnen auch die Fähigkeiten des Partners als eigen-
ständige Qualitäten ihrer Seelen zur Verfügung stehen.)

Während ich noch lag und in Ruhe über diese Informationen
nachdachte, begann etwas wie ein elektrischer Strom durch meinen
Solarplexus zu vibrieren. Es breitete sich langsam in meinem Körper
aus... bis in die Fingerspitzen und Zehen und bis zum Scheitel. Ich
schwebte über meinem Körper und fühlte mich in einem glänzenden weißen Licht. – Ich fühlte: Ich war das Licht, nicht ein Körper,
sondern das reine weiße Licht, ohne Zeit und ohne Raum.

Das Licht durchströmte mich mit der unbeschreiblichsten Qualität der Liebe, die ich je erfahren hatte. Ich fühlte eine absolute Liebe
für jeden und alles... überall. Ich weiß nicht, wie lange es gedauert
hat... aber es schienen nicht mehr als ein paar Minuten zu sein.
Danach war ich wieder in meinem Körper und lag im Bett. Mein
Körper vibrierte so sehr, dass es das Bett schüttelte. Das Gefühl der
Liebe war noch sehr gegenwärtig.

Ich erkannte, dass ich bis zu diesem Ereignis nur von einem wohl-
wollendem Gefühl gesprochen hatte, wenn ich das Wort »Liebe«
benutzte. Jetzt wusste ich, dass sie eine Lebenskraft ist, jenseits des
menschlichen Begriffsvermögens... eine Essenz vitaler Energie und
keine intellektuelle Übung. Ich sehnte mich danach, in diesem Licht
zu leben und es nie zu verlassen. Ich fühlte, dass mir ein Geschmack
der wirklichen Welt gegeben worden war, die unseren physischen
Formen zugrunde liegt. Die Intensität dieses überwältigenden Kon-
takts mit dem Licht nahm mit der Zeit ab. Dennoch wird mich die
Erinnerung daran nie verlassen. Mit jedem Atemzug versuche ich,
diesen Zustand der BEDINGUNGSLOSEN LIEBE wiederzuerlangen und in
ihm zu leben.

Während der Schulzeit ihrer
Kinder absolviert Yolanda eine
Ausbildung beim Institut für
Konzept-Therapie in San
Antonio.

Ich lernte die Konzept-Therapie* während meiner ersten Ehe kennen. Die Konzept-Therapie ist eine spirituelle Philosophie, die die
Wechselwirkung zwischen Körper, Geist und Seele sowie das Wissen
über die Evolution der Seele lehrt. Sie wurde von Dr. Thurman Fleet
Anfang der 40er Jahre entwickelt, der sie nach persönlichen

Einweihungs- und sogenannten »Gipfelerfahrungen« als Synthese verschiedener westlicher und östlicher mystischer Traditionen als schlüssiges, zeitgemäßes spirituelles Konzept formulierte.

Ich machte eine Ausbildung, belegte alle Kurse, die angeboten wurden, erwarb viele Diplome und machte Fortbildungen mit. 1969 begann ich selbst zu unterrichten, und zwar für die nächsten zehn Jahre.

Die Körper-Seele-Geist-Philosophie der Konzept-Therapie hat mir sehr geholfen, mein eigenes Leben besser in den Griff zu bekommen, vor allem als später schwerwiegende Probleme auftauchten.

Referend George Daisley ist Engländer und ein weiterer Mensch, dem ich wertvolle Impulse auf meinem Weg zu verdanken habe. Als Kind war er sehr intuitiv und wurde ausgebildet, zwischen verschiedenen Bewusstseinsebenen zu wechseln, in einen hellsichtigen Zustand zu gehen und Menschen auf ungewöhnliche Weise Nachrichten zu übermitteln. Diese Nachrichten schrieb Daisley mit geschlossenen Augen rückwärts auf. Um die Botschaften zu lesen, musste man das Papier umdrehen, es vor das Licht halten und den Schattenriss des Schriftstückes lesen. Da alle Buchstaben verbunden waren, musste man eine Trennlinie zwischen den Worten markieren, um den Inhalt zu entziffern.

Ich hatte Pfarrer Daisley zu einer öffentlichen Vorlesung sowie einer hellseherischen Vorführung nach Atlanta eingeladen. Am Abend seiner Ankunft besuchte er ein kleines Gruppentreffen in meinem Haus. Wir baten ihn um eine Vorführung seines »automatischen Spiegelschreibens«. Er willigte ein, und ich brachte einen Stapel Kunstpauspapier und einen schwarzen Filzstift. Pfarrer Daisley setzte sich an einen kleinen Tisch, krempelte die Ärmel seines Hemdes hoch, so dass Unterarm und rechte Hand frei waren. Er rieb

1969 beginnt sie als Konzept-therapeutin und Lehrerin in der Erwachsenenbildung zu arbeiten.

Im Rahmen ihrer Arbeit bei der Organisation »Spiritual Frontiers Fellowship« lädt sie den Geistlichen und Hellseher Referend George Daisley aus Santa Barbara, Kalifornien nach Atlanta ein.
Während eines privaten Treffens erhält sie durch ihn eine Prophezeiung über die zukünftige Arbeit mit ihrem Ehemann, die sie jedoch erst 8 Jahre später verstehen und entziffern kann.

---

* Wir empfehlen Wahrheitssuchern wärmstens, sich mit der Philosophie der Konzept-Therapie auseinanderzusetzen und das Buch »Rays of the Dawn – Natural Laws of the Body, Mind and Soul« des Begründers Dr. Thurman Fleet zu studieren. s.a. www.concepttherapy.org

seinen Arm mehrmals quer über das Papier als ob er das Papier statisch aufladen wollte, schloss seine Augen und fing an, ziemlich schnell von rechts nach links zu schreiben. Es sah wie normales Schreiben aus, nur rückwärts. Die Gruppe von circa zehn Personen schaute gebannt zu, als er schweigend Zeile für Zeile schrieb. Dann klopfte er zweimal mit der Hand auf den Tisch und sagte. »Sie sind fertig... Lasst uns sehen, was sie zu sagen haben.« Das Papier wurde umgedreht und gegen das Licht gehalten. Das meiste davon war sehr leicht zu lesen: »An meine liebe Freundin Ruth: Zusammen mit Deinem Mann bist Du dazu bestimmt, ein großes Werk der Heilung zu vollbringen.« Es war unterschrieben mit Edgar Cayce. Mehrere Bögen waren nach dem gleichen Muster beschrieben. Die Gruppe fand das Ganze sehr erstaunlich. Eine der Botschaften an mich enthielt nach dem Wort »Ehemann« mehrere Buchstaben, die wir nicht entziffern konnten, aber die in keiner Weise dem Namen meines damaligen Mannes ähnelten. Deshalb habe ich damals die Botschaft aus meinem Bewusstsein gestrichen, denn offensichtlich war sie ungenau und handelte nicht von dem Mann, mit dem ich verheiratet war. – Ich trug auf den Mitteilungen das Datum ein, und jeder Anwesende unterschrieb als Zeuge dieses ungewöhnlichen Ereignisses. Danach rollten wir die Bögen zusammen und legten sie weg.

1975 geht Yolanda durch eine schwere Lebenskrise, da ihre Ehe zu scheitern droht. Im selben Jahr hat sie einen tiefgründigen und aufwühlenden Traum, der auch im Wachzustand zu starken physischen Schmerzen führt. Als Patientin von Dr. Lindwall sucht sie dessen Praxis auf und bittet ihn um Hilfe.

Im Jahre 1975 ging ich durch eine schwere Krise, die mit meiner ersten Ehe zu tun hatte.

In diesem Jahr hatte ich folgenden Traum: Zwei Männer schossen mit einem Gewehr auf mich. Ich erwachte von dem Traum und hatte starke Schmerzen im Unterleib.

Ich war damals Patientin von Dr. Lindwall und ließ mir einen Termin geben, um mich chiropraktisch behandeln zu lassen und die Schmerzen zu lindern. Dr. Lindwall war der Hausarzt und ein Freund unserer Familie, der in Konzept-Therapie ausgebildet war. Mittels einer Kassette, die mit Musik und einem bestimmten Text bespielt war, führte er seine Patienten in einen entspannten Zustand höchster Konzentration, der ihnen ermöglichte, innerlich etwas zu verarbeiten. Ich bekam zunächst eine Wirbelsäulenbehandlung, spürte aber keine Besserung. So sagte ich ihm: »Weißt du, dieser Schmerz ist immer noch da, und ich habe keine Ahnung was dahintersteckt, er geht einfach nicht weg.« Ich fragte ihn, ob er Zeit hätte, seine Entspannungskassette abzuspielen, um mich in einen tieferen, entspannten Zustand zu bringen, damit ich den Grund dafür herausfinden könnte. Da er eine gutgehende Praxis mit vier Behandlungszimmern hatte, an denen die Leute Schlange standen und ein volles Wartezimmer, sagte er, er könne mir einen Raum zur Verfügung stellen und das Band einschalten, aber er könne sich nur zwischendurch um mich kümmern, wie es die Belange seiner übrigen Patienten erlauben würden. So machten wir es, und ich erreichte den Grad der Konzentration, zu dem die Kassette anleitet. Ich fühlte, wie sich der Schmerz und eine für mich neue Energie in meinem Unterleib zu bewegen begannen. Es brannte und fühlte sich an, als ob der Schmerz sich spiralförmig wie im Zickzack nach oben bewegte und dabei einen Kanal für diese neue Energie bahnen würde, damit sie nach oben durch meinen Körper fließen konnte.

Mir wurde unglaublich heiß, mein ganzer Körper fühlte sich innerlich heiß und trocken an.

Dr. Lindwall schaute hin und wieder herein, und ich beschrieb ihm meinen Zustand. Ich erzählte ihm auch von dieser trockenen Hitze und bat ihn, er möge mir etwas Wasser bringen. Alle 10 bis 15 Minuten brachte er mir einen Viertelliter Wasser. Als ich das Wasser trank, schien es zu verdampfen, sobald es meinen Körper berührte. Schließlich begann die Energie in meinem Körper hinaufzuwandern.

So lag ich nun in diesem Raum auf einem Behandlungstisch. Irgendwann, ich hatte Dr. Lindwall nicht hereinkommen hören, wunderte ich mich, dass der Schmerz ganz plötzlich weg war. Ich öffnete meine Augen und war überrascht, dass Dr. Lindwall, neben mir stand. Er hielt seine Hände etwa dreißig Zentimeter über meinem Körper genau über der Stelle, wo die Energie gerade war. Da ich ihm die Stelle nicht bezeichnet hatte, war ich sehr überrascht. Ich sagte ihm das und fragte ihn, wie er das wissen konnte. Er antwortete, das sei nicht schwer, er könne sie ganz einfach sehen. Ich

Während der Behandlung macht sie eine spirituelle Einheitserfahrung, die ihren Körper und ihr Bewusstsein verwandelt.

brach erleichtert in Tränen aus, weil ich Angst gehabt hatte, verrückt zu werden. Ich hatte keine Erklärung für die Vorgänge und verstand nicht, was sich hier abspielte, und deshalb war es gut zu wissen, dass es jemanden gab, der die Energie, die ich spürte, sehen konnte.

Als er jedoch den Raum verließ, kamen die Schmerzen wieder, und ich sah mich wieder dem schmerzhaften Spiralmuster dieser Energie ausgesetzt. Vom Wurzelchakra an der Basis der Wirbelsäule bis zum Kronenchakra am Scheitel schnitt sie sich ihren Weg durch meinen Körper.

Dieser Zustand dauerte an, und ich wurde immer schwächer. Ich war circa sechs Stunden in der Praxis, und gegen Ende des Tages spürte ich, wie die Energie die Wirbelsäule hinaufwanderte in meinen Hinterkopf und über meinen Schädel bis zu dem Punkt etwas oberhalb der Augenbrauen im Zentrum der Stirn, der in den östlichen Philosophien das Dritte Auge genannt wird. Als die Energie diesen Punkt erreicht hatte, war ich plötzlich in ein wundervolles violettes Licht getaucht. Ich sah förmlich eine dreieckig geformte Pyramide auf der Stelle meines Dritten Auges. Ich hatte ein Gefühl der Vervollkommnung, der Erhabenheit, der Erfüllung und der Freude und fühlte, wie ich aus meinem Körper herausgehoben wurde – heraus aus dieser Dimension. Ich erinnere mich an eine Musik, die über den Lautsprecher der Praxis gespielt wurde. Als der letzte Ton eines bestimmten Liedes erklang, schien sich mein Drittes Auge zu öffnen, und die Pyramide und das violette Licht umgaben mich.

Als Dr. Lindwall am Abend die Praxis schließen wollte, hatte ich noch immer nicht das Gefühl, meinen Körper wieder beherrschen zu können. Ich war zu schwach, um Auto zu fahren. Ich war verwirrt und rief meinen Mann an, der mich abholte und einen Nachbarn mitbrachte, um meinen Wagen nach Hause zu fahren. Zuhause angekommen ging ich sofort zu Bett und verbrachte auch die folgende Woche dort. Ich konnte kein normales Essen zu mir nehmen, nur sehr wässrige Haferflocken mit ein bisschen Milch. Aber ich trank literweise abgekochtes Wasser. Das blieb eine ganze Woche so.

Nachts, wenn ich die Augen schließen wollte, erschien ein Licht in meinem Kopf, das wie das Mondlicht in einer hellen Vollmondnacht leuchtete, eine Art blauweißes Licht, das vom Kronenchakra über meinen ganzen Körper herunterschien. Es störte mich, denn ich war es gewohnt, dass es dunkel war, sobald ich meine Augen schloss, um zu schlafen, und nun war da dieses verrückte Licht. Zu meinem geschwächten Zustand kam dann noch dieses hochfrequente Klingeln in meinen Ohren, das die ganze Woche lang nicht aufhörte. Ich fühlte mich nicht erleuchtet, sondern behindert und verwirrt. Das Ganze war eine ziemliche Herausforderung.

Irgendwann während dieser Zeit besuchten mich Dr. Lindwall und einer seiner Assistenten. Ich habe noch lebhaft in Erinnerung, wie die beiden in mein Schlafzimmer kamen, sich setzten und meditierten und ich mich dann wunderbar ruhig fühlte. Ich war erstaunt, und dieser ruhige Frieden und diese Gelassenheit, die ich verspürte, als sie im Raum waren, erfüllte mich mit Ehrfurcht. Gleichzeitig fürchtete ich mich, wieder allein mit meinen Todesängsten zu sein, wenn sie mich wieder verlassen würden. Doch im Laufe der folgenden Tage besserte sich mein Zustand allmählich und meine Kraft kehrte zurück.

Ich gewöhnte mich an den Ton in meinen Ohren und an das Licht, wenn ich schlief, bis mich beides nicht mehr störte. Darüber hinaus hatte ich nicht das Gefühl, um vieles weiser oder klüger geworden zu sein, aber ich empfand ein stetiges »Erwachen«, das zu einem besseren Verständnis für das führte, was um mich herum geschah, zu einer größeren Gelassenheit, zu einem tieferen Frieden und einer größeren Klarheit, vor allem zu einer größeren Kraft, um mit all dem, was in meinem Leben passierte, besser fertig zu werden.

Im Jahre 1976 sah ich mich größten Schwierigkeiten gegenüber. Mein Mann war eines Vergehens angeklagt worden, obwohl er völlig unschuldig war. Bis zu seinem Freispruch zog sich der Prozess über ein Jahr hin. Ich war ganz auf mich allein gestellt und boxte das durch, da mein Mann an einen anderen Bundesstaat ausgeliefert worden war. Er wurde vier Monate inhaftiert, und ich war verantwortlich für die Kinder und mein Leben und hatte sie vor dunklen und negativen Kräften zu schützen, die, wie wir wussten, nicht auf

1976 wird Yolandas erster Ehemann zu Unrecht eines Vergehens angeklagt. Yolanda trägt die Hauptlast der Verantwortung, um seine Verteidigung vorwärts zu bringen und die Familie durch diese schwere Zeit zu führen.

der Seite von Recht und Ordnung standen. Im Dezember 1975 war mein Mann verhaftet worden, und das ganze nächste Jahr über hatte ich mich mit dieser Situation auseinanderzusetzen. Erst im Januar 1977 wurde er von allen Anklagen freigesprochen. Ich wusste, dass ich einer enormen dunklen Kraft mit Stärke entgegengetreten und bei jedem Schritt geführt und gelenkt worden war. Als ich Hilfe brauchte, bekam ich Hilfe, und ich bekam sie von Orten, die ich nicht einmal kannte. Ich weiß, das war eine Vorbereitung für die Arbeit, die noch auf mich zukommen würde.

1977 begann ich in der Privatpraxis von Doc Lindwall zu arbeiten. Im selben Jahr verließ meine Mutter ihren Körper, meine Tochter heiratete, und ich wurde geschieden. Die Geschehnisse in diesem Jahr spalteten wie eine Axt mein altes Leben von meinem zukünftigen ab. Im Nachhinein erscheint es mir, als sei ich 1976 durch das gegangen, was manche »die lange dunkle Nacht der Seele« nennen und 1977 neu geboren worden.

Im selben Jahr, 1977, Yolandas 25-jährige Ehe war zu Ende gegangen, zieht sie mit ihrem 20jährigen Sohn in ein neues Haus. Beim Auspacken der Umzugskartons entdeckt Yolanda die acht Jahre alte Schriftrolle mit dem »automatischen Spiegelschreiben« von Pfarrer Daisley. Ihr Sohn ist als erster in der Lage, die Botschaft vollständig zu entziffern.

Im selben Jahr zog ich mit meinem Sohn in ein neues Haus. Als mir aus einem der Umzugskartons die Schriftrolle mit dem »automatischen Spiegelschreiben« in die Hände fiel, gab ich sie meinem Sohn, der zur Zeit der Niederschrift erst zwölf Jahre alt gewesen war und das Schriftstück noch nie gesehen hatte. Ich bat ihn, mir zu sagen, was er aus den Buchstaben erkennen könne, die wir damals nicht hatten lesen können. Obwohl in den vergangenen Jahren mehrere Leute diese Botschaften gesehen hatten, war keiner in der Lage gewesen, den Namen zu entziffern. Mein Sohn sagte: »Mutter, das ist ganz klar, es bedeutet, dass du mit deinem Ehemann Mr. Lindwall zusammen große Heilerfolge haben wirst«. – Ich war fassungslos, denn ich hatte gerade begonnen, in Isas Praxis zu arbeiten. Zu diesem Zeitpunkt hatte ich allerdings nicht die Absicht, wieder zu heiraten und fand die Vorstellung sehr beunruhigend.

Ich begann, mir viele Fragen zu stellen, um herauszufinden, was dahinter steckte und was ich mit meinem Leben machen sollte. Schließlich beschloss ich, es wenigstens zu versuchen, die Frage, ob ich wieder einen Lebensgefährten haben würde, neutral anzugehen.

Ich glaubte, dass es einen göttlichen Plan für jeden von uns gibt, sofern wir bereit sind, zuzuhören und ihm zu folgen, und ich wollte einen solchen höheren Plan für mein Leben nicht aus enttäuschter Liebe zurückweisen.

Isa wurde am 5. Mai 1919 in Sioux Falls, Süd-Dakota als mittlerer von fünf Brüdern geboren. Seine Eltern, schwedische Einwanderer, tauften ihn auf den Namen Elmer Edward Lindwall. In Isas Kindheit ist die Epilepsie des Bruders der Auslöser für seinen Wunsch, einen Weg zu finden, um sogenannte unheilbar Kranke zu heilen.

Mein Körper wurde von schwedischen Eltern am 5. Mai 1919 in Sioux Falls, Süd-Dakota geboren. Meine Eltern, die sich nach ihrer Ankunft aus Schweden in Chicago kennen gelernt und dort auch geheiratet hatten, hatten bereits zwei Söhne. Ich wuchs in Rhinelander, Wisconsin auf, wo auch meine beiden jüngeren Brüder geboren wurden.

Als ich 10 Jahre alt war, kam es zur großen wirtschaftlichen Depression in Amerika. So war meine Kindheit überschattet von einem Bewusstsein, das mit dem Überleben beschäftigt war und unser Alltagsleben in der Familie bestimmte. Wir hatten unser Haus, das mein Vater gebaut hatte, aber im übrigen waren wir auf unser Geschick im Fischen und Jagen angewiesen, auf unseren Garten und die Kenntnisse meiner Mutter, wie man Nahrungsmittel einkochte und konservierte, um Essen auf den Tisch zu bekommen.

Ich hatte großen Spaß daran, mit meinem Vater zusammen Fischen zu gehen. Ich erinnere mich beispielsweise an eine Episode, als ich noch so klein war, dass ich unten im Boot sitzen musste, weil ich auf dem Sitz neben meinem Vater noch nicht die Balance halten konnte. Völlig gebannt schaute ich ihm eines Tages zu, wie er einen großen Fisch am Haken hatte. Mein Herz raste, während ich beobachtete, wie geschickt er mit dem Fisch umging, ihn auf und ab, vor und zurück zappeln ließ, bis er ihn schließlich längsseits des Bootes zog. Ich war dann allerdings total schockiert, als er seine 32er Pistole hervorholte und dem Fisch in den Kopf schoss. Als nächstes, mein Vater hatte den riesigen Fisch am Haken ins Boot gezogen, schlug der Schwanz des Fisches noch einmal aus und streckte mich nieder. Obwohl das alles sehr beängstigend für mich gewesen war, war es doch auch gleichermaßen aufregend, und so habe ich damals »angebissen« und angle seither selbst gern.

Woran ich mich außerdem mit Vergnügen erinnere, sind die Gelegenheiten, da mich mein Vater mitnahm, um Brennholz zu machen. Er besaß eine lange Säge mit Griffen auf beiden Seiten. Er faßte dann den Griff auf der einen Seite und ich den auf der anderen, und so zogen wir abwechselnd quer zum Holz, das von einem Sägebock gehalten wurde. Auf diese Weise sägten wir für den Ofen das Holz auf Länge. Es gab mir das Gefühl, dass mein Vater mich brauchte und wertschätzte, dass ich mich als nützlich erwies.

Als ich älter war und durch Zeitungaustragen oder Milchausfahren etwas Geld verdiente und auch später, als ich mit 16 Jahren eine Ferienarbeit im Sommer annahm, machte es mich sehr glücklich, meiner Mutter beispielsweise neues Geschirr mitbringen zu können oder für meinen jüngeren Bruder ein Fahrrad.

Eine andere Erinnerung an meine Kindheit als Elmer hat mit meiner großen Liebe zur Natur zu tun. Schon als Kind fühlte ich mich mit der Schönheit der Natur tief verbunden. Oft saß ich in der Schule und schaute aus dem Fenster. Dabei empfand ich eine so überwältigende Liebe zur Natur, dass ich mich im Klassenzimmer regelrecht eingesperrt fühlte. Wieder zu Hause durchstreifte ich stundenlang die Felder und Wälder in der Nähe meines Elternhauses. Ich genoss auch den Wintersport, für den die Region um Rhinelander berühmt ist. Dieses Gefühl der Naturverbundenheit begleitete mich auch weiterhin. Als Soldat war ich in einem Trainingslager für Rekruten im Staat Washington stationiert. Auf dem ganzen Gelände gab es nicht einen einzigen Baum. Meine Sehnsucht in den Wäldern zu sein, die ich von dort aus sehen konnte, wurde schließlich so übermächtig, dass ich mich eines Tages nach Einbruch der Dunkelheit an den Wachen vorbei schlich, unter dem Zaun hindurch kroch und in den Wald lief. Dort umarmte ich einen der Bäume und verbrachte einige Zeit mit ihnen. Als mein Bedürfnis dann gestillt war, ging ich auf dem gleichen Weg zurück zu den Baracken. Seit dieser Zeit fühlte ich einen tieferen Frieden in mir. Es sieht so aus, als ob GOTT mir sehr vieles durch die Natur schenkt. Auch die Nähe zum Wasser empfinde ich als großartige Energiequelle.

Meine Familie gehörte dem Lutherischen Glauben an. Ich erinnere mich, dass mein Vater nicht sehr gläubig war und selten in die Kirche ging, aber meine Mutter ging regelmäßig zum Gottesdienst. Dies wurde auch mir zur Gewohnheit, und ich genoss die geistliche Atmosphäre, um mit GOTT in mir in Kontakt kommen zu können. Mit den Jahren wandte ich mich dieser Religion verstärkt zu und übernahm mit 12 Jahren das Amt des Präsidenten der Luther Liga (President of the Luther League) in der Kirche. Hier traf ich auch einen Geistlichen, der mich unter »seine Fittiche« nahm und durch den ich zum ersten Mal den Wunsch verspürte, selbst Geistlicher zu werden.

Ich erinnere mich auch noch daran, dass ich als Kind ein sehr ausgeprägtes Gefühl dafür hatte, was »richtig« und was »falsch« war. (Dabei assoziierte ich mit Links »schlecht« und mit Rechts »gut« – das fällt mir eben wieder ein – das war eine eigenartige Angewohnheit von mir.)

(Anm. d. Hrsg.: Dieses sympathische Ritual aus der Kindheit von Isa ist insofern aufschlussreich, da ihn sein großes Bedürfnis, die Wahrheit zu kennen und in Harmonie mit der göttlichen Ordnung zu sein, zur Anwendung der Kinesiologie*, die er bei deren Erfinder Dr. George Goodheart lernte, führen sollte. Später sollte er als Arzt und Begründer des Releasing eine Methode entwickeln, durch die er überprüfen konnte, ob ein Mensch oder eine Situation sich im Gleichgewicht oder im Ungleichgewicht befindet. Isas große Liebe, Gewissenhaftigkeit und einmalige Genauigkeit beim Wahrnehmen und Überprüfen unsichtbarer Zustände ist unter seinen Patienten und Studenten schon legendär. Das Bild des mit seinen Händen unermüdlich »checkenden« Isa wurde so für viele zu einem Sinnbild für einen Menschen, der in jeder Lebenslage bereit ist, der unpersönlichen Wahrheit seines Höheren Bewusstseins zuzuhören.)

* zur Kinesiologie s.a. die Bücher von David R. Hawkins, M.D.. Ph.D.
www.powervsforce.com

Den Wunsch zu heilen verspüre ich, soweit ich mich erinnere, schon seit meiner frühesten Kindheit. Mein Bruder Harry litt damals unter Epilepsie. Das war eine große Tragödie für meine Familie. Die Unfähigkeit meines Bruders aufgrund seiner epileptischen Anfälle die Schule zu besuchen, einen Wagen zu fahren und viele andere, vor allem potentiell gefährliche Tätigkeiten auszuführen, all dies gab Grund zu großer Sorge in meiner Familie. So traf ich als Jugendlicher bereits die Entscheidung, eines Tages Menschen mit sogenannten »unheilbaren Krankheiten« zu heilen, die so viele Familien belasten und unglücklich machen. Als Konsequenz daraus beschäftigte ich mich mit der Frage, ob ich Priester werden wolle, um Seelen zu heilen, oder Arzt, um den Schwerpunkt auf die körperliche Heilung zu legen. Ich entschied mich zu einem Medizinstudium.

Als ich 1938 die Highschool abgeschlossen hatte, nahm ich zunächst einen Job in einer Papiermühle an, in der bereits meine beiden älteren Brüder arbeiteten. Kurz nachdem die Japaner in Oahu eingefallen waren, meldete ich mich freiwillig zum Militär. Ich wurde zum Meteorologen ausgebildet und war schließlich in der Nähe von Tacoma in Washington stationiert. Hier geschah es, dass mein Höheres Selbst, »Isa«, in mein Leben trat und fortan mein Leben bestimmte und zugleich meine bisherige Persönlichkeit, mein Leben »als Elmer« in den Hintergrund rückte. Das war ein sehr einschneidendes Erlebnis damals. Ich war in gewissem Sinne tatsächlich ein anderer geworden. Für mich begann ein ganz neues Leben, was mich allerdings anfangs auch verwirrte, da meine Erfahrungen als Elmer aus der Sicht meines Höheren Selbstes Isa völlig ihre Bedeutung für mein Selbstverständnis verloren.

Im weiteren Verlauf des Krieges diente ich in mehreren Wetterstationen, unter anderem auch in Holländisch Guayana und in Natal, Brasilien. Hier hatte ich einen schweren Unfall, bei dem ich mir den fünften Lendenwirbel brach. Ich wurde in ein Militärkrankenhaus nach Fortaleza geflogen, wo ich viele Wochen im Bett liegen musste, um meine Rückenverletzung auszukurieren.

Während des Zweiten Weltkrieges arbeitet Isa als Meteorologe bei der US-Airforce. Als tiefen Einschnitt in seinem Leben empfindet er die »Geburt« seines Höheren Selbstes, die in dieser Zeit stattfindet. Sie markiert den Zeitpunkt, da er sein persönliches Leben, seine Kindheit und Jugend »als Elmer« hinter sich lässt, um sich ganz seinem spirituellen Leben und seiner Aufgabe zu widmen.

*Nach dem Krieg beginnt
Isa Medizin zu studieren,
absolviert zwei medizinische
Vorbereitungsjahre an der
Wisconsin Universität und
vier weitere Jahre beim Logan-
College of Chiropractic in
Saint Louis, Missouri.*

Nach Ende des Krieges kehrte ich nach Rhinelander zurück, um mich für eine Weile zu erholen und schrieb mich dann an der medizinischen Fakultät der Universität von Wisconsin in Madison ein. Meine Rückenprobleme verschärften sich durch das viele Sitzen während des Studiums, und ich bekam eine Ischialgie im rechten Bein. Vor allem beim Aufstehen hatte ich Schwierigkeiten, ich konnte mein Bein nicht gleich ausstrecken und hatte immense Schmerzen. Dieser Zustand hielt während der ersten 4 Semester an der Premedical School unvermindert an. Damals sprach mich ein Kommilitone an und riet mir, zu einem Chiropraktiker zu gehen. So unterzog ich mich also einer chiropraktischen Behandlung, die mir zu meiner größten Überraschung und Freude eine sofortige Linderung meiner Schmerzen verschaffte. Die Wirkung war so frappierend, dass ich mich entschied, Chiropraktik zu studieren, und durch Chiropraktik wurde schließlich auch mein Bruder von seiner Epilepsie geheilt. Ich traf mich damals erneut mit dem chiropraktischen Arzt, der mich überzeugte nach St. Louis in Missouri zu gehen und mir dort das Logan College of Chiropractic anzusehen. Ich tat das und war sehr beeindruckt von der dortigen Forschung und den Ergebnissen, die sie erzielten. Ich schrieb mich sofort ein.

Chiropraktik als Philosophie, Kunst und Wissenschaft widmet sich dem Verständnis der Lebensenergie, wie sie im menschlichen Körper mittels des Nervensystems zum Ausdruck kommt. Sie wurde vor mehr als einhundert Jahren von dem Amerikaner D. D. Palmer entwickelt und ist heute in Amerika und weiten Teilen der Welt wissenschaftlich anerkannt. Palmer war der Überzeugung, dass es die natürliche, dem Körper innewohnende Intelligenz ist, die Heilung hervorbringt und dass somit Heilungsprozesse von Innen nach Außen und nicht von Außen nach Innen ablaufen. Er lehrte, dass die natürliche Intelligenz den Körper über das Gehirn steuert. Diese starke, universale Lebensenergie wirkt durch das Nervensystem, um die Auf- und Abbauprozesse im Körper in stetiger Balance zu halten.

Durch eine Wirbelverschiebung infolge eines mentalen oder physischen Traumas kann es in den verletzten Nervenbahnen zu einer Störung des Energieflusses kommen. Oft äußert sich dies in unmittelbarem Schmerz oder einer funktionellen Störung im Körper und kann zu verschiedenen Krankheiten führen, wenn die Fehlstellung nicht korrigiert wird. Diese Wirbelmanipulation oder Justierung, wie Palmer sie nannte, sollte ausschließlich von einem ausgebildeten Chiropraktiker vorgenommen werden.

Das »Logan College of Chiropractic«, an dem ich studierte, hat eine spezielle Technik entwickelt, um die Wirbelsäule zu korrigieren und auszubalancieren. Bei dieser »Logan BasisTechnik« wird zunächst am Kreuzbein gearbeitet, um die Beckenknochenstruktur ins Gleichgewicht und die Basis der Wirbelsäule in die richtige Stellung zu bringen. Da jeder Wirbel das Fundament des darüberliegenden bildet, wird durch diese Technik die gesamte Wirbelsäule korrigiert.

Nachdem ich 1951 das Studium beendet hatte, machte ich mir Gedanken, wo ich praktizieren wollte. Ich arbeitete bereits in St. Louis in einem chiropraktischen Ausschuss, aber ich entschied mich, nicht in Missouri zu bleiben. Da erinnerte ich mich daran, dass mich während meines Studiums eines Tages ein Studienkollege angesprochen hatte. Er stieß mich an und sagte: »Übrigens, wenn Du eine Praxis suchst, musst Du nach Atlanta, Georgia gehen, da gibt es einen kleinen Vorort mit dem Namen Buckhead, dort gehörst Du hin.« Er wiederholte dies wieder und wieder. Mich hatte es sehr beeindruckt, dass dieser Mann so genau zu wissen schien, wo mein Platz war. Ich setzte mich ernsthaft mit diesem Gedanken auseinander, und schließlich ging ich also dorthin. Alles weitere ergab sich von selbst, und ich eröffnete dort tatsächlich meine Praxis.

Ich kannte mich zuvor bereits in Georgia aus. Mir war klar, dass es viele Orte gab, wohin ich hätte gehen können. – Aber nur der Hinweis auf diesen speziellen Ort hat mich direkt zu meiner Praxis geführt.

Leider kann ich mich an den Namen dieses Mannes nicht mehr erinnern, aber das Ereignis liegt ja auch bereits viele Jahre zurück. Offenbar hatte der GROSSE GEIST ihn inspiriert, mich zu unterstützen.

1951 bekommt Isa seinen Doktortitel. Im Anschluss an seine Ausbildung zieht er nach Atlanta, Georgia und eröffnet dort eine Privatpraxis.

Durch das Werk von Edgar Cayce erhält er entscheidende Anstöße für seine eigene Arbeit. Isas Hellsichtigkeit beginnt sich zu entwickeln.

Ich muss sagen, dass damals die Philosophie von Edgar Cayce einen Wendepunkt in meinem Leben darstellte. Cayce war fähig gewesen, in die Energiefelder von Menschen hineinzugehen und zu sehen, was sie brauchten, um wieder gesund zu werden. Dabei erfuhren sie oft von Erlebnissen in früheren Leben, die heute noch ihrer Gesundheit abträglich waren und die ausgeglichen werden mussten.

Es war um 1952, als ich das Buch »Der schlafende Prophet« über Edgar Cayce las. Ich fühlte mich mit seiner Art zu arbeiten sehr verbunden, denn es entsprach im Wesentlichen dem, was ich selbst tun wollte. Ich war glücklich mit meinem Leben, denn es begann damals Konturen anzunehmen und meine Praxis wurde immer erfolgreicher. Dennoch suchte ich weiterhin nach effektiven Heilmethoden. So besorgte ich mir also sämtliche Schriften von Cayce und setzte vieles von seinem Wissen ein, von dem ich glaubte, dass es meinen Patienten weiterhelfen würde. Bei dieser Art der Heilungsarbeit wurden auch viele natürliche Mittel benutzt. Ich verwendete z.B. Rizinusölpackungen – ein sehr gutes Mittel für Patienten mit Gelenkproblemen.

Ich fühlte, dass ich auf anderen Ebenen mit ihm verbunden war. Jahre später kam Cayce auf der Seelenebene zu mir und blieb etwa eine Woche präsent. Er sagte mir, dass ich seine Arbeit fortführen würde und dass er diese Arbeit nicht hatte tun können, ohne in einen Schlafzustand zu gehen, ich jedoch könne sie im Wachzustand tun. Das war genau das, was ja im Augenblick schon passierte. Die Leute kamen in meine Praxis, ich untersuchte sie und sah ihre Energiefelder, die aus dem Gleichgewicht waren. Ich sah die Organe, die Energie brauchten und einige Muskelpartien, die Energie brauchten. Das Problem war damals, dass ich zwar begann, mit dieser hellsichtigen Wahrnehmung zu arbeiten, die mir auch Einblick in den physischen Zustand meiner Patienten gewährte, aber der Releasing-Prozess zur Lösung der Probleme stand mir damals noch nicht zur Verfügung.

Ich tat, was ich tun konnte, um die Energien meiner Patienten wieder ins Gleichgewicht zu bringen. Je mehr ich dem Geist (engl.: spirit) in mir zuhörte, desto erfolgreicher wurde ich. Ich wusste, dass auf einer transzendenten Ebene eine planende intelligente Kraft existierte und meine Energien von dieser QUELLE benutzt wurden, um Menschen zu heilen. Ich begann zu erkennen, dass ich eins bin mit der Macht, die das Universum leitet, die alles erschafft und alles weiß. Ich habe ihr erlaubt, durch mich zu wirken, um das zu tun, was getan werden muss. Ich hatte den tiefen Wunsch, Menschen zu heilen, und durch mich als Instrument kamen die Prinzipien, die Kraft, die Energie und die Liebe oder wie auch immer das innere Wesen der Heilung genannt wird.

In meiner Praxis stellte ich fest, dass einige Krankheitsfälle sehr gut auf die Behandlung ansprachen, während andere hartnäckig bestehen blieben. Beispielsweise ließen sich bestimmte Nackenprobleme erfolgreich behandeln, und dann gab es aber auch Fälle, bei denen die Beschwerden wiederkehrten. Ich hatte es mir zur Gewohnheit gemacht, mit GOTT zu sprechen, und so fragte ich ihn: »Warum ist das so? Ich will wissen warum!« Kurze Zeit später kam ein in Atlanta ansässiger Chiropraktiker in mein Büro, um zu sehen, wie es mir ginge. Er empfahl mir sehr eindringlich, einen Kurs in Konzept-Therapie zu belegen, der in Kürze in Atlanta angeboten würde. Er selbst hatte bereits Erfahrungen damit gemacht, und diese Therapie hatte ihm in seiner eigenen Praxis sehr geholfen.

Auf der Suche nach effektiveren Heilmethoden lernt Isa die Konzept-Therapie kennen.

   Die Konzept-Therapie von Dr. Thurman Fleet berücksichtigt zum einen uraltes Offenbarungswissen der Menschheit, wie es in den vorhinduistischen Schriften der Veden gelehrt wurde und integriert zum anderen wissenschaftliche Erkenntnisse, soweit sie in der ersten Hälfte des vergangenen Jahrhunderts bekannt waren. In dem grundlegenden Werk »Rays of the Dawn« (Strahlen der Morgenröte) beschreibt Dr. Fleet die universalen Gesetze, die die Dimensionen von Körper, Geist und Seele des Menschen regulieren. Die Konzept-Therapie zeigt auch, wie die Menschen sich durch die Konzepte und Vorstellungen, die sie haben, begrenzen. Durch unsere fünf Sinne werden wir ständig programmiert. Bilder, Geräusche, Geschmack, taktile Empfindungen und Gerüche stürmen fortwährend auf uns ein. Je nachdem, ob wir mit diesen Schwingungen

Vergnügen oder Schmerz assoziieren, ziehen wir unsere Schlüsse bezüglich Menschen, Orten und Dingen. Entsprechend halten wir einiges für gut und erstrebenswert, anderes halten wir für schlecht und suchen es zu vermeiden. Natürlich gibt es unzählige Mischungen und Grade zwischen »Gutem« und »Schlechtem«, die zu endloser Verwirrung, zu Streit und Kriegen führen.

Ich muss sagen, ich habe eine Menge aus den Prinzipien der Konzept-Therapie gelernt. Sie haben mir geholfen, meine Patienten zu verstehen und mit ihnen zusammen eine harmonische Kommunikation zu entwickeln. Bevor ein Mensch nicht bereit ist, sich zu ändern, kann man ihm nicht helfen, schon gar nicht, so lange er Widerstände dagegen hat. Die Zusammenhänge zwischen Körper, Geist und Seele, die durch die Konzept-Therapie aufgezeigt werden, vertieften meine Einsicht in die Situation meiner Patienten und die ihr zugrundeliegenden Ursachen. Dieses umfassende Verständnis half mir, meine Praxis erfolgreich in Gang zu bekommen und meinen Fähigkeiten Ausdruck zu verleihen. Auf diese Weise entwickelte ich ein positives Bild von mir und meiner Arbeit, was für die zukünftige Entwicklung meines Lebens sehr wichtig war. Der Aufbau positiver Vorstellungen ist auch eine der Lehren aus der Konzept-Therapie, die ich sehr schätze.

Damals kam ich auch in Kontakt mit Thurman Fleet, der die Konzept-Therapie entwickelt hatte. Es gab eine Form der Seelenverwandtschaft zwischen uns, und ich spürte, dass ich eines Tages seine Arbeit auf meine Weise fortführen würde.

Das Studium der Konzept-Therapie verbindet Isa von Beginn an mit der Erforschung seines Bewusstseins.

Während meines Studiums der Konzept-Therapie gelang es mir, immer tiefere Einblicke in mein Bewusstsein zu erhalten, und ich begann, mich an Ereignisse aus früheren Leben zu erinnern. Das hat mich damals sehr beeindruckt, aber auch verunsichert, da mir in meiner Religion nie etwas über vergangene oder zukünftige Leben gesagt worden war. Manche dieser Erinnerungen waren sehr real: Ich ging in sie hinein und hatte starke Empfindungen, ganz reale Gefühle – ich begann zu weinen, und ich wusste, ich war dort an einem anderen Ort und zu einer anderen Zeit – es gab keinen Zweifel, ich war da. An vieles konnte ich mich bis ins Detail erinnern, und ich sah viele Dinge, die mir dort passierten. Namen tauchten auf, und ich wusste, dass ich das gewesen war. Diese Erfahrungen beunruhigten und verwirrten mich zutiefst. Ich erlebte einen innerlichen Konflikt zwischen meinem alten Glaubenssystem und dem Wissen, das sich mir aufgrund meiner eigenen Erfahrungen und Erinnerungen eröffnet hatte. Schließlich gelang es mir, ein tieferes Verständnis zu erlangen, den Konflikt zu überwinden und die verschiedenen Perspektiven zu integrieren. Heute fühle ich, dass die Energien des damaligen Konfliktes in mir ausgeglichen sind, und ich fühle mich wohl damit. Aber mich hatte der Konflikt sicherlich einige Jahre lang beschäftigt, in denen ich versuchte, zu einem tieferen Verständnis zu gelangen und die entsprechenden Programme in meinem Bewusstsein zu neutralisieren, bis ich frei genug wurde, nach der Wahrheit in mir zu suchen. Diese Suche wurde lebensnotwendig für mich.

Das war in den frühen 50er Jahren, während meiner ersten Jahre als Chiropraktiker. Jetzt kann ich auf diese Zeit zurückschauen, und es geht mir gut dabei. Ich fühle, dass GOTT überall ist, und er hat mich gelehrt, in schwierigen Situationen neutral zu werden und dann die spirituell angemessene Richtung einzuschlagen. Ich fühle mich innerlich im Einklang mit dem, was ich tue. Vielleicht zum ersten Mal in meinem Leben ist ein vollkommenes Gleichgewicht da, ein innerer Frieden von Geist und Herz. Ich fühle, dass ich weiß, dass ich weiß, dass ich weiß – anstatt zu zweifeln und zurückzugehen und zu prüfen und nochmals zu prüfen. Das ist ein gutes Gefühl.

Als Chiropraktiker habe ich 34 Jahre lang in Atlanta, Georgia eine eigene Praxis geführt. Neben der Chiropraktik habe ich mich auch eingehend mit Kinesiologie und Akupunktur befasst und mit vielen anderen verwandten Fachgebieten, die Körper, Geist und Seele erforschen.

Die Kinesiologie lernte ich kennen, als ich, wie so oft, zu GOTT gebetet hatte, weil ich meinen Patienten noch schneller und effektiver helfen wollte. Ich hatte das Wissen der Konzept-Therapie bereits in meiner Praxis angewandt. Vor allem die Erkenntnis, dass

Neben der Chiropraktik und der Konzept-Therapie wendet Isa sich zahlreichen weiteren ganzheitlichen Heilmethoden zu. Er beschäftigt sich mit Kinesiologie, Akupunktur, Akupressur, Rolfing, Reflexologie, Irisdiagnostik, Vitamin- und Diättherapien.

Währenddessen engagiert sich Isa auch in mehreren Verbänden wie z.B. Georgia Chiropractic Association, Alumni Association of the Logan College of Chiropractic, Concept Therapy Institute - Association for Research.

die meisten Probleme der Menschen durch »falsches« Denken verursacht und als Programmierungen im Unterbewusstsein gespeichert werden, hatte ich besonders verinnerlicht. Um diese ursächlichen Konzepte und Programmierungen im Unterbewusstsein aufzuspüren, gibt es in der Konzept-Therapie eine einfache Assoziationsübung. Dazu wird dem Patienten eine Liste mit bestimmten Wörtern vorgelegt, auf die er spontan mit Begriffen antwortet, die ihm zu diesem Wort einfallen, und anschließend finden Gespräche dazu statt. – Mir ging das noch zu langsam, und so sprach ich weiter mit GOTT und bat ihn, mir zu helfen. Kurz darauf hatte ich den Impuls, mich mit einer weiteren Heilmethode von einem Chiropraktiker namens George Goodheart zu beschäftigen – der Kinesiologie.

Angewandte Kinesiologie ist ein Lehrsystem, das eine Methode entwickelt hat, den Energiefluss im menschlichen Körper zu verdeutlichen. Mit dieser Methode hatte ich nun ein wunderbares Werkzeug bekommen, um den Körper unmittelbar befragen zu können.

In dieser Zeit erkannte ich auch, dass unterbewusste Negativprogramme erst losgelassen werden müssen, bevor neue positive Konzepte ihre Wirkung entfalten können. Eines Tages joggte ich im Wald und sprach laut Affirmationen zu mir selbst, wie die Konzept-Therapie es lehrte: »Du bist gesund, du bist wunderbar, und ich liebe dich.« An dieser Stelle widersprach etwas in mir und sagte: »Nein, das tust du nicht.« Da wurde mir klar, dass, wenn wir ein Programm wie Selbsthass im Unterbewusstsein haben, es zu einem Konflikt kommt, der losgelassen werden muss, bevor ein neues Konzept ins Unterbewusstsein einfließen kann und vorrangig wird. Damals begann mein Loslass-Prozess, der sich als sehr wirkungsvoll und erfolgreich erwies.

Wenn wir die begrenzenden Konzepte, die uns die klare Sicht unserer Seelen versperren, erkennen und loslassen, finden wir direkten Zugang zur ALLMÄCHTIGEN QUELLE DES LEBENS. Wir sind dann wieder in der Lage, die QUELLE zu vernehmen, danach zu handeln und Harmonie und Ordnung in unser Leben zu bringen.

Meine Studien der angewandten Kinesiologie bei Dr. George Goodheart waren eine hervorragende Vorbereitung, die Prinzipien der Akupunktur, die zu jener Zeit unter westlichen Medizinern noch mit großem Argwohn betrachtet wurde, zu verstehen und zu verifizieren.

Als praktizierender Chiropraktiker in Atlanta, Georgia, war ich 1973 unter den ersten in der Stadt, die die alte Wissenschaft der Akupunktur studierten. Akupunktur ist die Wissenschaft von den Energieströmen im menschlichen Körper. Diese Energieströme wurden erstmals vor 5000 Jahren von den Chinesen entdeckt. Akupunktur blieb bis in die Neuzeit im Westen relativ unbekannt. Erst die Massenmedien der letzten 50 Jahre haben dem Menschen die Türen zu bisher verborgenem Wissen geöffnet. Die Akupunktur ist eine exakte Wissenschaft, die sich mit den Meridianen, den Energiekreisläufen des menschlichen Körpers und Akupunkturpunkten auf diesen Energiebahnen beschäftigt. Mitte der achtziger Jahre zeigte das Atlanta Museum of Art eine einzigartige Sammlung von Artefakten aus Rotchina. Darunter gab es eine überlebensgroße 5000 Jahre alte Bronzestatue, die mit winzigen Löchern übersät war. Im Begleittext wurde erläutert, dass die Studenten der Akupunktur die Lage jedes dieser Punkte wissen mussten. Für das Abschlussexamen, wurde die Statue mit Wachs überzogen und mit Wasser gefüllt. Dann wurden die Studenten gebeten die Punkte zu lokalisieren. Eine richtige Antwort wurde durch das aus dem Akupunkturpunkt austretende Wasser bestätigt.

Ein ausgebildeter Akupunkteur ist in der Lage, den richtigen Punkt zu lokalisieren und zu stimulieren, um den Energiekreislauf wieder in Gang zu bringen. Durch Stimulierung mit einer Nadel, durch Elektroakupunktur oder auch mit der Hand kann der Energiefluss wieder normalisiert werden und die Person fühlt eine zeitweilige Besserung. Nach meiner Erfahrung kann dasselbe Problem allerdings zu einem späteren Zeitpunkt wieder erwachen und dieselben Symptome produzieren, wenn die entsprechende krankmachende Programmierung, die diesem Problem zugrundeliegt, nicht neutralisiert wurde. Das tägliche Leben prägt uns unentwegt solche Programme ein, die uns selbst und unserem Körper schaden. Die Ursache für diese Konflikte zu finden und zu neutralisieren, scheint die einzig dauerhafte Lösung zu sein.

Isa entwickelt eine Synthese seiner Aktivitäten auf dem Gebiet der Heilung und erfährt ein spirituelles Schlüsselerlebnis, das seine Hellsichtigkeit und die Verbindung mit dem ALLERHÖCHSTEN GEIST auf eine neue Stufe anhebt und die Geburt der Releasing-Arbeit markiert.

Als Synthese dieser unterschiedlichen Heilungsansätze habe ich ein System entwickelt, durch das sich die elektromagnetischen Energiefelder des Körpers beurteilen und positiv beeinflussen lassen, um so die Heilung in Gang zu bringen. Durch die Verbindung des Wissens der Konzept-Therapie mit den Methoden der Kinesiologie konnte ich so einen messbaren Kräftezuwachs ausgewählter Muskelgruppen infolge des bewussten Loslassens von negativen Vorstellungen in der menschlichen Psyche nachweisen.

Die Beziehungen zwischen Akupunkturpunkten, Organen und Muskeln hatte ich eingehend untersucht, indem ich beispielsweise einen der Hauptakupunkturpunkte blockierte und so feststellen konnte, dass dadurch eine bestimmte Muskelgruppe schwach wurde. Als Yolanda und ich später unsere Releasing-Gruppen untersuchten, stellten wir bei einigen Personen fest, dass die Muskeln, auch wenn wir die entsprechenden Meridiane künstlich blockierten, nicht mehr geschwächt wurden. Dies führte uns zu der Erkenntnis, dass diese Menschen ihre Energie direkt von der QUELLE DES LEBENS erhielten. Alle Releaser, die schließlich genug von ihrer unterbewussten Negativität neutralisiert hatten, erhielten ihre Lebensenergie direkt von der QUELLE DES LEBENS. Sie waren gesünder und hatten mehr inneren Frieden.

Unbestritten werden zahlreiche Traumen durch körperliche Verletzungen verursacht. Körperliche Verletzungen erfordern meist eine sofortige Behandlung, um Heilung zu ermöglichen. Die medizinische Wissenschaft hat wahre Wunder vollbracht in der Gesundheitspflege, der Ernährung, der Physiotherapie, der Rehabilitation, der Fortpflanzung, der Chirurgie, in der Entwicklung apparativer Lebenserhaltungssysteme, der Transplantation biologischer, mechanischer und elektronischer Körperteile, der Genetik… die Liste ließe sich endlos fortsetzen. Psychologie und Psychiatrie haben gewaltige Fortschritte gemacht im Verständnis und der Behandlung verborgener mentaler Traumen der menschlichen Psyche. Seit Geschichte aufgezeichnet wird, haben Theologen Bände von Theorien über die Seele des Menschen verfasst und über die Konsequenzen seines Versäumnisses, den Ordnungen einer höheren Kraft zu folgen.

Ich bin zutiefst dankbar für die verdienstvollen Beiträge aller Fachrichtungen und Methoden zur Verbesserung der Qualität des menschlichen Lebens. Meine eigenen Bemühungen sind dabei nichts weiter als ein kleiner, bescheidener Ausdruck in der fortwährenden Evolution des menschlichen Bewusstseins. In meiner Arbeit geht es mir vor allem um das eine zentrale Thema: dass Körper, Geist und Seele in all ihren Aspekten berücksichtigt werden müssen, um die Gesundheit zu erhalten. Außerdem muss auch die Einstellung des Patienten zum Leben und zur SCHÖPFERISCHEN QUELLE VON ALLEM WAS IST betrachtet werden, um ein vertieftes Verständnis für Heilungsprozesse zu erlangen. Keine singuläre Behandlung, die die Gesamtheit des Lebens einer Person außer Acht lässt, kann zu bleibender Gesundheit und Wohlbefinden verhelfen. Wir müssen den ganzen Menschen einbeziehen!

Ich möchte noch hinzufügen, dass ich in meiner über 80-jährigen Lebenserfahrung zu demselben Schluss gekommen bin wie viele andere auch –, dass nämlich der größere Teil der Krankheiten geistigen und seelischen Ursprungs ist. Das soll nicht heißen, dass wir alle »verrückt« sind, wir erwachen lediglich aus einem tiefen Schlummer. Wir bewegen uns vom Stadium der Unwissenheit zum Stadium der Erleuchtung.

In meiner jahrelangen Arbeit mit Menschen aller Nationalitäten, Rassen, beider Geschlechter und aller Glaubensrichtungen bin ich zu folgender Ansicht gelangt:

1. *Wir alle sind Teile eines einzigen universalen Bewusstseinskörpers.*
2. *Es gibt eine alles umfassende Ordnung, die allem, was ist, zugrunde liegt. Diese universale Ordnung kann und muss entschlüsselt, anerkannt und befolgt werden, wenn der Mensch auf dem Planeten Erde überleben will.*

Diese allumfassende Ordnung ist seit alters her mit vielen verschiedenen Namen benannt worden. Was die Chiropraktik die NATÜRLICHE INTELLIGENZ nennt, wird auch das ABSOLUTE, das EINE, GOTT, UNIVERSALE LEBENSKRAFT, HEILIGER GEIST, das UNWISSBARE, das UNBEKANNTE, die IMPLIZITE ORDNUNG und vieles mehr genannt. In unserer Releasing-Arbeit nennen wir sie »ALLERHÖCHSTER GEIST«.

Meine Wahrheitssuche führte mich also zu der Schlussfolgerung, dass eine intelligente Energiequelle alles Leben erschafft und erhält. Obwohl Wissenschaft und Religion viele Bezeichnungen für die Beschreibung dieser allumfassenden Energie benutzen, weist meine persönliche Forschungsarbeit darauf hin, dass diese Essenz sich in unserer Welt als BEDINGUNGSLOSE LIEBE manifestiert.

Eines Tages, während ich in meiner Mittagspause meditierte, hörte ich in mir himmlische Musik. Es war die wundervollste Musik, die ich jemals gehört hatte, und ich verlor mich in Raum und Zeit. Ich weiß nicht mehr, wie lange es dauerte, aber ich fühlte, dass dies die Musik der Sphären und ein Geschenk von der QUELLE DES LEBENS ist. Ich fühlte mich gesegnet. Ich empfand es als Zeichen von GOTT, dass ich auf dem richtigen Weg war und als Ermutigung, diesen Weg weiterzugehen.

Nach diesem Ereignis sah und wusste ich immer unmittelbarer, was meinen Patienten fehlte und was ich für sie tun konnte. Eines Tages kam eine Frau mit furchtbaren Schmerzen in meine Praxis. Ich bat sie, sich auf einen Behandlungstisch niederzulegen. Ich glaubte, ihr nicht helfen zu können, und so betete ich voller Inbrunst um Hilfe für die Linderung ihrer Schmerzen. Da hörte ich in meinem Kopf eine Stimme, die mich anwies, spezifische Akupunkturpunkte zu drücken und bestimmte heilerische Praktiken auszuführen. Die Stimme zeigte mir die seelische Ursache für das Leid der Patientin und wies mich an, welche seelischen Blockaden für sie loszulassen seien. Ich folgte den Anweisungen der Stimme, und die Patientin war bald vollkommen schmerzfrei. Dies war für mich eine erneute Bestätigung, dass der ALLERHÖCHSTE GEIST mich führte.

Als ich am selben Abend meditierte, wurde ich plötzlich von einem goldenen Licht eingehüllt und hörte, wie eine Stimme sagte:

»Mein Sohn, ich habe Dir den Schlüssel zur Heilung gegeben.«

Ich weinte vor Freude.

Das Wissen in mir wuchs allmählich, sodass ich in der Lage war zu erkennen, was ein Mensch loslassen musste, um sich von einem Problem zu befreien. Manchmal fühlte ich mich unwürdig und unzulänglich, und so setzte ich zur Vergewisserung eine kinesiologische Methode mithilfe meiner Arme und Hände ein. Das gab mir eine sehr schnelle Bestätigung, ob ich richtig lag. Ja, GOTT wirkt durch uns. Die Wirklichkeit und Gegenwart eines LIEBENDEN SCHÖPFERS ist für mich vollkommen offenkundig.

Seit dieser Zeit bat ich bei meiner Arbeit stets ehrfürchtig um Hilfe und nahm die Hilfe mit Demut und Dankbarkeit an.

Ich begann nun, mit noch größerer Klarheit die Stimme des ALLERHÖCHSTEN GEISTES in meinem Hinterkopf zu hören und auch Stimmen aus höheren Bewusstseinsebenen, die mir helfen wollten. Ich hatte sehr viel für diese Hilfe gebetet. Auch während der Arbeit betete ich und wusste, dass diese QUELLE bei mir ist und durch mich handelt. Ich vertraute darauf und ließ es geschehen. Ich erhielt durch die Veränderungen im Körper meiner Patienten und ihre Heilung immer mehr Bestätigung dafür, dass ich auf dem richtigen Weg war.

Hierfür ein weiteres Beispiel: Eines Tages wurde eine Patientin von ihrer Mutter in meine Praxis gebracht. Sie war blind und litt unter Multipler Sklerose. Ich half ihr auf eine Behandlungsliege, da kam mir der Gedanke, dass sie vergewaltigt worden war. Sie bestätigte das, und so gab ich ihr Releasing-Sätze zum Nachsprechen und dass sie ihrem Vergewaltiger vergeben möge. In diesem Augenblick sah ich sie in einem früheren Leben als Mann, der selbst Vergewaltigungen begangen hatte. Sie ging durch tiefe Emotionen und weinte und bat um Vergebung. Schließlich konnte sie sich auch selbst vergeben und die Entscheidung loslassen, sich niemals mehr anschauen zu wollen, was sie getan hatte. – Mit einem Mal sah sie die Zimmerdecke, stand ohne Hilfe vom Behandlungstisch auf, beschrieb die Kleidung ihrer Mutter und auch meine und begann, die Knöpfe am Telephon zu zählen. Sie war zuvor bei 27 Ärzten gewesen, und niemand hatte ihr helfen können. Ihre Multiple Sklerose war augenblicklich geheilt. Ich bin zutiefst davon überzeugt, dass es tatsächlich keine unheilbaren Krankheiten gibt, sofern die Seele bereit ist, sich mit der Ursache auseinanderzusetzen, sie loszulassen, zu vergeben und sich der Heilung zu öffnen. Es gibt aber Menschen, die nicht geheilt werden wollen.

Ich sah, dass meine Patienten durch die Arbeit, die durch mich geleistet wurde, immer glücklicher und freudvoller wurden. Ich beanspruche keinen Ruhm für diese Erfolge und die Kräfte, die durch mich wirken, denn ich weiß, dass hinter allem die GÖTTLICHE QUELLE steht. Ich war immer dankbar für diese GÖTTLICHE QUELLE, die durch mich kam und mir die Informationen gab, die ich brauchte, um mit denen zu arbeiten, die hilfesuchend zu mir kamen.

ISA UND YOLANDA
ERÄHLEN AUS IHREM GEMEINSAMEN LEBEN

Die Biographien von Isa und Yolanda münden in einen gemeinsamen Strom selbstloser Liebe zu Allem, was ist und den aufrichtigen Wunsch, den Menschen, der Welt und dem Leben zu dienen. Releasing ist die Frucht der spirituellen Suche von Isa und Yolanda, die ihr persönliches Leben aufgegeben haben, um als Pioniere »das gelobte Land« eines Neuen Bewusstseins zu entdecken. Indem sie dem Licht ihrer Seelen geduldig folgten, erwarben sie sich die spirituellen Qualitäten von Demut, Vertrauen und Hingabe gegenüber ihrer inneren Führung, die es dem ALLERHÖCHSTEN GEIST möglich machten, ihnen Releasing als ihr Lebenswerk anzuvertrauen.

ISA: Ich lernte Yolanda durch ihren damaligen Ehemann kennen. Er kam wegen einer Verletzung in meine Praxis und fragte, ob ich ihm helfen könne. Ich konnte ihm helfen, und er wurde einer meiner treuesten Patienten. Später brachte er auch seinen Sohn, seine Mutter und seinen Vater zur Behandlung zu mir. Yolanda zögerte jedoch lange Zeit – vielleicht, weil sie auf einer anderen Ebene spürte, dass unsere Seelen mehr miteinander zu tun haben würden als wir zum damaligen Zeitpunkt hätten verkraften können.

Aber gesundheitliche Probleme führten schließlich auch Yolanda in meine Praxis. Sie hatte beim Wasserski einen Unfall gehabt und sich eine Rückenverletzung zugezogen, und ihr Mann und verschiedene andere Personen hatten ihr geraten, mich aufzusuchen. Neben der Verletzung zeigten die Röntgenaufnahmen auch eine Verkrümmung der Wirbelsäule, die schon seit langem bestanden haben musste. Ich versuchte ihr zu helfen und sie zu stabilisieren, um ihre Schmerzen zu lindern. Die Auswirkungen der Verletzung waren schnell behoben, aber die Wirbelsäulenverkrümmung erforderte

Isa und Yolanda lernen sich kennen.

einen längeren Behandlungszyklus. Sie hatte ein kürzeres Bein, und ich verschrieb ihr eine Schuheinlage, um die Fehlstellung des Kreuzbeins zu korrigieren. Die Einlage störte sie aber, außerdem lief sie im Sommer viel barfuß. Sie nahm sie also heraus und kam vorerst nicht wieder. Erst als sie wieder Rückenschmerzen bekam, suchte sie mich wieder auf. Ich versuchte daraufhin, ihren Zustand auch ohne Schuheinlagen zu bessern.

So lernten wir uns kennen, und es war sofort ein großes Vertrauen zwischen uns. Das war in den 60er Jahren, und wir waren über viele Jahre in Freundschaft verbunden, bevor wir zusammen arbeiten sollten.

Als Yolanda und ihr Mann Beziehungsprobleme bekamen, riet ich ihnen, es mit der Konzept-Therapie zu versuchen, um ihre Probleme in den Griff zu bekommen und die Ursachen dafür herauszufinden. Sie belegten einen einwöchigen Kurs und Yolanda besuchte mich des öfteren, um mit mir über ihre Probleme zu sprechen. Bei dieser Gelegenheit benutzte ich auch Elemente aus der Konzept-Therapie, um ihr zu helfen, mehr über sich selbst zu erfahren. Ich erinnere mich daran, dass wir beispielsweise einfache Assoziations-Übungen machten, bei denen dem Klienten ein Wort genannt wird, auf das dieser spontan mit Begriffen antwortet, die ihm zu diesem Wort einfallen. Anschließend werden auch diese Begriffe mit neuen Assoziationsketten verbunden, bis ein immer deutlicher werdender Pfad von Schlüsselwörtern entstanden ist, der direkt auf die zugrunde liegende seelische Ursache des Problems verweist. Diese Vorgehensweise ist sehr hilfreich, um eine Brücke zwischen dem Tagesbewusstsein und dem unbewussten Reich der Seele herzustellen.

Diese Übungen standen am Beginn unserer Zusammenarbeit und waren die ersten Vorläufer auf dem Weg zur Entwicklung der Releasing-Methode.

Heute weiß ich, dass Isa, mein höheres Selbst, erst vollständig in mein Leben trat, als Yolanda begann, gemeinsam mit mir in der Praxis zu arbeiten. Ihre Zwillingsflammen-Energie war so stark, dass ich nicht übersehen konnte, dass wir uns vollkommen ergänzten.

YOLANDA: Nachdem ich begonnen hatte in Isas Praxis zu arbeiten, beobachtete ich, dass manche seiner Patienten immer wieder mit den gleichen Problemen kamen. Sie kamen vielleicht 1-2 Mal die Woche, er brachte sie erneut ins Lot, und einige Zeit später waren sie wieder da. So erkannte ich, dass die Menschen die Verantwortung für ihr Leben und ihre Gesundheit selbst in die Hand nehmen und sich von negativen Lebensgewohnheiten trennen müssen. Es wurde zu meinem wichtigsten Anliegen, die Menschen zu schulen, dass sie die Verantwortung für ihren Heilungsprozess nicht an den Arzt oder Heiler delegieren können, sondern dass Selbstverantwortung der entscheidende Faktor ist, um eine bleibende Besserung des Gesundheitszustandes und der Lebensqualität zu erzielen. Ich unterrichtete diese Patienten deshalb in einigen Prinzipien der Konzept-Therapie, in der Isa und ich uns hatten ausbilden lassen und die die Gesetze des Körpers, des Geistes und der Seele lehrt. Die grundlegenden Regeln für den Körper sind: eine ausgewogene, natürliche Ernährung, ein Gleichgewicht zwischen Bewegung und Regeneration sowie Hygiene. Diese Gesetze des Körpers sind sehr einfach und eindeutig, und sie sind heute einer breiten Öffentlichkeit bekannt. Bei meinem Unterricht bezog ich deshalb Diäthetik, Körperübungen, Entspannungstechniken, Methoden zu Stressbewältigung und Positivem Denken mit ein. Dies entsprach auch den Bedürfnissen der Patienten, die über die geistigen Hintergründe von Krankheiten mehr erfahren wollten. Die Gesetzmäßigkeiten, die das Wachstum des Bewusstseins und das Gleichgewicht der Seele regulieren, stellen für die meisten Menschen eine große Herausforderung dar. Die Philosophie der Konzept-Therapie sagt, dass die Seele in ihrer Essenz grundsätzlich positiv und konstruktiv ist. Es ist das Wesen der Seele, glücklich zu sein und nach Aussage der Konzept-Therapie liegt es in unserer Natur, liebend, freundlich, verständnisvoll, großzügig und vergebend zu sein. Negative Eigenschaften wie Angst, Hass, Eifersucht und Selbstsucht sind Zustände der Unwissenheit, die durch frühere Erfahrungen entstanden waren und mental programmiert wurden. Ursprünglich entsprechen sie nicht unserer Natur. Wenn wir diese

1977 wird Yolanda chiropraktische Assistentin in der Lindwall-Privatpraxis und bietet Konzept-Therapie-Kurse an. Im Unterricht mit den Patienten betont sie die Wichtigkeit der Selbstverantwortung für die Heilung und lehrt verschiedene ganzheitliche Selbsthilfe-Methoden. Daraus entwickeln sich erste gemeinsame Kurse mit Isa.

negativen Erfahrungen unseres Lebens neutralisieren können, werden wir mehr und mehr zu dem Menschen, der wir wirklich sind – nämlich ein wundervolles leuchtendes Wesen, das freundlich und liebend ist.

Obwohl Isa eine gewisse Scheu hatte zu unterrichten, kam er gelegentlich in meine Kurse, um mich zu unterstützen und gegenüber seinen Patienten die Bedeutung der Selbstverantwortung zu betonen. Wir gaben auch Einzelsitzungen, um Patienten zu helfen, ihre negativen emotionalen Muster aus der Vergangenheit loszulassen.

Das Interesse war sehr groß, und so boten wir ein regelmäßiges Programm an. Es gab Fortsetzungskurse, deren Mitglieder sehr eifrig bei der Sache waren. Als Dr. Thurman Fleet, der Begründer der Konzept-Therapie, sein Buch »Rays of the Dawn« herausbrachte, bezogen wir es als Arbeitsgrundlage in unsere Kurse mit ein. Isa, der sich bereits seit 1951 mit der Konzept-Therapie beschäftigte, übernahm nun auch Ausbildungsklassen für Lehrer, und wir wurden immer öfter gebeten, dieses Wissen weiterzuvermitteln.

Die bewusste Kommunikation mit transzendenten Ebenen des Bewusstseins – der spirituellen Welt – beginnt.

YOLANDA: Bei einem unserer damaligen Konzept-Therapie-Kurse erfuhren wir eine neue Qualität der Bestätigung aus der spirituellen Welt für unsere jahrelangen Bemühungen, den Menschen Heilung zu bringen.

Wir standen mit den Teilnehmern einer Gruppe im Abschlusskreis, hielten uns an der Hand und fühlten eine ungewöhnlich tiefe Qualität der Liebe und des Mitgefühls. Die zurückliegende Seminararbeit hatte unsere Seelen in einer bisher noch nicht gekannten Intensität für einander geöffnet und zusammengeführt. Wir bekamen einen Geschmack von der inneren Einheit der Menschen, jenseits des persönlichen Alltagsbewusstseins.

Mit dankbaren Herzen strahlten wir uns an und sprachen das Universelle Gebet, das Isa vom ALLERHÖCHSTEN GEIST für unsere Arbeit empfangen hat:

»Allerhöchster Geist – ich liebe Dich, und ich öffne mich,
um Deine Liebe zu empfangen.
Geist-Freunde – ich liebe Euch, und ich öffne mich,
um Eure Liebe zu empfangen.«
Und während wir die übrigen Kurs-Teilnehmer reihum
anschauten, sagten wir:
»Jeder einzelne von Euch – ich liebe Dich, und ich öffne mich,
um Deine Liebe zu empfangen.«
Dann schlossen wir die Augen und jeder sprach
seinen eigenen Vornamen:
»..., ich liebe Dich, und ich öffne mich,
um Deine Liebe zu empfangen.«
Das Gebet endet mit dem Satz:
»Alles Leben, ich liebe Dich, und ich öffne mich,
um Deine Liebe zu empfangen.«

Jemand aus der Gruppe drückte schließlich aus, was wir alle fühlten: »Ich bin einfach glücklich, dass ihr alle auf dem Planeten seid«, und Isa antwortete: »Ja. Wir empfinden dasselbe für Euch alle.«

Dann wurde es ganz still, und Isa erzählte uns, dass sich in unserer Mitte ein himmlisches Wesen befände, das mit uns kommunizieren wolle. So konnte er uns mit Hilfe seiner hellsichtigen Wahrnehmung eine Erklärung für die außergewöhnlich starke Präsenz von Licht und Liebe im Raum geben, die wir selbst zuvor bereits gefühlt hatten.

Zur Kommunikation mit unsichtbaren Wesen möchte ich sagen, dass wir es uns zur Gewohnheit gemacht hatten, immer den Allerhöchsten Geist zu fragen, ob es sinnvoll ist, sich für die jeweilige Wesenheit zu öffnen. Es gibt viele verschiedene Kräfte zwischen unserer alltäglichen, dreidimensionalen Welt und dem Allerhöchsten Geist, und manche von ihnen sind nicht konstruktiv. Isa erklärte der Gruppe, dass wir Informationen aus der geistigen Welt immer darauf überprüfen, ob sie der bedingungslosen Liebe für alles Leben widersprechen und fügte hinzu, dass wir nur das akzeptieren, was zum Wohle aller und im Einklang mit dem Allerhöchsten Geist ist.

Unsere Technik zur Überprüfung war ganz einfach: Ich streckte meinen Arm aus, und Isa stellte eine Frage, die mit »Ja« oder »Nein« zu beantworten war. Wir gingen beide in einen rezeptiven, meditativen Zustand und stellten eine Frage. Wenn die Antwort »Ja« war, dann entspannte sich der Muskel, und wenn die Antwort »Nein« war, blieb er angespannt. Isa hatte diese kinesiologische Methode bei seinen Kursteilnehmern und auch bei seinen Patienten schon seit einiger Zeit angewandt. Bei Kindern, die nicht antworten oder für sich sprechen konnten, nahm er dann manchmal auch den Arm der Mutter, um etwas über das Kind herauszufinden. Isa und ich testeten diese Methode, indem wir den Namen jedes neuen Patienten, der einen Untersuchungstermin vereinbart hatte, aufschrieben und dann zum Wohle des Patienten um geistige Führung baten. Während Isa eine Frage stellte, blieb ich völlig neutral und entspannt und hielt meinen Arm ausgestreckt. Auf diese Weise untersuchte Isa die Wirbelsäule des Patienten und fand heraus, welche Wirbel verschoben waren. Er checkte jeden einzelnen Wirbel und schrieb das Ergebnis auf. Wenn der Patient dann zur körperlichen Untersuchung kam und Isa eine Röntgenaufnahme machte oder was auch immer für die Untersuchung notwendig war, stellten wir erstaunt fest, wie exakt die Aussagen gewesen waren und wie übereinstimmend mit der Diagnose und den Bedürfnissen des Patienten, noch bevor dieser überhaupt die Praxis betreten hatte.

Zu diesem besonderen Anlass benutzten wir also diese kinesiologische Methode und fragten nach, ob wir die Kommunikation mit der Wesenheit in unserer Mitte erlauben sollten, und erhielten zur Antwort ein »Ja«. Dann baten wir um den Namen dieser Wesenheit. Isa sagte, er höre den Namen »Gabriel«. Ich bemerkte ziemlich salopp: »Der einzige Gabriel, den ich im Königreich des Geistes kenne, ist der Erzengel Gabriel,« und Isa antwortete skeptisch, er höre die Worte: »Ja, das ist korrekt. Ich bin der Erzengel Gabriel. Wir von der Großen Weißen Bruderschaft haben diese Gruppe beobachtet und finden, dass ihr eine sehr hohe Liebesqualität beweist. Wir fragen euch, ob ihr bereit seid, uns in Zukunft zu helfen, das Bewusstsein auf dem Planeten anzuheben.«

Die Große Weiße Bruderschaft ist eine Gemeinschaft von Seelen, die ihre Entwicklung auf der Erde hinter sich haben und mit der »BEDINGUNGSLOSEN LIEBE« wieder eins geworden sind. Während ihrer Zeit auf der Erde waren sie als Theologen verkörpert oder als Philosophen, Führer, Künstler oder auch als ganz einfache Menschen, die die Wahrheit außerhalb der großen kulturellen Ströme gefunden hatten. Alle Mitglieder der Großen Weißen Bruderschaft sind in ihrer Selbstlosigkeit und der Bereitschaft, der Erde und den Menschen zu dienen, vereint. Sie arbeiten aus den inneren, transzendenten Dimensionen, die die Erde umgeben und durchdringen und halten die Verbindung mit den höheren Welten GOTTES aufrecht.

Wir benutzten unsere kinesiologische Methode, um festzustellen, ob es die Aufgabe unserer Gruppe sei, sich zur Verfügung zu stellen.

Der ALLERHÖCHSTE GEIST erklärte, dass die Große Weiße Bruderschaft eine bestimmte Mission auf Erden habe. Manchmal würden sich ihre und unsere Aktivitäten überlappen. Zu anderen Zeiten hätten wir verschiedene Aufgaben. Unter dieser Voraussetzung war die Antwort auf die Frage von Gabriel »Ja«. Isa fragte dann auch die Gruppe, ob sie bereit sei, unter diesen Bedingungen mit der Großen Weißen Bruderschaft zu arbeiten, und sie war einverstanden. Wir vereinbarten, immer dann das kinesiologische Prüfsystem zu benutzen und den ALLERHÖCHSTEN GEIST um seine Bestätigung zu bitten, wenn die Weiße Bruderschaft uns um unsere Hilfe ersuchen würde.

Von diesem Augenblick an wurden wir immer durchlässiger für Kommunikationen mit der geistigen Welt. Unser Bewusstseinswachstum beschleunigte sich und wir erhielten immer mehr Gelegenheiten, dem Leben zu dienen.

YOLANDA: Mit der Zeit entstand aus unseren früheren Konzept-Therapie-Kursen eine eigene Form der Gruppenarbeit. Einige Teilnehmer wollten schneller vorangehen, spirituell wachsen und an dem Wissen, das wir über die Jahre gesammelt hatten, teilhaben. So gaben wir auch weiterführende Kurse.

Aus der Zusammenarbeit mit der geistigen Welt entsteht die Releasing-Arbeit und manifestiert sich 1978 in einem ersten Workshop.

Der endgültige Durchbruch der Releasing-Arbeit geschah während eines ganz besonderen Seminars 1978. In dieser Zeit bekamen wir immer mehr Führung und erhielten die Botschaft, zwanzig Teilnehmer aus unseren früheren Konzept-Therapie-Kursen für einen Workshop einzuladen. Zusätzlich zu den zwanzig Teilnehmern aus diesen Kursen, meldete sich schließlich noch ein Chiropraktiker an, der in der Konzept-Therapie ausgebildet war. Er und sein Assistent wollten unbedingt am Workshop teilnehmen, und so wurden es dann zweiundzwanzig Teilnehmer, die an unserem ersten Releasing-Workshop 1978 teilnahmen. Wir hielten es für schwierig, so viele Menschen auf einmal zu behandeln. Meine erste Reaktion war: »Zwanzig Leute! – Alles, was ich kann, ist, mich um jeweils eine Person zu kümmern. Wie soll ich mit zwanzig Leuten umgehen?« Isa und ich hatten zwar zuvor bereits in der Praxis zusammengearbeitet und auch für Leute, die besondere Hilfe brauchten, private Sitzungen angeboten, außerdem war ich im Konzept-Therapie-Institut zum Gesundheitsberater ausgebildet worden und hatte schon seit 1969 mit Patienten gearbeitet, aber mit mehreren Leuten zugleich an tiefen Prozessen zu arbeiten – das hatten wir noch nicht gemacht.

Das Verfahren wurde uns in weniger als zehn Minuten vom ALLERHÖCHSTEN GEIST so schnell durchgegeben, wie ich nur schreiben konnte: Wir wurden angewiesen, die Gruppe in Paaren aufzuteilen. In jedem Gruppenpaar würde eine Person die Führung übernehmen, während die andere in entspanntem Zustand mit geschlossenen Augen auf vergangene Erinnerungen zurückblicken und sie loslassen würde. Durch das einfache Zählen von 20 bis 0 sollten sie ihren physischen Körper entspannen und dann in diesem ruhigen, empfänglichen Zustand die Kraft, die wir »THE SPIRIT OF THE MOST HIGH«, den »ALLERHÖCHSTEN GEIST«, nennen, um innere Führung bitten. Isa und ich würden die ganze Gruppe beaufsichtigen, durch den Raum gehen und die Aktivitäten durch das kinesiologische Verfahren prüfen. Wenn die erste Person der Gruppenpaare ihre Sitzung beendet hätte, würden die Partner die Rollen tauschen und das Verfahren wiederholen.

Während dieses Workshops verwendeten wir auch Wissen aus dem Buch »Rays of the Dawn«. Das Buch beschreibt, in welchen Polarisierungen der begrenzte menschliche Verstand in der dreidimensionalen Welt gefangen ist und welche Seelenqualitäten entwickelt werden können, um diese Polarisierungen unseres Bewusstseins durch die »BEDINGUNGSLOSE LIEBE« aufzulösen. So kann sich z.B. der menschliche Aspekt dessen, was wir Liebe nennen (gemeint ist nicht die »BEDINGUNGSLOSE LIEBE«, sondern lediglich ein Gefühl der Zuneigung, das Menschen für einander haben) sehr schnell in sein Gegenteil, den Hass, verwandeln. Wer glaubt, verliebt zu sein, neigt dazu, sich ebenso schnell wieder zu »entlieben«, wenn der andere etwas tut oder lässt, was ihm nicht gefällt. Menschen können dann ebenso sehr hassen, wie sie vorher behaupten, »geliebt« zu haben. Sie befinden sich in der Polarität von Mögen und Nicht-Mögen. Das hat nichts zu tun mit der göttlichen Qualität »BEDINGUNGSLOSER LIEBE«.

Wir haben also diese Gegenüberstellungen von Polaritätszuständen und Seelenqualitäten aus der Konzept-Therapie besprochen und den ALLERHÖCHSTEN GEISTES gebeten, jedem Teilnehmer aufzuzeigen, welches Thema für ihn zutrifft. Die Teilnehmer haben sich dann angeschaut, welche Themen in ihr Bewusstsein kamen und damit begonnen, all das loszulassen, was bindend und blockierend war und sie daran gehindert hatte, ihre positiven Seelenqualitäten auszudrücken.

Wir waren absolut überrascht von diesem Kurs, und ich möchte hier einige der Begebenheiten oder Wunder, wie man es auch nennen könnte, die sich dort ereigneten, beschreiben.

Eine Frau, bei der eine Operation zur Entfernung von Gebärmuttergeschwülsten vorgesehen war, merkte, dass sie sich auflösten und ihren Körper verließen, noch bevor der Workshop zu Ende war. Als sie zwei Wochen später zum vereinbarten Operationstermin wieder zu ihrem Arzt ging, waren die Tumore verschwunden. Eine kontinuierliche Beobachtung über fünf Jahre zeigte keine Anzeichen eines Rückfalls. In ihrem Fall drehte sich das Loslassen um die un-

geheuer große Verantwortung, die sie im Alter von 13 Jahren nach
dem plötzlichen Tod ihrer Mutter fühlte. Sie war gezwungen gewesen, die Pflichten einer Hausfrau und Mutter für ihren Vater und
ihre beiden jüngeren Brüder zu übernehmen. Sie fühlte sich als Frau
unzulänglich und begann unterbewusst, die weiblichen Aspekte
ihres Körpers abzulehnen. Das war ihr nicht bewusst, und so hatte
sie keine andere Wahl, als mit der Situation nach besten Kräften
fertig zu werden. Sie liebte ihren Vater und ihre Brüder und tat ihr
Bestes, ohne sich zu beschweren. Aber der innere Konflikt forderte
schließlich seinen Preis von ihrem Körper. – Während des Workshops konnte sie sich dieser Situation stellen. Sie sprach auf der
Seelenebene mit ihrer Mutter. Sie fragte sie, warum sie ihren
Körper so früh verlassen hatte, und nachdem sie die Antwort ihrer
Mutter gehört hatte, konnte sie weinen und ihren Schmerz ausdrücken. Danach konnte sie ihr vergeben und die innere Spannung
loslassen. Sie sprach auf der Seelenebene auch mit ihrem Vater und
drückte ihre Wut darüber aus, dass sie so überfordert worden war.
Dann hörte sie sich seine Meinung dazu an und erreichte eine
höhere Ebene des Verständnisses für seine Lage. Schließlich konnte
sie allen Beteiligten vergeben und auch sich selbst.

Einem anderen Kursteilnehmer gelang es, in Verbindung mit
seinen Gefühlen zu treten, was er vorher überhaupt nicht konnte.
Er hatte niemals zuvor geweint, und nun flossen innerhalb der
ersten Stunde die Tränen. Dies bedeutete eine vollkommene positive Verwandlung seiner Persönlichkeitsstruktur.

Eine weitere Frau litt an einer Fehlstellung der Hüfte, die sich
noch während des Seminars von selbst korrigierte.

Viele wunderbare Dinge, zu zahlreich, um sie alle aufzuzählen,
geschahen während dieses Seminars. Die erstaunlichen Ergebnisse
des Loslassens zeigten uns, dass wir auf dem richtigen Wege waren.
Die Leute waren begeistert und wollten immer mehr von dieser
Arbeit erfahren. Wegen der großen Nachfrage gaben wir mehr und
mehr Seminare, und je mehr es wurden, desto mehr Menschen wollten teilnehmen, bis uns schließlich die Workshops so in Anspruch
nahmen – die Anfragen kamen mittlerweile auch aus dem Ausland

– dass wir schließlich immer weniger Zeit für die Praxis opfern konnten und die Workshops zur Vollzeitbeschäftigung und zum Beruf wurden.

ISA: Es war 1980, Yolanda und ich waren seit einem Jahr verheiratet und lebten in einem Haus nahe der Praxis, als ich während einer Meditation ein ätherisches Objekt wahrnahm, das über meinem Kopf kreiste. Es sah aus wie ein Ring mit einer Öffnung in der Mitte. Ich beschrieb Yolanda diese Vision und fragte sie, was sie bedeuten könnte. Als ich aufstand und ein paar Schritte hin und herging, blieb das Objekt über meinem Kopf. Meine innere Stimme wies mich an, mich wieder hinzusetzen. Als ich das tat, merkte ich, dass das Objekt sich um meinen ganzen Körper ausdehnte und mit ihm verschmolz. Im Gebet fragte ich den ALLERHÖCHSTEN GEIST nach der Bedeutung dieser Erfahrung. Die Antwort war, dass mein Höheres Selbst – »Isa«, die geistige Essenz meiner Seele – endlich mit meiner physischen Form eins geworden war. Ein Gefühl der Vervollkommnung begann von da an, sich in meinem Leben und meinen Tätigkeiten auszudrücken, und eine größere Sicherheit und ein größeres Selbstvertrauen erfüllten und führten mich. Es war eine sehr persönliche und heilige Erfahrung für mich. Ich bat Yolanda, sie möge mich von nun an mit Isa ansprechen, aber nur privat und nicht in der Öffentlichkeit.

YOLANDA: Als Isa seinen Seelennamen bekommen hatte, wünschte auch ich mir, meinen Seelennamen zu erfahren. Ich bat ein junges Paar, das gerade die Releasing-Methode erlernte und vorübergehend bei uns wohnte, um ihre Unterstützung. Meiner Bitte folgend, führten sie mich in die Tiefenentspannung wie bei einer Releasing-Sitzung. Ich fragte den ALLERHÖCHSTEN GEIST, ob auch ich meinen Seelennamen erfahren dürfe – und ich erhielt den Namen »Mary«. Schon meine Eltern hatten mir »Mary« als ersten Vornamen gegeben. Ich fand aber, dass dieser Name zu heilig war, um ihm gerecht werden zu können. Obwohl ich bereits in meiner Kindheit in Weihnachtsspielen für die Rolle von Maria, Jesus'

1979 heiraten Isa und Yolanda, erfüllen damit die 10 Jahre alte Prophezeiung und erhalten ihre Seelennamen.

Mutter, ausgewählt worden war, wehrte ich mich, den Namen einer Heiligen zu tragen. So bestritt ich aufgebracht, dass »Mary« mein Seelenname sei und brach die Sitzung ab.

Nach mehreren Tagen, in denen ich meinen Widerstand verarbeitete, wurde ich dem Namen »Mary« gegenüber neutral genug, um in einer neuerlichen Sitzung zu fragen, ob dies wirklich mein wahrer Seelenname sei. Im Anschluss an die übliche Vorbereitung und Entspannung fragte ich nochmals: »ALLERHÖCHSTER GEIST, darf ich meinen Seelennamen bekommen?« Diesmal hörte ich die Antwort »Jezebel«. Wieder bestritt ich entschieden, dass ich das sein könne. Wie »Mary« mir zu heilig erschienen war, fand ich »Jezebel« nicht heilig genug und zu böse. Wieder beendete ich die Sitzung und fühlte mich irregeführt und verwirrt. Mit Isas Hilfe verarbeitete ich schließlich alle Widerstände gegen beide Namen, und ich machte eine dritte Sitzung. Wieder fragte ich: »ALLERHÖCHSTER GEIST, darf ich meinen Seelennamen erfahren?«

Diesmal fühlte ich mich im Geist erhoben, als ob ich durch viele Dimensionen von Zeit und Raum ging. Schließlich befand ich mich bei einem Gegenstand, der aussah wie ein von glänzendem, schimmerndem, irisierendem Licht umgebener Marmortisch. Er war strahlend weiß mit wellenartigen Linien in gelbgrünem Pastell, Gold und Rosa getönt. Als ich nach oben schaute, wurde mir bewusst, dass ich mich in einem Riesengebäude mit hochragenden weißen Bögen und Säulen befand. Der Tisch war von Lichtwesen umgeben. Ihre Formen waren annähernd oval, ohne scharfe Züge, und sie strahlten reine Liebe aus. Sie sprachen meinen Namen in einer liebenden, rhythmischen Melodie: »Yolanda, Yolanda, Yolanda«. Ich fühlte mich anerkannt, geliebt und ganz sicher in ihrer Gegenwart. Ich musste weinen, und mir wurde bewusst: »Ich bin zu Hause, sie kennen mich, sie wissen, wer ich wirklich bin.«

Es widerstrebte mir, die Sicherheit dieser schönen Umgebung zu verlassen, doch plötzlich fand ich mich in meinem normalen Bewusstseinszustand wieder. Als meine Freunde mich fragten: »Hast Du Deinen Namen erfahren?« konnte ich nicht sprechen, nur nicken: »Ja«. »Möchtest Du ihn uns sagen?« Es war mir nicht möglich, und ich verneinte. Dieses Erlebnis war mir einfach zu intim und heilig. Für eine sehr lange Zeit konnte ich meinen Namen nur mit Isa teilen, und erst allmählich bekam ich genug Vertrauen, den Namen meiner Seele nahen Freunden zu erzählen.

Es dauerte sechzehn Jahre, bis wir unsere Seelennamen in der Öffentlichkeit bekanntgaben. Im April 1996 fand ein Sieben-Tage-Intensiv-Releasing-Workshop für fortgeschrittene Studenten statt, die aus verschiedenen Ländern zusammengekommen waren. Viele hatten schon jahrelang mit der Releasing-Methode gearbeitet. Die liebevolle Atmosphäre erinnerte mich an meine »Ankunft zu Hause«, als mir vor 16 Jahren mein Name gegeben worden war. Isa bekam durch seine innere Führung mitgeteilt, dass durch »Yolanda« eine Botschaft für die Gruppe durchgegeben werden soll, und er fragte mich, ob ich dazu bereit sei. Ich fühlte mich, als ob mir die Haut abgezogen würde und ich ganz nackt in meinem Seelenkörper dastand, um zu der Gruppe zu sprechen. Nachdem ich einige Tränen geweint hatte und Isas Beistand bekommen hatte, um meinen Widerstand zu neutralisieren, erlaubte ich mir schließlich, nicht als »Ruth«, sondern als »Yolanda« zu sprechen. Ich empfand Erleichterung und Dankbarkeit, als die Gruppe mich mit Liebe und Unterstützung annahm, anstatt mich abzulehnen. Endlich konnte ich ganz ich selbst sein.

Der ALLERHÖCHSTE GEIST sagte dann zu Isa, auch er solle seinen Seelennamen enthüllen, und dass wir in unserer geistigen Arbeit damit beginnen sollen, unsere Seelennamen zu benutzen. Auf gesetzlichen Dokumenten benutzen wir weiterhin die Namen, die wir bei der Geburt von unseren Eltern bekommen haben, spüren aber, dass die Schwingung von »Isa« und »Yolanda« unserem wahren Sein auf der Seelenebene entspricht.

YOLANDA: Seit Anfang der 80er Jahre gaben wir Seminare in den Blue Ridge Mountains von Nord-Georgia. Wir kannten dieses Gebiet bereits von früheren Besuchen. Die Blue Ridge Mountains sind ein wunderschöner, heiliger Ort, an dem die spirituellen Kräfte von MUTTER ERDE und dem Universum noch mit-

Zwischen 1980 und 1982 leiten Isa und Yolanda Workshops in den Bergen von Nord-Georgia, in einer Hütte am Lake Rabun in Lakemont.

einander verbunden sind. Als wir uns im Frühjahr 1980 dort mit einem befreundeten Ehepaar zu einem spirituellen Gedankenaustausch trafen, bekamen wir die Botschaft, im Sommer ein Seminar dort zu geben. Und so fand unser erstes Seminar in den Blue Ridge Mountains im August 1980 in demselben Haus statt, in dem wir bereits vorher während unserer Kurzaufenthalte gewohnt hatten. Es war ehemals ein riesiger Pferdestall, der zu einem wundervollen Seminarhaus umgebaut worden war, mit Schlafräumen, einem Appartement für die Veranstalter. Es gab Freiwillige, die sich um das Essen und um die gesamte Organisation kümmerten. Es war, als wenn wir schon immer dort gearbeitet hätten. Und so lautete eine weitere Botschaft, dieses Haus für unsere Seminare zu erwerben.

ISA: Das Ehepaar, mit dem wir in den Blue-Ridge-Mountains waren und das wir hier Carla und Harry nennen möchten, zog in dieser Zeit in unser Haus. Yolanda war mit Carla schon seit Jahren eng befreundet. Uns alle verbanden dieselben spirituellen Interessen. Harrys Hauptinteresse galt der Theosophie und den Werken von Alice Bailey, und mit der Zeit war zwischen uns ein fruchtbarer Gedankenaustausch entstanden. Sie waren in dieselbe Richtung geführt worden wie wir, und uns wurde gesagt, wir sollten zusammen arbeiten. So vereinbarten wir, dass wir uns gegenseitig in unseren Releasing-Prozessen unterstützen würden, und wenn einer von uns Widerstände hätte, würden die anderen keine Mühen scheuen, bis er bereit wäre, loszulassen. Wir nahmen dies sehr ernst, denn uns war eine bestimmte Zeitspanne vorgegeben, um mit uns ins Reine zu kommen, und aus anderen Ebenen und Dimensionen erhielten wir große Unterstützung in diesem Prozess.

YOLANDA: Immer wenn wir dieses Gelände in den Bergen betraten, fühlten wir uns wie unter einer Kuppel beschützt. Es war eine geistige Zufluchtsstätte für uns.

Es kamen viele junge Leute im Alter zwischen zwanzig und vierzig Jahren, manche auch etwas älter, zu uns an diesen Ort. Sie sahen sich herausgefordert und verpflichtet, über ihr sogenanntes normales alltägliches Leben hinauszugehen und sich nicht nur auf Kinder, Familie und Beruf zu konzentrieren, sondern darüber hinaus eine spirituelle Einstellung zu entwickeln und dem Leben als Ganzem zu dienen. Sie waren bereit, sich einzusetzen, zu helfen und fühlten sich verpflichtet, daran mitzuarbeiten, dass sich das Bewusstsein auf dem Planeten entwickeln könne. Diese Menschen waren auf einer tieferen Ebene motiviert, als wir es bisher kannten, und obwohl sie ihren täglichen Pflichten nachkamen und ihren Platz in der Gesellschaft oft erst noch finden mussten, waren sie doch bereit, über die tägliche Routine hinauszugehen und sich für das Wohl des ganzen Planeten einzusetzen.

Sie waren Teil der Entwicklung, die nach der Bekräftigung unserer Arbeit durch den Engel Gabriel eingesetzt hatte. Es war eine aufregende Zeit, und es erschien uns als ein neues und ehrgeiziges Vorhaben, über die persönlichen Interessen hinauszugehen und Verantwortung für unseren gesamten Lebenszusammenhang zu übernehmen. Jeder von uns fühlte sich dabei von der QUELLE in sich, die einige »ICH BIN DAS« oder »ICH BIN« nennen, motiviert und inspiriert, die starren Strukturen der Gesellschaft aufzulösen. Der ALLERHÖCHSTE GEIST sagte uns, dass der Planet in Gefahr sei, und wir fühlten ein unterschwelliges Erwachen in den Menschen, die zu uns kamen und helfen wollten, die Polarisierung der Menschen, der Rassen, der Religionen, die ökonomische Ausbeutung, den politischen Streit und die ökologische Krise zu überwinden.

Zuerst aber hatten diese Menschen ihr eigenes Leben zu leben, und es wurde uns gezeigt, dass jeder von uns seinen individuellen spirituellen Weg habe. Jeder einzelne auf der Erde ist wichtig. Wir sind nicht »niemand«. Wir sind ein Funke von GOTT, der alles erschaffen hat, und wir haben ein grenzenloses Potential in uns, wenn wir es nur entfesseln können und die inneren Türen öffnen.

Damals zog auch mein Sohn Robby zu uns in die Berge. Er war zu der Zeit Musiker und hatte seine eigene Band. Seine innere Stimme sagte ihm, er solle seine Gruppe auflösen, sein Equipment verkaufen und in die Berge ziehen. Dort solle er ein Haus in der Nähe unserer Lodge mieten und den Menschen, die aus der ganzen

Welt kamen und wochen- oder monatelang dort blieben, Zimmer vermieten und diesen Ort zugänglich machen. Es kamen Paare aus New York, aus Virginia und aus Atlanta, die sich hier niederließen, um in der Gemeinschaft zu leben und um an diesem neuen Prozess der Entfaltung des Bewusstseins teilzuhaben. Isa und ich fuhren in der Woche immer wieder zurück in die Stadt, um den Praxisbetrieb aufrechtzuerhalten und kamen nur am Wochenende. Wir waren sehr erstaunt, dass die Personen, die mit Robby zusammen wohnten, fast alle erst zwischen zwanzig und dreißig Jahren alt, selbst in der Lage waren, auch in unserer Abwesenheit mit der geistigen Welt zu kommunizieren und Botschaften zu erhalten. Sie wohnten in einem modernen Haus auf einem Berg, der so abgelegen war, dass sie nur einen lokalen Fernsehsender schwach empfangen konnten. Deshalb waren sie vor Fernseh- oder Radiostrahlen aus der Stadt, die sich manchmal störend auf unsere höhere Sensibilität auswirken können, geschützt. Wenn sie den Eindruck hatten, Botschaften zu bekommen, riefen sie Isa und mich an, um sich mit uns zu beraten, ob sie jetzt verrückt würden oder was sonst los sei. Zu unserer Überraschung sahen wir, dass sie auf einem sehr wahrhaftigen und nutzbringenden Weg waren und auf eine positive, wunderbare und konstruktive Weise geführt wurden.

Während sich die Releasing-Arbeit weiterentwickelt, schulen Isa und Yolanda besonders die Wahrnehmung und das Unterscheidungsvermögen.
Ein außergewöhnlicher Workshop zur Öffnung der Kommunikationskanäle zum ALLERHÖCHSTEN GEIST bringt spirituelle Klarheit.

YOLANDA: Es war eine spannende Zeit, in der wir alle daran arbeiteten, unser altes persönliches Bewusstsein, unsere seelischen Erfahrungen und die spirituellen Durchbrüche auszubalancieren, um nicht den Boden unter den Füßen zu verlieren und die seelischen und transzendenten Bewusstseinsebenen integrieren zu können.

Viele der Menschen, die zu uns kamen, erlebten in Releasing-Sitzungen frühere Leben und erkannten, wie diese mit ihrem jetzigen Körper, dem Elternhaus, der Vererbung und den genetischen Codes von DNA und RNA verbunden waren. Wir wurden uns bewusst, dass dieser genetische Code Erinnerungen beinhaltet, die wir Schwingungen nennen, die in uns gespeichert sind und von denen einige sehr begrenzende und zerstörerische Wirkungen haben. Wir entdeckten, dass wir, in dem Maße, wie wir der QUELLE in uns erlaubten, uns zu führen, Anweisungen erhielten, um diese Muster loslassen und neutralisieren zu können. Die Veränderungen waren sowohl im physischen Körper, in den Emotionen, in der Weltanschauung und der mentalen Klarheit der Menschen spürbar.

Aber immer wieder gab es auch Erfahrungen und »Schwingungen«, die aus dem Überbewussten, dem transzendenten Bereich kamen und die sich als Gegenwart von Engeln und Wesen der Großen Weißen Bruderschaft herausstellten, die die Erde bereits verlassen hatten und freiwillig und bewusst zurück gekommen waren, um den Menschen zu helfen, die bereit waren, ihr Bewusstsein zu entwickeln. Wir mussten lernen, bei diesen Kommunikationen sehr wachsam zu sein, da wir in diesem Bereich noch Anfänger waren und nicht immer fähig zu unterscheiden zwischen den Engeln, die uns halfen und den dunklen Mächten, die wir Kräfte des Ungleichgewichts nennen, da sie das Gleichgewicht des Universums verleugnen und versuchen, uns von unserem Weg abzubringen.

Es gibt viele Betrüger und Trickser im Körper, und genauso gibt es sie auch außerhalb des Körpers. Genauso wie wir Kriminelle in der physischen Welt haben, gibt es auch kriminelle Bewusstseinsformen, die auf der astralen Ebene außerhalb des Körpers sind und sich vorzugsweise als heilige Wesen ausgeben.

Als wir uns damals aus der physischen Peripherie heraus bewegten, um die anderen Dimensionen zu erkunden, wurden wir uns ihrer Anwesenheit bewusst. Wir begannen, eine geistige Kraft zu entwickeln, um solch dunkle Mächte jederzeit erkennen und neutralisieren zu können. Wir haben z.B. die Erfahrung gemacht, dass dort, wo alkoholische Getränke ausgeschenkt werden und Menschen sich betrinken, ihre Seelen zeitweise den Körper verlassen. Das ist so, als ob man die Schlüssel seines Wagens stecken lässt und ihn mit unverschlossener Tür vor dem Haus parkt, so dass jeder einsteigen und damit herumfahren kann. Wir haben herausgefunden, dass unter diesen Umständen erdgebundene Seelen in die Körper dieser Menschen gelangen, während sie durch Drogen- oder Alkoholmissbrauch außerhalb ihrer Körper sind. Das Ergebnis ist dasselbe: Die Wesen kommen in den Körper, bemächtigen sich seiner und machen dann Dinge, die die Seele normalerweise niemals tun würde. Wir sind uns heute darüber im Klaren, dass wir mit unserer höchsten spirituellen Führung verbunden sein müssen, wenn wir uns an solche Orte begeben.

Da Isa und ich Christen sind, folgen wir dem Weg, den Jesus lehrte. So wie Jesus die Führung des VATERS IM INNEREN suchte, tun wir es auch. Der Begriff »ALLERHÖCHSTER GEIST« wurde uns als universeller Ausdruck gegeben, diese kreative Kraft, die überall anwesend ist, anzusprechen. Wir bitten bei allem, was wir tun um den Schutz und die Führung des ALLERHÖCHSTEN GEISTES. Wir bitten ihn, dass nur das, was zum Besten für alle ist, durch uns kommuniziert wird.

Es zeigte sich, dass viele Wesenheiten aus dem Reich der Aufgestiegenen Meister zu uns kamen, um mit uns und unserer Gruppe zu kommunizieren.

Eines abends wurde uns gesagt, dass wir uns mit einer kleinen Gruppe von insgesamt acht Personen in unserem Haus in Atlanta treffen sollten. Zwei unserer Schüler, der eine ein Geschäftsmann aus New York, der andere ein Geschäftsmann aus Los Angeles, wurde mitgeteilt, dass sie uns zu einem bestimmten Zeitpunkt in unserem Haus treffen sollten, und welche anderen Personen ebenfalls an diesem Treffen teilnehmen sollten. Durch jeden von uns sollte eine Botschaft kommen, die aus dem Reich der Aufgestiegenen Meister diktiert werden sollte. Das kam uns doch allen sehr merkwürdig vor. Diese beiden Männer waren ganz normale Geschäftsleute, und es war überhaupt nicht ihre Art, sich als mystische Kanäle für irgendwelche spirituellen Botschaften zu betrachten. Sie standen, was ihr alltägliches Leben betraf, mit beiden Beinen fest auf der Erde. Beide hatten jedoch den ernsthaften Wunsch zu erfahren, wer sie sind und welchen Zweck sie im Leben erfüllen sollen.

Der eine, ich nenne ihn hier Jim, aus Kalifornien, kam zu unserer Lodge in den Bergen zu einem Wochenend-Workshop und sagte:

»Ich will wissen, warum ich hier auf der Erde bin und was meine Aufgabe ist.« In jeder Workshop-Pause ging er auf sein Zimmer, fiel auf die Knie und betete inbrünstig zu GOTT, dass er ihm offenbaren möge, warum er hier sei. Jim hatte während des Workshops eine Vision, durch die er auf eine sehr tiefe Ebene kam, und er war glücklich, dass ihm der Grund seines Daseins offenbart wurde, obwohl er nicht alle Einzelheiten über seine Zukunft erfahren hatte. Auf dem Flug zurück nach Kalifornien, erhielt er wieder innere Führung, und es wurde ihm gesagt, er solle alles in ein Notizbuch schreiben. Als er zu schreiben begann, merkte er, dass es sich um Informationen handelte, die weit über sein bisheriges Verständnis hinausgingen. Er schrieb einfach alles auf und versuchte, neutral daran zu bleiben. Zu Hause angekommen, rief er Isa und mich in Atlanta an, um über dieses eigenartige Phänomen zu sprechen. Wir ermutigten ihn, für den ALLERHÖCHSTEN GEIST offen zu bleiben und in der Liebe zu sein. Wenn es je etwas geben sollte, das durch seinen Kanal käme und der BEDINGUNGSLOSEN LIEBE widerspräche, solle er sofort aufhören und die Verbindung abbrechen. Es kam jedoch nichts Negatives, alles war Führung und Rat für die Zukunft, um das Bewusstsein weiterzuentwickeln. Es wurde ihm auch gesagt, dass es gravierende physikalische Veränderungen auf der Erde geben würde. Wir wussten, diese Veränderungen waren Teil der Umwandlungen des Bewusstseins auf der Erde. Wenn wir nur zuhörten, würden wir geführt werden und vorbereitet sein und wissen, was zu tun ist.

Wir sollten uns also treffen. Jim und Charles aus New York hatten beide zu unterschiedlichen Zeiten und an verschiedenen Orten Informationen bekommen. Die Nachricht war dieselbe: Sie sollten sich mit unserer Gruppe treffen und ihre Anweisungen an uns weitergeben. Jeder von uns sollte als Medium dienen. Ich sagte, das sei lächerlich, ich wolle auf keinen Fall als sogenanntes Medium fungieren und lege absolut keinen Wert darauf.

Aber wie vorausgesagt erschienen alle in unserem Haus zur vorgegebenen Zeit. Jim war von seiner Firma geschäftlich nach North Carolina geschickt worden, und er legte genau an dem besagten Tag über Nacht einen Zwischenstopp in Atlanta ein, was so ohne sein

Zutun organisiert worden war. Charles fand sich auch zu dem besagten Datum bei uns ein, wie auch alle anderen, die eingeladen
worden waren.

Es wurde wirklich ein erstaunlicher Abend. Die Führung kam
durch Jim und Charles, und einer von ihnen sprach Worte, die
weder sie noch wir vorher jemals gehört hatten. Uns wurde gesagt,
dass wir uns vor vielen Leben für diese Arbeit freiwillig zur Verfügung gestellt hatten und jetzt unsere Bestimmung erfüllen würden.
An diesem Abend erklärte man uns durch eine Botschaft, die teilweise durch Jim und teilweise durch Charles übermittelt wurde, was
passieren sollte. Der Inhalt hatte hauptsächlich mit der Entwicklung
des Bewusstseins auf der Erde zu tun, von der wir schon wussten,
dass wir daran beteiligt sein würden. Wir hörten auch von ganz bestimmten Ereignissen, die mit unserer Umwelt passieren würden,
und dass wir als Individuen freiwillig gekommen waren, um der
Erde zu helfen.

Dann kam der Zeitpunkt, wo uns gesagt wurde, dass von den Aufgestiegenen Meistern durch jeden von uns eine Botschaft gesandt
würde. Derjenige sollte dann die Augen schließen, sich in einen
meditativen Zustand versetzen und sagen: »ALLERHÖCHSTER GEIST,
ich liebe Dich, und ich öffne mich, um Deine Liebe und Deine Botschaft zu empfangen.« Isa und ich benutzten unsere kinesiologische
Technik der Überprüfung, um sicherzustellen, dass es sich um eine
Nachricht des ALLERHÖCHSTEN GEISTES handelte und ob es für uns
überhaupt ratsam war, diese Botschaften zu erhalten. Wenn wir
dann ein »Ja« erhielten, ließen wir die Botschaft zu uns kommen.
Es kamen Botschaften von Aufgestiegenen Meistern, auf deren einzelne Namen ich an dieser Stelle nicht näher eingehen möchte.
Wenn jemand aus der Gruppe an der Reihe war, nannte er laut den
Namen des Wesens, das die Botschaft übermitteln wollte und sagte:
»Ich liebe Dich und öffne mich, um Deine Liebe und Deine Botschaft zu empfangen.« Dann wurde uns gesagt, dass die übermittelnde Person aussprechen solle, was ihr gerade in den Sinn käme.
Es war, als ob die Worte »im Hintergrund« unseres Bewusstseins aufgenommen worden wären, als ob man sich wieder an einen Traum

erinnern würde. Aber es war mehr, als sich nur etwas ins Gedächtnis zurückzurufen, es waren Informationen, die weit über das hinausgingen, was wir bisher gelernt hatten. Wir waren alle erstaunt,
wie leicht, sinnvoll, schlüssig, bedeutungsvoll und angemessen die
Worte flossen. Manchmal, wenn Isa und ich die Botschaften mittels der Kinesiologie überprüften, wurde uns gesagt, wir sollten die
Übermittlung unterbrechen und die Personen dazu anhalten, tief
durchzuatmen und sich neu auszurichten. Diese Unterbrechungen
geschahen dann, wenn die übermittelnde Person mit ihrem Bewusstseinsfokus auf die eigene Persönlichkeitsebene absackte. Deshalb war es immer wieder nötig, Pausen zu machen, um den Geist
erneut frei zu bekommen und in die Meditation zurückzukehren,
damit die Botschaft durch die rechte Gehirnhälfte fließen konnte
und nicht durch die Aktivität von Programmen der linken Gehirnhälfte gestört wurde. – Auf diese Art und Weise gingen wir an diesem Abend vor, bis jede anwesende Person eine Botschaft erhalten
hatte.

Ich kann mich erinnern, dass es auf meiner Persönlichkeitsebene
erhebliche Störungen gab, als ich mit einer Botschaft an der Reihe
war. Ich begann zu weinen, weil die MUTTERGOTTES anwesend war
und durch mich sprechen wollte. Ich fühlte mich unzulänglich, unwürdig und unter enormen Druck gesetzt. Ich fühlte mich überfordert und weigerte mich. Wer war ich schon, eine Botschaft von
MUTTER MARIA zu erhalten, sollte sie wirklich im Raum sein. Allein
der Gedanke daran brachte mich ganz durcheinander, und ich sagte
das auch der Gruppe und weinte. Isa sagte: »Möchtest du dem gerne
neutral gegenüber sein?« Da ich mich verpflichtet hatte, dem Höchsten zu dienen, bejahte ich, um mich zu öffnen und ein klares Instrument für die göttliche Botschaft zu werden. Isa arbeitete mit mir,
und ich ging durch einen Releasing-Prozess. Schließlich wurde ich
ruhig und sagte: »MUTTER MARIA, ich liebe Dich und ich öffne mich,
um Deine Liebe und Deine Botschaft zu empfangen.« Die Botschaft, die ich erhielt, war sehr einfach, aber der Inhalt ist hier nicht
wichtig. Diese Übermittlung hat mir nur gezeigt, dass sie aus einem
Bereich jenseits meines programmierten Bewusstseins kam. Für

mich hatte diese Botschaft eine tiefe Bedeutung und vermittelte mir die Rolle, die ich in der Entwicklung des planetarischen Bewusstseins zu spielen hatte, und die ich bereit war, zu spielen.

Durch diese Erfahrung war ich still und demütig geworden und brauchte einige Zeit, um sie in ihrer ganzen Tragweite zu verstehen, denn der ganze Abend war mehr gewesen als ich verarbeiten konnte.

Während des Workshops werden Isa vom ALLERHÖCHSTEN GEIST die »sieben Gesetze des Lebens« übermittelt.

YOLANDA: Dann kam Isa an die Reihe, und ihm wurden sieben Gesetze des Lebens übermittelt, die wir aufschrieben. Wir wissen nicht, ob diese Prinzipien in dieser Form schon irgendwo anders auf der Welt ausgedrückt sind, und wir behaupten auch nicht, dass sie definitiv aus dem Munde GOTTES kommen und akzeptiert und befolgt werden müssen. Wir möchten nur unsere Erfahrung mitteilen, und das war in der Tat eine ungewöhnliche Erfahrung. Wir freuen uns und sind dankbar, wenn diese Gesetze für andere Menschen eine Bedeutung haben. Wir haben keinen Ehrgeiz, sie der Öffentlichkeit als eine Art Bibel zu präsentieren. Diese Gesetze sind nur für die Menschen gedacht, die in ihnen einige Richtlinien erkennen können, um ihr Leben effektiver zu gestalten.

1. »Know your true identiy and go forth as a sun of god.«
   »Erkenne deine wahre Identität und schreite voran als Sonne GOTTES.«

Anm.d.Hrsg.: Isa und Yolanda verstanden zunächst »son«, »Sohn«, später aber stellte es sich heraus, dass es »sun«, die »Sonne« heißen musste: »Erkenne Deine wahre Identität und lass Dein Licht leuchten als Sonne GOTTES.« Die wahre Identität ist die Identität der Seele. Die Essenz der Seele ist die Liebe. Vorwärts zu gehen meint demnach hier, das, was wir sind, die Liebe, zum Ausdruck zu bringen und für uns selbst, unser Umfeld und die Welt das Licht in der Dunkelheit zu sein. So wie es unendlich viele Sonnen im Universum gibt, ist auch jeder Mensch eine einzigartige Quelle des Lichtes.

2. »Love your opposition into submission.«
   »Liebe, was immer Dir entgegensteht, bis zur Ergebung.«

Anm. d. Hrsg.: Wörtlich übersetzt bedeutet dieser Satz soviel wie: Liebe deine Opposition bis zur Unterwerfung. Mit Opposition sind hier Widerstände und Gegner gemeint. Widerstände können zum einen aggressive Verhaltensweisen feindseliger Menschen in der äußeren Welt sein, aber auch innere Widerstände aus dem Bereich des Seelenschattens, die ein Wachstum des Bewusstseins in Richtung größerer Liebesfähigkeit bekämpfen. Egal ob es sich um innere oder äußere Gegnerschaften handelt – nicht immer, aber oft spiegeln sie sich gegenseitig –, die Antwort ist immer dieselbe: Solange weiter lieben, bis der Konflikt sich löst.
Auf einer tieferen Bedeutungsebene geht es um die Einordnung des menschlichen Eigenwillens in die Ordnung der Liebe. Dazu müssen wir unsere Widerstände gegen die Liebe anschauen, annehmen und der verwandelnden Kraft des Herzens übergeben. Die Disziplinierung des Eigenwillens gelingt nur in der Hingabe an das Selbst der Liebe. Alle Hingabe mündet in Ergebung. Nur ein Mensch, der sich seinem göttlichen Selbst ganz ergeben hat, findet inneren Frieden.

3. »Rise above your negative self and slay the beast.«
   »Erhebe dich über dein negatives Selbst und erschlage die
   Bestie.«

Anm. d. Hrsg.: Dies ist ein ungewöhnlich martialischer Sprachgebrauch. Wenn wir aber ohne Sentimentalität die Grausamkeit in der Welt betrachten, zu der Menschen fähig sind, kommen wir nicht umhin zu konstatieren, dass es auch eine bestialische Seite im Menschen gibt. Diese bestialische Seite wurde in der Vergangenheit auch schon das niedere Selbst, der innere Feind, der Schatten oder von Isa manchmal auch schlicht die dunkle Seite genannt. Im Unterschied zur wahren Identität der Liebe ist das niedere Selbst mit dem physischen Körper identifiziert und verfolgt durch archaische, biologische Programmierungen wie z. B. die Überlebensmuster von Kampf und Flucht aus-

schließlich selbstsüchtiges Eigeninteresse. Wenn in diesem Gesetz dennoch vom Erschlagen und dem Sieg über die Bestie die Rede ist, so meint dies einen geistigen Kampf. Nur ein Mensch, der gelernt hat, zwischen den Interessen seines niederen Selbstes und der Seele zu unterscheiden, ist in der Lage sich selbst und andere Menschen zu führen und sinnvolle Entscheidungen zu treffen. An dieser Stelle zeigt sich, dass Isas und Yolandas Lehre von der BEDINGUNGSLOSEN LIEBE *nicht mit Beliebigkeit und Gleichgültigkeit zu verwechseln ist, sondern eine klare Unterscheidung und Entscheidung zwischen verschiedenen Normen und Werten beinhaltet. Sich über das negative Selbst zu erheben bedeutet demnach dem Dämon der Egozentrik mit Entschiedenheit gegenüber zu treten und ihn im Licht der Liebe als Illusion zu entlarven und verwandeln zu lassen. Tatsächlich ist das menschliche Herz der einzige Kriegsschauplatz, auf dem die Zukunft der Erde entschieden wird.*

4. »You are your own slave driver – free yourself.«
    »Du bist dein eigener Sklaventreiber – befreie dich selbst.«

Anm.d.Hrsg.: Dieses Gesetz variiert und erweitert das vorhergehende Gesetz. Es betont das Vermögen der Seele, ihre Perspektive auf das Leben selbst zu wählen. Mit einem Wandel der Wahrnehmung verändert sich auch unsere Erfahrung des Lebens. Jede Seele definiert die Wirklichkeit durch ihre Wahrnehmung selbst. Sie erfährt das Leben als ihre subjektive Wirklichkeit immer nur im begrenzten Rahmen ihrer Einstellungen. Die Möglichkeit zu wählen ist ein Schlüssel, durch den die Tore des Bewusstseins verschlossen und geöffnet werden können. Während ein Mensch wählt, Gefangener seiner begrenzenden Vorstellungen zu bleiben, entscheidet sich ein anderer Mensch in derselben Situation dazu, Bewusstsein zu entwickeln und sich selbst zu befreien.

YOLANDA: Es gibt nichts, was unsere Seelen nicht erreichen können, wenn wir bereit sind, uns der Liebe unseres SCHÖPFERS, der alles erschaffen hat, anzuvertrauen. »Befreie dich selbst« – es liegt nicht in der Verantwortung der Eltern, der Lehrer, der Regierung, der Nationen oder der Religionen, uns zu befreien. Wir, die Sonnen

GOTTES, haben die Möglichkeit und die göttliche Fähigkeit, uns selbst von allen Beschränkungen und Grenzen zu befreien und all das zu werden, dessen wir fähig sind.

5. »Smite the personality with the sword of Gabriel.«
   »Erschlage die Persönlichkeit mit dem Schwert Gabriels.«

Anm.d.Hrsg.: Ging es beim Kampf mit dem niederen Selbst noch um Wertentscheidungen, fordert uns dieses Gesetz auf, die Kontrolle der äußeren Persönlichkeit über das Herz und die Seele zurück zu nehmen. Gemeint ist hier also nicht die Selbstzerstörung der äußeren Person, sondern ihre Kapitulation vor der Macht der Liebe. Gabriel ist hierbei Sinnbild für das wahre Selbst, das Selbst der Liebe. Es ist die Macht der Liebe, die die Hybris und den Geltungsdrang der Persönlichkeit erschlägt und in Demut verwandelt. Dadurch wird die Persönlichkeit zu einem Instrument für die Liebe und der Mensch gewinnt Distanz, Gelassenheit und Heiterkeit gegenüber seinem äußeren Ich.

YOLANDA: Ich hatte vor vielen Jahren einen Traum, eine Botschaft, die ich nach dem Aufwachen niederschreiben sollte: »Ruth ist eine Erfahrung, die du machst, lerne Spaß mit ihr zu haben.« Ich erkannte, dass Ruth, meine Persönlichkeit, etwas war, das ich selbst erschaffen hatte und durch das ich mich ausdrücken konnte in der äußeren dreidimensionalen Welt, dass ich als Seele aber ewig bin, ewig gewesen war und ewig sein werde.

6. »Blame not yourself nor others for your plight
   but proceed to rectify the cause.«
   »Klage weder dich selbst noch andere für dein Missgeschick
   an, sondern ergründe die Ursache und bereinige die
   Situation.«

Anm.d.Hrsg.: Dieses Gesetz erinnert uns daran, dass das Konzept von Strafe und Selbstbestrafung untauglich ist für das Wachstum des Bewusstseins. In der Vergangenheit waren wir gewohnt, auf eigene und fremde Irrtümer mit Vorwürfen und Schuldzuweisungen zu rea-gieren, doch die Muster und Verhaltensweisen, die wir in uns selbst oder anderen Menschen verurteilen, verschwinden nicht dadurch. Im Gegenteil, sie bleiben bestehen und neue Reaktionen werden provo-ziert und ein Teufelskreis der Unwissenheit wird in Gang gesetzt. Es erfordert deshalb Mut, aus den bekannten Bahnen der Negativität auszusteigen, sich nach innen zu wenden und die seelischen Ursachen im eigenen Inneren aufzuspüren, um anschließend, unerlöste Situa-tionen auch im Außen bereinigen zu können.

YOLANDA: Oft streiten wir uns nur um unsere Grenzen. Wir ver-suchen etwas zu rechtfertigen, was negativ ist, indem wir sagen ›Ich kann das nicht lösen. Ich kann nichts dagegen tun.‹ Und das genau ist das Problem. Dieses Gesetz sagt: Korrigiere die Ursache. Beschäf-tige dich nicht mit dem Problem, gehe los und behebe die Ursache, löse dich aus dem Sumpf und versuche nicht im Schlamm herum zu rühren, gehe direkt an den Grund heran und löse das Problem auf dieser Ebene.

7. »Go straight to the Temple of SPIRIT OF THE MOST HIGH
     shorn of that which you thought you were.«
     »Gehe direkt zum Tempel des ALLERHÖCHSTEN GEISTES,
     bar dessen, was du zu sein glaubtest.«

Anm.d.Hrsg.: Richte dich nach dem höchsten Ziel deiner Seele aus und folge ihm. Es entspricht deinem tiefsten Wunsch. Lass dich nicht beirren und finde die Quelle der Liebe im Herzen deines Herzens.

YOLANDA: Dieser Abend war eine erste systematische Schu-lung aus der geistigen Welt und bedeutete einen Durch-bruch für die Öffnung unserer inneren Kommunikationskanäle.

Im Anschluss an diese Erfahrungen intensivierten sich die Relea-sing-Prozesse auf den Workshops und ermöglichten immer mehr Menschen, ihre Zugänge zu den transzendenten Welten zu öffnen. Wir wählten dasselbe Verfahren wie an jenem Abend in unserem Haus und neutralisierten Blockaden durch das Loslassen, bis die betreffenden Personen offen waren, Mitteilungen aus der spirituellen Welt zu empfangen. Wir überprüften diesen Prozess jedes Mal mit unserem kinesiologischen Muskeltest, und falls der übermittelnden Person die Botschaft zu entgleiten begann, griffen wir ein und sagten »Stop! Komm zur Ruhe, gehe zurück, lass los, atme durch, und versuche es noch mal!« Über die Monate gab es einige unserer Schüler, die definitiv aus ihrem Inneren heraus geführt wurden, die fühlten, dass sie nicht allein waren, dass es ein Reich der Engel gibt, dass es Wesen aus dem Reich GOTTES gibt, die sich um sie kümmern und sie in jedem Bereich ihres Lebens führen.

ISA: Anfang der 80er Jahre fuhren wir wieder einmal in die Berge, und der ALLERHÖCHSTE GEIST SAGTE uns, dass es dort im Cherokee Indianerreservat einen Medizinmann gäbe, der uns brauche. Wir hatten keine Ahnung, wohin wir mussten, und wir fuhren einfach los, bis wir zu einer kleinen Stadt kamen, die Cherokee hieß und in der es ein Restaurant namens »Medicine man« gab. Wir machten noch Witze und fragten uns, ob das wohl der Ort sein könne, an dem wir ihn finden würden. Nun, wir gingen in das Restaurant und fragten die Bedienung, die eine Indianerin war, ob es hier einen Medizinmann gäbe. Sie sagte: »Ja, es gibt einen.« Wir hatten Glück, dass sie bereit war, uns zu helfen, denn ich glaube, es kamen viele Weiße, die ihn störten. Wir haben sie schließlich überzeugt, dass wir gute Absichten hatten und ihn sehen müssten. Schließlich erzählte sie uns, wo wir ihn finden würden. Er wohnte in derselben Straße in einem Wohnwagen, vor dem er auf einer kleinen Veranda saß. Wir gingen zu ihm hin und sagten ihm, dass wir kein persönliches Interesse hätten, sondern zu ihm »geführt« worden seien. Er hieß uns willkommen und bat uns, auf der Veranda Platz zu nehmen. Ich erzählte ihm, dass ich von meiner spirituellen Führung beauftragt sei, zu sehen, ob ich ihm helfen könne. Er sagte, er sei fast gestorben und sehr krank gewesen, so krank, dass seine Stammesmitglieder schon gekommen wären und sich vor ihm auf dem Rasen versammelt hätten, wo sie geweint und für seine Besserung gebetet hätten. Es ginge ihm jetzt wieder besser, aber er

Isa und Yolanda begegnen der Spiritualität der Indianer. Sie heilen einen kranken Medizinmann und erhalten als Dank einen besonderen Schutz gegenüber dunklen Kräften.

sei immer noch sehr krank. Ich fragte ihn, ob er etwas dagegen hätte, wenn ich mir seinen Körper ansähe, um mit ihm arbeiten zu können. Er hatte nichts dagegen, und ich fand die schwachen Stellen seines Körpers, die schwachen Organe und Muskelpartien und begann, ihn zu behandeln. Ich spürte, dass seine Energie wieder anfing, zu fließen, es ging ihm besser und er wurde gesprächiger. Wir hatten eine schöne Zusammenkunft. Ich fragte ihn, wie er Medizinmann geworden war, und er erzählte: »Nun, mein Großvater hat mich mit in die Wälder genommen und mir Pflanzen gezeigt und erklärt, wofür sie gut sind. Ich hatte ein photographisches Gedächtnis und merkte mir alle diese Pflanzen. Ich bin hier in der Gemeinde für diesen Cherokee-Stamm über all die Jahre Medizinmann gewesen. Jetzt, wo ich alt werde, bin ich froh über eure Hilfe.«

Ich fragte ihn dann, ob er jemals einen Patienten verloren hätte, und er antwortete: »Nein, ich habe nie einen Patienten verloren.« Mich erstaunte das, denn in den vielen Jahren meiner Tätigkeit als Arzt konnte ich so etwas nicht behaupten. Deshalb fragte ich ihn, wie er das geschafft hätte. Er erwiderte: »Wenn ein Patient hereinkam, setzte ich mich hin und meditierte und erhielt in meiner Vorstellung das Bild einer bestimmten Kräuterpflanze. Wenn die Pflanze grün blieb, nahm ich ihn als Patient an, da ich wusste, ich würde ihm helfen können, und wenn die Pflanze verwelkte, dann sagte ich ihm, dass ich ihm nicht helfen könne. Auf diese Weise verlor ich nie einen Patienten.« Ich lachte und antwortete: »Oh, ich wäre froh gewesen, wenn ich das auch hätte tun können, ich habe nämlich einige Patienten verloren.«

Der Medizinmann war sehr dankbar für unsere Hilfe, sein ganzer Körper fühlte sich viel besser, und es ging ihm gut.

Zurück in Atlanta bekamen wir auf den inneren Ebenen Besuch von der »Red Indian Brotherhood«. Sie sprachen mit uns aus der Astral-Ebene. Einer nannte sich »Three Eagles« und bedankte sich im Namen der »Red Indian Brotherhood« dafür, dass wir uns um ihren Medizinmann gekümmert und ihn geheilt hatten. Sie teilten uns mit, dass sie uns auch helfen würden, wenn wir Hilfe bräuchten. Sie würden uns gerne die Hand reichen, aber in der Vergangenheit hätten sie Abkommen mit den Weißen gehabt, an die diese sich nicht gehalten hätten. Immer wenn sie auf Vertragseinhaltung gedrängt hätten, hätten die Weißen ihre Hand zurückgezogen. Deshalb würden sie uns ihre offene Hand anbieten und sie nicht schließen.

Dies sei das erste Mal, dass die Energie von Weißen mit einem uneigennützigen Motiv bis in ihr Reservat vorgedrungen sei. Sie dankten uns und hielten Wort. Als wir ihre Hilfe später brauchen sollten, halfen sie uns.

YOLANDA: Die »Red Indian Brotherhood« sagte uns, sie würde ein ätherisches Tipi des Friedens in unserem Wohnzimmer aufstellen, einen Ruhepol zwischen Indianern und Weißen. Sie sicherten uns zu, dass sie kommen würden, wenn wir sie bräuchten. Sie hätten ein Geschenk für uns, das sie uns geben würden, wenn wir es am meisten bräuchten und am wenigsten erwarteten. Wir bedankten uns und boten auch weiterhin unsere spirituelle Hilfe an.

Wir brauchten ihre Hilfe schneller, als wir dachten. Wir machten einen Workshop in den Bergen und waren uns eines außerordentlich starken Widerstandes dunkler Energien bewusst, die die Negativität der Teilnehmer verstärkten und »ihre Knöpfe drückten«, um sie in tiefe Angst und Zweifel, Unsicherheit und Zorn zu stürzen.

Das war ein Versuch, unsere Arbeit zu behindern. Dazu muss man den Zusammenhang zwischen der astralen und der physischen Welt verstehen. Die astrale Welt ist am einfachsten zu begreifen, wenn man sich vorstellt, dass der physische Körper nicht mehr vorhanden ist. Was bleibt, sind die Gedanken und Gefühle der Seele. Gemäß dem Bewusstsein der Seele formen die entsprechenden Gedanken durch die Emotionen eine subjektive Wirklichkeit, die von der Seele als real erlebt wird. Je nach der Qualität unserer individuellen Gedanken und Gefühle befinden wir uns während unserer Zeit im Körper in einer ständigen Resonanz mit den gleichen Kräften auf der unsichtbaren Seite des Lebens.

Wir waren auf einem Gelände, das ehemals Indianergebiet gewesen war. Die Berge von North Georgia waren für das Volk der Cherokee ein besonderer Ort gewesen, bevor sie von der amerikanischen Regierung in ein westlich gelegenes Reservat umgesiedelt worden waren. Es gab wegen der Grausamkeiten der amerikanischen Regierung gegen ihr Volk sehr viel Leid unter den Indianern. Obwohl sie von der Regierung dieses Gebiet zugeteilt bekommen hatten, trafen sie dort auf Weiße, die dieses Land ebenfalls beanspruchten, da es bereits zuvor an sie verkauft worden war. Die Cherokee waren ein friedliebendes Volk und versuchten daraufhin, sich mit der neuen Zeit zu arrangieren. Sie druckten z.B. ihre eigene Zeitung und leisteten wirklich einen kulturellen Beitrag in dieser Region.

Viele Seelen amerikanischer Indianer waren aber durch solche Tragödien in Schmerz und Hass polarisiert und an die Erde gebunden. Wir hatten bereits mit einigen dieser erdgebunden Seelen auf geistiger Ebene gearbeitet und ihnen geholfen, sich zu lösen, weiterzugehen und auf einer anderen Ebene ihre Entwicklung fortzusetzen. Erdgebundene Seelen können, auch nachdem sie ihren Körper verlassen haben, unser Dasein beeinflussen. Diese Störungen sind sehr real, und jeder, der genug sensibilisiert ist, kann entdecken, dass es solche Energieformen gibt, die aus der Vergangenheit stammen und durch ihren Einfluss die Gegenwart mit prägen. So lange sie erdgebunden sind, weigern sich diese Seelen, ihr Bewusstsein zu entwickeln, weiter zu gehen und zu wachsen. Sie halten sich oft in der Nähe von dunklen Orten auf und an Plätzen, wo sie sich unter Menschen mischen können, die ein dunkles Energiefeld haben, zu dem sie Zugang finden, um sich einzumischen. Dies ist besonders einfach für sie, wenn Menschen giftige Substanzen wie Drogen, Alkohol, Tabak und Koffein missbrauchen, ihr Bewusstsein über sich selbst verlieren und damit offen für destruktive Einflüsse sind. Diese Mächte können sichtbar sein, z.B. in Gemeinden, wo es Kriminalität, Diebstahl, Mord und Vergewaltigung gibt und ein Missbrauch von Mitgliedern der Gesellschaft durch die rohe Gewalt anderer Menschen stattfindet. So lange diese

Kräfte in ihrem Schicksal nicht gesehen, verstanden, geliebt und erlöst werden, versuchen sie, die menschliche Entwicklung auf ihre Bewusstseinsebene herunterzuziehen.

Genau das war mit einigen Mitgliedern unserer Gruppe passiert. Aufgrund der massiven Präsenz destruktiver, erdgebundener Kräfte hatte unsere innere Führung eindringlich darauf hingewiesen, während der sensiblen Workshop-Arbeit das Gelände nicht zu verlassen. Gegen unseren Rat hatten drei Paare eine kleine Stadt in der Nähe besucht und hatten die Nacht durchgezecht und sich anderweitig amüsiert. Sie glaubten, es sei alles nur harmloser Spaß gewesen, denn sie waren sich ihrer destruktiven seelischen Grundstimmung nicht bewusst. Als sie zurück kamen, waren ihre Energien so negativ und zerstörerisch, dass es schwer für uns war, die Arbeit mit der Gruppe fortzusetzen und die Ursachen dieser Negativität loszulassen, um die Atmosphäre in der Gruppe wieder auszugleichen. Gegen den großen Widerstand einiger Teilnehmer, versuchten wir eine gewisse Stabilität in der Gruppe wieder herzustellen. Obwohl wir uns sehr bemühten, passierte ständig irgend etwas Neues, um uns aus dem Gleichgewicht zu bringen und zum Abbruch des Workshops zu führen. Es bedurfte all unserer Aufmerksamkeit und Entschlossenheit, nicht von unserer Aufgabe abgebracht zu werden, nämlich Ausgleich, Weisheit, Frieden und Liebe auf die Erde zu bringen.

In diesem Moment unserer größten Bedrängnis bekamen wir eine Botschaft von den Indianern aus der Astralebene. Three Eagles sagte uns, dass er jetzt das versprochene Geschenk hätte, das wir erhalten sollten, wenn wir es am meisten bräuchten und am wenigsten erwarteten. Dieser Zeitpunkt sei jetzt gekommen. Er sagte: »Wir haben einiges an Erfahrungen gesammelt mit negativen Kräften und Wesenheiten. Jetzt sind wir hier, um euch den Schutz zu gewähren, den ihr braucht, bis ihr selbst stark genug seid, euch zu schützen. Wir schenken euch ein weißes Pferd auf der Astralebene, das euch auf euren Reisen in die Astralwelt und die Sphären jenseits des Physischen beschützen wird.« Wir dankten ihm, aber wir verstanden damals nicht wirklich, was er gemeint hatte. Trotz unseres fehlenden Verständnisses fühlten wir uns aber unmittelbar von der negativen Energie befreit, die uns bedrängt und auf uns gelastet hatte. Wir erlebten dieses Geschenk als einen großen Schutzschirm, der um uns herum gebildet worden war und durch den wir uns freier bewegen konnten. Diese Wirkung hielt auch an, als wir nicht mehr in den Bergen, sondern zurück in der Großstadt waren. Auch unsere Studenten fühlten die Erleichterung von dem Druck, der auf ihnen gelastet hatte.

Wir hatten damals zwei Studenten, die in Tuscon, Arizona, lebten und nicht an diesem Workshop teilgenommen hatten. Am selben Morgen, als wir in den Bergen in North Georgia waren und mit der Gruppe arbeiteten, waren sie auf einem Berg in der Nähe ihres Wohnortes, um dort zu meditieren und mit der geistigen Welt in Kontakt zu treten. Sie riefen uns später an und erzählten uns, dass sie meditiert hätten und der Geist eines amerikanischen Indianers erschienen wäre und ihnen gesagt hätte, dass die Lindwalls ein weißes Pferd geschenkt bekommen hätten. Sein Stamm hätte es ausgesucht als Geschenk für ihre geistigen Stammesführer, Isa und Yolanda, deshalb hätte er es ihnen gezeigt. Die beiden Studenten waren sich nicht bewusst, was zur gleichen Zeit in den Bergen von North Georgia passiert war und riefen uns deshalb an, um uns von der Botschaft zu erzählen und uns zu fragen, was wir von ihr halten würden.

Durch viele solcher Erfahrungen wuchs unser Vertrauen in die Führung durch den ALLERHÖCHSTEN GEIST immer mehr.

1981 erhalten Isa und Yolanda aus der geistigen Welt Hinweise auf ihre zukünftige Tätigkeit in Europa und werden nach Deutschland geführt.

YOLANDA: Es war kurze Zeit nach dem Seminar zur Öffnung der Kommunikationskanäle, als eine Frau aus dieser Gruppe uns mitteilte, dass der Aufgestiegene Meister Hilarion von der Großen Weißen Bruderschaft eine Botschaft für uns hätte. Die Botschaft lautete, dass unsere Arbeit um die ganze Welt gehen würde und das erste ausländische Zentrum unserer Aktivitäten in Übersee in Frankfurt, Deutschland entstehen würde. Das schien uns damals auf der äußeren Ebene sehr unwahr scheinlich zu sein. Wir hatten nicht die Absicht nach Europa zu gehen, es gab schon mehr als genug Arbeit für uns zu tun. In der Botschaft hieß es auch, wir sollten Französisch und Italienisch lernen, denn später würden wir auch nach Frankreich und Italien reisen.

Wir fanden mit der kinesiologischen Methode heraus, dass diese Durchsage der Wahrheit entsprach, doch schoben wir sie beiseite, da sie mit unserer aktuellen Wirklichkeit nichts zu tun hatte. Aus Respekt vor unserer inneren Führung besorgten wir uns dennoch ein paar Sprachkassetten, fingen an, unser Highschool-Französisch ein wenig aufzufrischen und uns mit der italienischen und deutschen Sprache zu beschäftigen.

Einige Monate später waren wir in Kanada, um dort zu arbeiten. Von einer deutschen Frau wurden wir um eine private Sitzung gebeten. Isa kannte diese Frau schon aus seiner Praxis in Atlanta, und sie war extra nach Kanada gekommen, da sie von seiner Arbeit sehr überzeugt war und jetzt weitere Hilfe benötigte. Ein junger Deutscher übersetzte für sie die Sitzung, da sie kein Englisch sprach. Dieser Übersetzer war von der Art und Weise, wie Isa physisch und seelisch mit dieser Frau arbeitete, so gerührt, dass er seine Tränen nicht zurückhalten konnte. Sein Herz floss über, und er sagte: »Ihr müsst nach Deutschland kommen, bitte, ihr müsst unbedingt nach Deutschland kommen.« Wir erinnerten uns an die Botschaft, dass unser erstes Seminar in Europa in Frankfurt stattfinden würde. Wir erzählten ihm, dass uns gesagt worden war, dass wir eines Tages nach Europa kommen würden und fragten ihn, wo er denn herkäme. Er erzählte, dass er aus Frankfurt sei und fügte hinzu, dass er unsere Arbeit finanziell unterstützen, alle Ausgaben begleichen und sich um alles kümmern würde. Er hätte ein Haus, würde alles organisieren und alles Nötige tun, um uns dorthin zu bringen.

Als wir wieder allein waren, fragten wir den ALLERHÖCHSTEN GEIST bei der ersten Gelegenheit, ob dies der Kontakt sei, der uns nach Frankfurt brächte, und wir erhielten ein sehr nachdrückliches »Ja« zur Antwort. Wir sagten dem jungen Mann, es sähe so aus, als ob wir kommen sollten und ob er schon einen Termin vorschlagen könne.

Im Frühjahr 1983 flogen wir dann zum ersten Mal von Atlanta über den Atlantik nach Frankfurt. Als wir dort ankamen, waren wir überrascht, wie klein die Gruppe war, aber ihre Mitglieder waren außerordentlich interessiert an dem, was wir taten. Isa erhielt eine Botschaft vom Aufgestiegenen Meister St. Germain, dass dort in Deutschland, wo die schrecklichsten Grausamkeiten gegen Menschen stattgefunden hatten, auch das größte Potential für Heilung, Licht und Liebe sein würde.

ISA: Ich wollte diese Botschaft von St. Germain, die ich in mir hörte, zunächst nicht öffentlich aussprechen. Ich fühlte mich als Gast in diesem Land und wusste um die Sensibilität der Themen »Zweiter Weltkrieg« und »Holocaust«. Ich wollte keine alten Wunden aufreißen. Aber meine innere Führung hieß mich die Botschaft letztendlich doch der Gruppe mitzuteilen. Da seit Ende des Krieges schon viele Jahre vergangen waren, reagierten die Teilnehmer nicht negativ. Die meisten von ihnen waren während des Krieges noch nicht einmal geboren. Sie waren sehr ergriffen, nachdenklich und tief gerührt. Vielleicht empfanden sie auch die Hoffnung, ein Licht für die Erde werden zu können und dazu beizutragen, die Auswirkungen der Grausamkeiten, die es dort gegeben hatte, zu überwinden.

YOLANDA: Wir reisten schon im Herbst 1983 zum zweiten Mal nach Deutschland. Seither kehrten wir, mit wenigen Ausnahmen, fast jedes Jahr für einige Monate nach Deutschland zurück. Es entstand, wie sonst nur in den USA, ein breites Netz von Veranstaltern, Förderern, Studenten und Seminarleitern der Releasing-Arbeit.

Lange vor der deutschen Wiedervereinigung schickte uns der ALLERHÖCHSTE GEIST mehrmals nach Berlin, um auf der ätherischen Ebene für das Kollektivbewusstsein Blockaden zu lösen und dazu beizutragen, den physischen Fall der Mauer vorzubereiten. Schon Mitte der 80er Jahre sagte Isa, dass es bis zum Fall der Mauer und des Eisernen Vorhangs nur noch eine Frage der Zeit sei, was damals absolut unvorstellbar war und nicht überall erzählt werden konnte, wenn man nicht als verrückt angesehen werden wollte.

ISA: Etwas ganz tief in mir wusste schon immer, dass ich eine Mission auf dieser Welt zu erfüllen habe. Ich fühlte dieses Wissen tief in meinem Inneren, aber ich wusste nicht mit Gewissheit, was es war. Ich wusste nur, dass ich tun würde, was GOTT mir auftragen würde zu tun. Je mehr ich meinem Wunsch, zu heilen und dem Leben zu dienen, folgte, desto mehr Wissen wurde mir offenbart. Im Nachhinein habe ich auf einer höheren Ebene noch einmal über einige dieser Dinge nachgedacht. Manchmal schien mir alles sehr merkwürdig und schwierig. Es scheint mir sehr weise vom ALLERHÖCHSTEN GEIST zu sein, uns die Zukunft nicht vorherzusagen und uns in falscher Sicherheit zu wiegen. Wir können auch scheitern und müssen unsere Aufgaben Schritt für Schritt ausarbeiten, um unsere Möglichkeiten auszuschöpfen. Manchmal hat sich meine Persönlichkeit gesträubt und stand dem Weg, den meine Seele gehen wollte, zögernd gegenüber. Auf der Seelenebene hatte ich diese Probleme nicht, aber auf der Persönlichkeitsebene schon.

YOLANDA: In diesen Jahren fand eine Veränderung statt, was unsere Hauptaufgabe betraf. Isa wurde 1984 vom ALLERHÖCHSTEN GEIST gebeten, seine Arbeit als Chiropraktiker in Atlanta aufzugeben. Das war eine bewegende Sache für ihn, da er seine Praxis sehr liebte. Er hatte dort über die Jahre drei Generationen von Menschen behandelt und es als eine erfüllende und dankbare Aufgabe empfunden.

Nachdem Isa die Botschaft bekommen hatte, seine Praxis zu schließen, zog er sich zurück, um zu meditieren und an der Bitte des ALLERHÖCHSTEN GEISTES neutral zu werden.

Es flossen viele Tränen, als er die Praxis verließ, die seit 1951 sein Lebensmittelpunkt gewesen war. Zuvor waren wir vielleicht für einen Monat oder sechs Wochen im Jahr fort gewesen und dann zurückgekehrt, und die Praxis war in der Zwischenzeit geöffnet gewesen.

Mitte der 80er Jahre gibt Isa seine Praxis in Atlanta aufgrund des wachsenden Interesses an der Releasing-Arbeit auf. Die internationalen Seminaraktivitäten von Isa und Yolanda dehnen sich aus und ihr Verständnis über den Prozess eines globalen Bewusstseinswandels wächst.

Nachdem die Praxis geschlossen war, reisten wir noch häufiger ins Ausland, und die Releasing-Arbeit wurde zu unserer Hauptaufgabe.

In den folgenden Jahren reisten wir nicht nur nach Deutschland, sondern in weitere west- und osteuropäische Länder, in einige asiatische Länder, nach Australien, Neuseeland, Afrika, Süd- und Nordamerika.* Es ist niemals unser persönlicher Ehrgeiz gewesen, eine globale Releasing-Bewegung auszulösen. Wir haben unser Leben allein dem Ziel verpflichtet, nach unserem besten Wissen und Gewissen dem höchsten Gut aller Menschen zu dienen. Wir wurden in viele Länder der Erde eingeladen und immer war es unsere Politik, nur dorthin zu gehen, wohin der ALLERHÖCHSTE GEIST uns durch die offenen Herzen der Menschen führte. Diese Dynamik war stärker als alle unsere persönlichen Vorlieben und Ziele, die wir einmal für unser Leben gehabt hatten. Wir konnten diese Entwicklung nicht aufhalten, gaben uns ihr hin und spielten unsere Rollen so gut wir konnten. Deshalb sind wir immer wieder gereist und haben all diese Orte besucht, um den Menschen zu helfen. Es ist unsere Berufung, mit ihnen die Essenz unserer langjährigen Erfahrungen und Forschungen zu teilen und ihnen zu sagen, was auch immer der ALLERHÖCHSTE GEIST durch uns ausdrücken möchte.

Das zugrunde liegende Ziel unserer Arbeit ist es, die Menschen zu befähigen, herauszufinden, wer sie sind. Durch Releasing kann jeder Mensch entdecken, dass die QUELLE seines eigenen Lebens eine dynamische Kraft ist, die wir »BEDINGUNGSLOSE LIEBE« nennen. Sie hat ein Interesse an dem Plan, der sich auf der Erde vollzieht, um ein höheres menschliches Bewusstsein hervorzubringen. So können wir Verantwortung für uns und die Erde übernehmen und gemeinsam, wie ein Orchester, aktiv werden, um Systeme hervorzubringen, die alles Leben unterstützen, anstatt spezielle Interessengruppen, die Hierarchien aufbauen und Menschen ausbeuten, die weniger Wissen und Mittel haben und in der Entwicklung ihrer Fähigkeiten noch nicht so fortgeschritten sind.

* siehe Länderliste im Anhang

Wir sind alle gemeinsam hier, um diesen Planeten in eine wundervolle Balance zu bringen und zu verhindern, dass wir seine natürlichen Ressourcen verschwenden und die Erde, die uns das Leben geschenkt hat, zerstören. Wir sind hier, um die Harmonie und Schönheit des Gleichgewichtes der Erde und des Lebens zu sehen und nicht, um unsere Negativität zu verstärken. Wir haben die Kraft und die Inspiration, um unsere Aufmerksamkeit auf die Unterstützung, die Liebe und das Mitgefühl anderer Menschen gegenüber zu richten. Wir müssen daran arbeiten, das zu tun, was das Beste für alle ist, und das ist immer das, was ausgleicht, heilt, stärkt, erneuert, ein größeres Licht bringt und zu einem besseren gegenseitigen Verständnis, zu Solidarität und Zusammenarbeit führt. In diesem Geist ist es eine Freude, neue Visionen, Systeme, Projekte und Vorgehensweisen zu erschaffen, die Modell dafür sein können, wie wir auf der Erde miteinander leben können. Zunächst müssen wir uns wieder eine Welt vorstellen können, in der jeder gewinnt, niemand verliert, in der jeder seinen Beitrag leistet und sich für alle anderen mitverantwortlich fühlt. Selbstsüchtiges Verhalten ohne Rücksicht auf die Bedürfnisse anderer Menschen gehört der Vergangenheit an und wird nicht überlebensfähig sein.

ISA: Ich erinnere mich an eine überwältigende Erfahrung aus dieser Zeit auf der Insel Oahu, die zu Hawaii gehört. Ich glaube, es war 1986, als Yolanda und ich den Mormonentempel auf Oahu besichtigten. Wir näherten uns dem Tempel vom Meer her und folgten dem Weg, der zur Kirche führte. Wir waren zutiefst berührt von der Schönheit dieses Ortes. In der Nähe eines Brunnens setzten wir uns eine Weile hin, bis wir den Impuls spürten über die Stufen zur Kirche zu gehen. Als wir dort gemeinsam standen, sagte ich zu Yolanda: »Wäre es nicht wunderbar, ein so schönes Bauwerk auf unserem Land in Georgia zu haben?« Ich hatte kaum ausgesprochen, wir hatten uns umgewandt, um die Stufen wieder hinunter zu gehen, da sprach diese machtvolle Stimme zu mir und erschütterte mich zutiefst mit ihrer Kraft. In meinem Kopf dröhnten wie ein Donnerschlag die Worte des ALLERHÖCHSTEN GEISTES:

»Mein Sohn, ihr erschafft Tempel im Fleisch!« Niemals werde ich die Wucht von GOTTES Stimme damals vergessen. Seither hat er immerzu sanft mit mir gesprochen, aber der tiefe Eindruck von damals wird mich immerzu begleiten.

Ich begann, auf einer tieferen Ebene zu verstehen, dass es nicht im Einklang mit unserer Aufgabe ist, materielle Strukturen aufzubauen. Alle materiellen Gebäude sind mit der Zeit dem Verfall preisgegeben. Das Bewusstsein der menschlichen Seele entwickelt sich aber immer weiter und übergibt seine Fortschritte den folgenden Generationen. Die Seele ist ewig.

Der ALLERHÖCHSTE GEIST kennt viele Wege, die Menschen zu erreichen und diesen Prozess vorwärts zu bringen. Unsere Aufgabe war immer, den Menschen mit dem Releasing eine einfache Methode zur Heilung und Selbsthilfe an die Hand zu geben und ihnen zu zeigen, wie sie diese Arbeit machen müssen. Dann geben sie sie wieder an andere Menschen weiter, und so verbreitet sie sich auf der ganzen Welt, was den Prozess der globalen Entwicklung des Bewusstseins beschleunigt.

YOLANDA: Unsere Arbeit versucht nicht, die Menschen von uns als Personen abhängig zu machen, sondern wir wollen sie befähigen, sich selbst und anderen helfen zu können. Wir meinen, dass das Releasing-Verfahren einfach und grundlegend ist. Es ist lediglich eine Frage, nach Innen zu gehen, sich einzustimmen und sich all den negativen Blockaden zu stellen, die wir in der Vergangenheit aufgebaut haben und die uns daran hindern, ein wunderbares Gefäß zu sein, durch das die QUELLE agieren kann.

YOLANDA: Je mehr Menschen und Orte wir kennenlernten, je mehr Erfahrungen wir mit der Multidimensionalität des Bewusstseins sammelten und unsere begrenzten persönlichen Vorstellungen losließen, desto mehr fühlten wir uns, auch unabhängig vom Körper, überall präsent und über Entfernungen hinweg mit unseren Schülern verbunden. Wir wussten, was sie brauchte und

Zwischen ihren Reisen in den 80er und 90er Jahren in alle Welt leben Isa und Yolanda in den USA erst in Atlanta, Georgia, dann in Austin, Texas und heute in Hot Springs, Arkansas.

konnten ihren Bedürfnissen auch ohne physischen Kontakt und ohne Worte auf der seelischen Ebene nachkommen. Wir wussten, wer es sein würde, wenn das Telefon klingelte, und wir riefen Schüler an, die uns dann erzählten, dass sie uns gerufen hätten und uns bräuchten. Diese Zufälle sind für uns nicht mehr seltsam und haben ihren spektakulären Charakter längst verloren. Es ist eine ganz einfache und glückliche Art zu leben, und wir fühlen, erfahren und wissen, dass uns ein Weg gezeigt wird und dass wir an jedem Tag unseres Lebens geführt und geleitet werden.

Wir wissen, wenn wir uns mit etwas anderem beschäftigen als unserer Verbindung zur QUELLE, uns das eigentlich ablenkt; aber es ist menschlich, abgelenkt zu werden. Wenn wir 24 Stunden am Tag auf unsere innere Stimme hören würden, könnten uns mehr Dinge bewusst werden, von denen wir im Alltag profitieren würden. Alles, was wir tun können, ist jeden Tag systematisch zu versuchen, mit der QUELLE, die uns erschuf, in Kontakt zu bleiben. Dann sehen wir, ob wir wirklich auf dem Weg sind, zur rechten Zeit am rechten Ort, um offen zu sein für den Plan des ALLERHÖCHSTEN GEISTES, der sich durch uns alle während unseres zeitlich begrenzten, irdischen Daseins in dieser Welt der Phänomene entfalten möchte.

Im Verlauf unserer Arbeit waren wir immer weniger mit der Sorge um unser persönliches Wohlergehen, mit unseren Vorstellungen vom Leben und mit unseren materiellen Bedürfnissen beschäftigt. Je mehr wir bereit waren, der Führung des GEISTES zu folgen, desto mehr fielen die Sorgen von uns ab.

1988 sagte uns der ALLERHÖCHSTE GEIST z.B., wir sollten unser Haus in Atlanta verlassen und mit einem Zelt im Kofferraum in Richtung Westen fahren. Wir wussten nicht, wohin wir fuhren und was passieren würde, aber wir wurden Schritt für Schritt von einem Ort zum anderen geführt, bis wir in Austin, Texas ankamen und uns gesagt wurde, dort zu bleiben. Wir kannten einen ehemaligen Schüler dort und fingen sofort an, mit einer kleinen Gruppe zu arbeiten. Bald kauften wir ein kleines Haus an einem See in der Nähe von Austin, das für die nächsten sechs Jahre unser Hauptquartier wurde.

Jeder Umzug an einen neuen Ort bedeutet eine neue Prüfung, der Führung aus dem GEIST DES HÖCHSTEN bedingungslos zu folgen und zu vertrauen.

Zwischendurch reisten wir immer wieder in andere Länder und kamen wieder zurück, um mit der kleinen Gruppe in Austin und an anderen Orten in Amerika zu arbeiten.

ISA: 1993 machten wir ein Wochenende Urlaub in Hot Springs, Arkansas. Yolanda war noch nie in diesem Staat gewesen, und wir wussten nur sehr wenig über Arkansas. Wir übernachteten auf einer Farm, die Freunden gehörte und empfanden die Atmosphäre und die Energien dort als ungewöhnlich heilsam und leicht. Yolanda fragte sich, wie es wohl wäre, in einer ländlichen Gegend auf einer Farm zu leben. Nach der ersten Nacht auf dieser Farm erhielten wir am Morgen eine Botschaft, dass wir dorthin ziehen sollten, um Workshops abzuhalten. Obwohl wir uns in unserem Haus in Texas sehr wohl gefühlt hatten, wurden wir angehalten, innerhalb eines Monats nach Arkansas zurückzukehren und einen Workshop zu organisieren. Als wir wieder in Texas waren, fragten wir den ALLERHÖCHSTEN GEIST, wie viele Sachen wir dorthin mitnehmen sollten und wie lange wir dort bleiben würden. Die Antwort war: »Bereitet euch vor, für immer dort zu bleiben.« Yolanda war alles andere als begeistert, denn es hätte einen Umzug von einem Staat in einen anderen bedeutet, und es lagen acht Stunden Autofahrt dazwischen. Es war also ein größeres Unternehmen, und sie sagte daraufhin dem ALLERHÖCHSTEN GEIST, dass sie nur bereit sei, für einen Monat zu gehen. So packten wir nur kleine Möbel und leichte Dinge für einen Monat ein, die wir in einem kleinen Haus brauchen konnten.

Am darauf folgenden Wochenende hatten wir schon einen Workshop mit 26 Teilnehmern, und etwas später luden wir Menschen aus der ganzen Welt ein, auf diese kleine Farm zu kommen, um in 7-tägigen Workshops ein intensives Training zu machen. Die Atmosphäre dort war sehr konzentriert, denn dieser Ort gehört zu einer besonderen geophysikalischen magnetischen Region, wo die magnetische Energie nicht in parallelen Linien verläuft wie meist auf der Erde, sondern in drei konzentrischen kreisförmigen Energiefeldern. Es gibt nur noch zwei andere Gegenden auf der Erde wie diese, eine im Ural in Russland und eine auf den Philippinen. Alle drei Orte sind das Ergebnis vulkanischer Aktivitäten vor Millionen von Jahren. Dieser Ort »Magnet Cove« hat eine größere Vielfalt von Mineralien als jeder andere Ort der Welt.

Wir entdeckten, dass die magnetische Energie dort die Releasing-Arbeit auf einzigartige Weise unterstützt und alles im Bewusstsein wachrüttelt, was nicht Liebe ist. Diese Energie erwies sich für alle, die zu den Workshops kamen, als ein läuterndes Medium, das alles ans Licht brachte, was im Unbewussten verschüttet war und in der Vergangenheit nicht beachtet und neutralisiert worden war. Einige unserer erfahrensten Schüler kamen aus allen Teilen der Erde, um diesen intensiv reinigenden Prozess durchzumachen.

Schließlich erkannten wir, dass wir hier in der Gegend von Hot Springs bleiben mussten. Wir verkauften unser Haus in Texas und erwarben ein kleines Haus an einem See in der Nähe von Hot Springs.

Zur Zeit ist es unser Hauptquartier, und seit 1994 reisten wir mehrfach von dort nach Deutschland, Südafrika, Zimbabwe, zum Cap Sizun in die Bretagne sowie nach Ägypten, in verschiedene Länder Süd- und Mittelamerikas und durch die USA.

YOLANDA: 1998 erhielten wir durch unsere innere Führung die Anweisung, eine gemeinnützige Stiftung, die Lindwall-Foundation, ins Leben zu rufen. Diese Stiftung wird weltweit tätig sein, mit dem Ziel, die neuesten Erkenntnisse zur Verbesserung der menschlichen Lebensqualität aus allen möglichen Forschungsgebieten zusammenzutragen und sie in Form von Büchern, Filmen, Seminaren, Kassetten und Videos und auf einer Website der Öffentlichkeit zugänglich zu machen. Wir wissen, dass sich das nach einem ehrgeizigen Unterfangen anhört, aber wir haben in diesem Projekt überhaupt keine persönlichen Ambitionen, wir wissen, dass wir einfach nur Kanäle sind, Instrumente, Gefäße, die alles, was ihnen an höchstem Wissen zuteil wurde, in die Welt tragen und teilen.

Wir haben auf unseren Reisen auch festgestellt, dass es auf dieser Erde hunderttausende von wunderbaren Menschen gibt, die auf

1998 gründen Isa und Yolanda die Lindwall-Foundation, eine gemeinnützige Organisation. Zweck der Lindwall-Foundation ist es, die Öffentlichkeit über die neuesten Erkenntnisse aus allen Fachgebieten zur Verbesserung der Lebensqualität zu informieren und Zusammenhänge von Wissenschaft und Spiritualität aufzuzeigen.

inneren Ebenen erwacht sind, ähnlich wie wir. Wir sind nicht die einzigen, die vom ALLERHÖCHSTEN GEIST inspiriert werden, der Erde ein tieferes Interesse entgegen zu bringen, das über die dreidimensionalen Bedürfnisse bezüglich unserer Partner, unserer Kinder, unserer Familien und Verwandten hinausgeht und uns die ganze Menschheit als eine große Familie betrachten lässt. Die Erde ist ein Regenbogenplanet vieler Rassen, Glaubensbekenntnisse und Kulturen, und so bringen wir das Gute aus all diesen unterschiedlichen Facetten ins Bewusstsein des Ganzen, so dass wir gemeinsam als Einheit wachsen und uns vervollkommnen können. Anstatt alles auszuschließen, zu bekämpfen, abzuwehren, zu entzweien und zu zerstören, was nicht unseren persönlichen kleinen Interessengruppen dienlich ist, beziehen wir andere in das ein, was wir gelernt haben und lassen sie teilhaben an allem, was uns selbst weitergebracht hat. So dehnt sich unser Interesse für uns selbst aus, bis es das ganze Leben einschließt.

Mittlerweile gibt es zahlreiche ausgebildete Releaser in der ganzen Welt. Die Lindwall-Stiftung hat eine Web-Seite*, die Informationen über Releasingaktivitäten und Workshops überall auf der Welt zur Verfügung stellt.

---

* www.lindwallreleasing.org

RELEASING

PHILOSOPHISCHE PRINZIPIEN

»Unsere Absicht ist, transparente Gefäße für den Strom
der lebendigen Wasser des ALLERHÖCHSTEN GEISTES zu sein.« ISA

*Nach dem Kennenlernen folgt auf einem Releasing-Workshop in der
Regel ein Vortrag über die zentralen philosophischen Prinzipien der
Releasing-Arbeit. Für den Leser des nachfolgenden Kapitels bedeutet
dies mit wachem Verstand und offenem Herzen auf die Bedeutung
hinter den Worten zu hören. Wichtiger noch als die Schärfe des Begrif-
fes und die Plausibilität der Gedankenführung sind die Bedeutungen,
die jeder Leser mit den Worten assoziiert und die bei jedem Menschen
verschieden sein können. Nur wenn Verstand und Intuition zusam-
menarbeiten, kann der aufmerksame Leser auch die geistigen Botschaften entschlüsseln, die ihn zu einem tieferen Verständnis der eigenen Seele und des Lebens einladen möchten.*

Mit der Releasing-Arbeit erinnert der ALLERHÖCHSTE GEIST die Menschen an das universale Prinzip des Loslassens. Universale Prinzipien
sind Gesetzmäßigkeiten wie das Gesetz von Ursache und Wirkung,
das Gesetz der Resonanz, Gesetzmäßigkeiten wie Rhythmus, Polarität, Schwingung, Gravitation und Magnetismus, aber auch die sogenannten hermetischen Gesetze wie z.B. »Wie oben, so unten«. Im
Unterschied zu den wissenschaftlich anerkannten Naturgesetzen,
die die sichtbare Seite der Wirklichkeit beherrschen, regulieren die
universalen Prinzipien darüber hinaus auch die unsichtbaren sogenannten spirituellen Reiche der Schöpfung und die Evolution des
Bewusstseins. Die universalen Prinzipien bedingen und ergänzen
sich gegenseitig zu einem hierarchisch organisierten multidimensionalen Kosmos, in dem ein ununterbrochener Austausch zwischen
den Polen einer einzigen Leben verursachenden spirituellen QUELLE
und der materiellen Welt der Formen stattfindet. Auch der Physi-

ker David Bohm beschreibt den Kosmos als einen sich in unaufhör-
licher Bewegung befindenden Ozean aus Energie, in dem die viel-
fältigen Dimensionen und Ebenen der Schöpfung ein Spektrum
unterschiedlicher Schwingungsfrequenzen ergeben.* Unabhängig
von persönlichen Meinungen, subjektiven Vorstellungen und dem
aktuellen Zeitgeist findet das individuelle und kollektive Leben immer in den Grenzen der geistigen Ordnung des Universums statt.

Im Releasing manifestiert sich das universale Prinzip des Loslassens in Form einer einfachen und wirksamen Methode der Hilfe
zur Selbsthilfe, die als alltägliches Werkzeug für das Wachstum des
Bewusstseins jedem Menschen, unabhängig von Nationalität, Religion, Bildung, Geschlecht und kultureller Zugehörigkeit offen
steht.

Es ist das Verdienst von Isa und Yolanda, das universale Prinzip
des Loslassens in seiner Relevanz für die Gesundheit von Körper,
Geist und Seele neu entdeckt zu haben. Die Beispiele von vielen
Tausend Menschen, mit denen sie seit Anfang der 80er Jahre in in
nahezu 40 Ländern auf 5 Kontinenten gearbeitet haben, zeigt: Ein
kontinuierlicher Releasing-Prozess bewirkt eine Revitalisierung des
Körpers, eine Öffnung des Herzens, eine sanfte und natürliche Erweiterung des Bewusstseins und hilft bei der Realisierung von visio-
nären Zielen und Lebensträumen. Wer loslässt, erschließt sich seine
tiefsten und größten Potentiale und stärkt die physische, psychische
und geistige Gesundheit, lernt unterscheiden, wer er ist und wer
nicht und findet zurück zur Lebensfreude.

LOSLASSEN ALS
UNIVERSALES PRINZIP

Das Prinzip des Loslassens ist jedem von uns aus den zyklischen Ab-
läufen des menschlichen Lebens und der Natur vertraut. Unser
Leben beginnt mit einem Akt des Loslassens: Mutter und Kind müssen einander loslassen, um neues Leben zu gebären. Mit jedem
weiteren Lebensabschnitt müssen von der Kindheit über die Jugend
und das Erwachsensein verschiedene Phasen der Identität losgelassen werden, bevor mit dem Alter, dem Sterben und dem Tod

* siehe »Die Implizite Ordnung« von David Bohm

schließlich das gesamte Leben wieder in einen Akt des Loslassens mündet. Wenn wir den spirituellen Lehren verschiedener Kulturkreise Glauben schenken, ist die Seele sogar noch nach dem Tod und dem Verlassen des physischen Körpers einige Zeit mit dem Loslassen von Gedanken, Gefühlen und Gewohnheiten ihres zurückliegenden Lebens beschäftigt.

Leben ist stetiger Wandel und Bewegung. Loslassen bedeutet Leben, und Festhalten bedeutet Erstarrung und Tod. Wer loslässt, öffnet sich für Veränderungen und findet zurück in den Fluss des Lebens.

Wenngleich den meisten Menschen diese Zusammenhänge bekannt sind und sinnvoll erscheinen, so widerspricht unsere Alltagserfahrung der Möglichkeit loszulassen oft vehement. Manche Menschen würden sich am liebsten für immer in ihren materiellen, sozialen und weltanschaulichen Sicherheiten bequem einrichten. Sie können so lange keinen Zugang zur Idee des Loslassens finden, bis ihr Leben einen unerwarteten Verlauf nimmt. Bis dies geschieht, fragen sie sich: Loslassen? Warum überhaupt?

Die meisten von uns sind durch Erziehungs- und Sozialisationsprozesse gegangen, die uns suggeriert haben, die äußere Welt beherrschen und das Leben kontrollieren zu können. Die einseitige Nutzung der außenorientierten, formfixierten, rationalen und an Sprache und Denken gebundenen analytischen Kapazitäten der linken Gehirnhälfte und die Vernachlässigung der seelischen und spirituellen Potentiale des Bewusstseins sind Ausdruck einer kulturellen Bewusstseinsspaltung. Dies bedeutet für viele Menschen, keinen Zugang zur eigenen Seele mehr finden zu können und in den Täuschungen des außenorientierten Alltags-Ichs gefangen zu sein. Sie gleichen den Bewohnern der Höhle in Platons Höhlengleichnis, die sich mit den Schatten an der Wand identifizieren und ihr wahres Selbst nicht mehr erkennen können. Diese Menschen haben verlernt, den ursprünglichen Drang und die Sehnsucht ihrer Seele, sich auszudrücken und frei zu sein, wahrzunehmen. Sie verwechseln die Selbstverwirklichung des Egos mit der Selbstverwirklichung der Seele.

Manche Menschen verbinden deshalb auch die Idee des Loslassens mit der Vorstellung von Verlust und erkennen den illusionären Charakter falscher Sicherheiten nicht. Sie stellen dem Leben keine tiefer gehenden Fragen und fürchten sich vor dem Abenteuer eines freien Lebens. Sie haben gelernt, den Ruf ihrer Seele zu ignorieren und trauen ihrer eigenen Sehnsucht nicht, das Leben immer wieder neu zu entdecken, zu weiteren Horizonten aufzubrechen und den Traum ihrer Seelen zu leben.

In den letzten Jahren erwachen jedoch immer mehr Menschen und lassen illusionäre Sicherheiten und falsche Identitäten zurück. Sie erinnern sich daran, dass sie eine Seele sind, die mit der intelligenten und liebenden spirituellen Kraft des Universums verbunden ist. Wer loslässt, begibt sich auf Spurensuche in der eigenen Seele und entdeckt, welche biographischen, gesellschaftlichen und kulturellen Muster den Lebensfluss erstarren ließen, um schließlich in der Liebe die Essenz und Vollkommenheit seines eigenen Wesenskerns zu finden. Er erkennt durch die eigene Erfahrung sein Leben als Teil eines sinnvollen universalen Planes der Entwicklung des Bewusstseins und wird sich seiner Verbindung mit der QUELLE ALLEN LEBENS bewusst. Wer loslässt, entdeckt den Weg, der bereits in ihm angelegt ist und erlaubt seiner Seele, sich zu entfalten.

DIE SEELE   Das Wissen um die Seele steht im Zentrum der Releasing-Arbeit. Der Begriff Seele ist im Releasing gleichbedeutend mit den Begriffen »Selbst« bzw. »Höheres Selbst«. Mit dem Höheren Selbst sind die Aspekte der Seele gemeint, die sich, vergleichbar mit einem *ewigen Zeugen* niemals mit den vielen verschiedenen Rollen menschlicher Erfahrung identifiziert haben und die sich als sogenanntes Höheres Bewusstsein jenseits der Vorgänge auf der dreidimensionalen Bühne des Lebens ihrer Verbundenheit mit ALLEM WAS IST bewusst geblieben sind.

Durch die lange Zeit der Identifikation der Seele mit dem physischen Körper und den äußeren Welten ist aber gleichzeitig auch ein relatives seelisches Ich-Bewusstsein entstanden, das sich mit der Kette der Erfahrungen identifiziert und sich nicht mehr mit ALLEM

WAS IST verbunden fühlt. Die Kette der Lebenserfahrungen, die die Seele in Zeit und Raum gesammelt hat, sind gespeichert in Seelenerinnerungen. Sie verschleiern ein völliges Gewahrsein des ursprünglichen Einsseins der Seele, so lange die Verhaftung des Bewusstseins an Zeit, Raum, Materie, Form und Ich nicht aufgelöst worden ist.

ISA: »Wie ich das sehe, ist die Seele das Höhere Selbst. Ich sehe da keinen Unterschied. Das Höhere Selbst durchdringt den Körper nicht vollständig, wenn die Zeit dafür noch nicht reif ist. Das geschah bei mir zu dem Zeitpunkt, als ich meinen Seelennamen empfing. Als ich mir meines Seelennamens »Isa« bewusst wurde, fühlte ich eine Energie, die zu mir herunter und in mich hinein kam. Das war mein Höheres Selbst, die Seele, die ich bin. Sie war nicht ganz abgetrennt gewesen, aber auch nicht ganz verkörpert.«

YOLANDA: »Es gibt aber Aspekte der Seele, die die Reinheit des Höheren Selbstes verlassen, ihre Schwingung reduzieren und in die dichte, materielle Welt der Dualität herabsteigen, wo sie die Ganzheit ihres Selbstes und seine Einheit mit dem ALLERHÖCHSTEN GEIST vergessen. Im Kern ist die Seele aber jenseits der befristeten Erfahrungen in der Welt der Illusionen zu jedem Zeitpunkt ein vollkommenes, leuchtendes, göttliches Wesen.«

Die Seele wird im Releasing als vollkommener und individualisierter Ausdruck der ursprünglichen, alles belebenden, durchdringenden und umfassenden QUELLE DES LEBENS angesehen.

Das Verhältnis zwischen Seele und QUELLE, die Isa und Yolanda auch »ALLES, WAS IST« nennen, ist vergleichbar mit dem Verhältnis von Welle und Ozean. Beide bestehen aus demselben Stoff, wobei die Wellen phasenweise in ihrer individuellen Form unterscheidbar vom Ganzen sind. Der Stoff bzw. die Essenz, aus der ALLES, WAS IST besteht, kann durch das Loslassen der Identifikationen mit den relativen Welten der Schöpfung als BEDINGUNGSLOSE LIEBE erfahren werden.

YOLANDA: »Dieses Energiefeld der BEDINGUNGSLOSEN LIEBE kann mit einem Ozean verglichen werden, der aus Wasser (H_2O) besteht. Wenn ein Tropfen Wasser aus dem Ozean entnommen wird, ist es immer noch H_2O, kann aber nicht als Ozean bezeichnet werden. Dementsprechend ist die belebende Quelle des menschlichen Körpers, die Seele, ein Funke des ALLERHÖCHSTEN GEISTES und kann dennoch nicht mehr als die Gesamtheit des ALLERHÖCHSTEN GEISTES betrachtet werden, da sie durch die Form getrennt ist.

Die Seele als wunderbarer Funken GOTTES ist ein Abbild von VATER-MUTTER GOTT. Wir stellen uns das Leben als Ozean vor, und alles Leben, alles, selbst die Pflanzen und Tiere und die ganze Natur, alle Galaxien sind allesamt Teile des einen gigantischen Ozeans des Lebens. Für uns ist GOTT der Stoff, die Substanz, die das Ganze ist, und wir alle gleichen den Tropfen im Ozean, jeder einzelne von uns, jedes Atom, jeder Aspekt ist bloß ein winziger Aspekt dieses großen Ozeans. Die Seele ist ein kleiner Tropfen Liebe inmitten des riesigen kosmischen Ozeans GÖTTLICHER LIEBE, ein individualisierter Aspekt der SCHÖPFERISCHEN QUELLE VON ALLEM, WAS IST. Für uns ist der kosmische Ozean Liebe, und das ist die Essenz unserer Seelen. Wir sind Liebestropfen.«

Die Releasing-Arbeit geht davon aus, dass es nur *eine* grundlegende Kraft gibt, die alles, was ist, erschaffen hat und erhält. Von den Menschen auf der ganzen Welt mit unzähligen Namen bezeichnet, nennen Isa und Yolanda diese Kraft »SPIRIT MOST HIGH«, »ALLERHÖCHSTER GEIST«, »Geist« deshalb, da der »Geist« formlos ist, jenseits alles Physischen und nicht körperlich, obgleich er die innere Matrix ist, die alle Formen erschafft. Dieser Name wurde ihnen als universeller Ausdruck gegeben, um Missverständnisse und Verwirrung mit aus anderen geistigen Richtungen bekannten Namen zu vermeiden. Die verschiedenen Namen für die Kraft, die alles erschaffen hat und alles erhält sind mit vielen verschiedenen Konzepten und Glaubensvorstellungen verbunden. Dies hat auch dazu geführt, dass der schöpferischen Lebenskraft Geschlechtszugehörigkeit und menschliche Eigenschaften zugeschrieben wurden. Der allgemeine Gebrauch der Worte »ER« und »GOTT«, der sich auf beide Geschlechter bezieht, wurde in diesem Buch benutzt, um ungelenke Ausdrucksformen wie »ER/SIE« und »GOTT/GÖTTIN« zu vermeiden. Wir bitten den Leser darum zu erkennen, dass diese schöpferische Energie keine Geschlechtszugehörigkeit hat.

Der Name »SPIRIT MOST HIGH« bzw. »ALLERHÖCHSTER GEIST« bezieht sich auf die höchste vorstellbare Quelle von allem, was existiert. Diese QUELLE ist unsichtbar, allwissend, allgegenwärtig, allmächtig und wird gleichzeitig auch durch unsere Sinne als die physische Welt wahrgenommen. Diese eine Energiequelle ist es, die die gesamte Schöpfung als ein einziges vereintes Energiefeld hervorbringt und alles innerhalb dieses Feldes organisiert und entfaltet.

YOLANDA: »Der ursprüngliche Zustand des ALLERHÖCHSTEN GEISTES ist frei von Polaritäten, die erst entstanden, indem er einen Teil von sich abtrennte und so individualisierte Formen, genannt Monaden, erschuf. Diese Monaden enthalten zwei Pole in sich, den positiven und den negativen. Diese Aspekte treten in unserer physischen Dimension als elektromagnetische Energiefelder in Erscheinung. Wenn eine Monade in die elektromagnetische Welt eintritt, teilt sie sich in zwei individuelle Seelen auf. Um sich fortzupflanzen werden diese Seelen in einen physischen Körper, entweder in eine männliche (aktive) oder in eine weibliche (passive) Form hineingeführt.

Die beiden Hälften der Monade werden »Zwillingsflammen« genannt. Sie sind vergleichbar mit eineiigen Zwillingen, die dasselbe genetische Erbgut haben, aber deren Verkörperung und Eintritt in menschliche Formen zu unterschiedlichen Zeiten und an verschiedenen Orten sowohl in männlichen als auch in weiblichen Körpern erfolgen mag. Obwohl Seelen keine Polaritäten haben, entwickeln sie manchmal, nachdem sie in die biologische Form eingetreten sind und ihre Art durch Interaktion zwischen männlichen und weiblichen Körpern vermehrt haben, eine Vorliebe für eine bestimmte Polarität, d.h. ein Geschlecht. Der ALLERHÖCHSTE GEIST schickt

Seelen, die Durchsetzungsvermögen lernen sollen, in eine männliche Form und Seelen, die Empfänglichkeit lernen sollen, in eine weibliche. Wenn Zwillingsflammen zur Reife gelangt sind und die männlichen und weiblichen Qualitäten gemeistert und ins Gleichgewicht gebracht haben, ohne mit einer der Rollen verhaftet zu sein, vereinen sie sich im Geist als vervollkommnete Werkzeuge für das Werk des ALLERHÖCHSTEN GEISTES.

Sie können dann wählen, entweder im physischen Körper zu bleiben, um die Arbeit des ALLERHÖCHSTEN GEISTES im materiellen Reich fortzuführen, oder sie können die Wahl treffen, den Körper zu verlassen, um dem weiteren Wachstum und der Entwicklung auf anderen Planeten und in anderen Dimensionen zu dienen.«

VERGESSENHEIT

Wenn die Seele in einen Körper eintritt, findet sie sich zunächst in einem begrenzten Instrument wieder und kann deshalb noch nicht ihr gesamtes spirituelles Spektrum von Weisheit und Liebe zum Ausdruck bringen. Die physische Form muss erst durch den evolutionären Prozess des Lebens und durch das Wachstum von Bewusstsein verfeinert und durchlässig gemacht werden, bis der Körper fähig ist, das ganze Potential der Seele aufzunehmen und auszustrahlen. Indem wir unsere Lebenserfahrungen mit Weisheit wählen, können wir unseren physischen Körpern helfen, sich an die höheren Frequenzen der spirituellen Energien der Seele anzupassen. Ohne Weisheit überladen wir die Energiekreisläufe des Körpers, schädigen ihn und verursachen Krankheiten. Je mehr Lebenserfahrung unsere Seele in physischen Körpern sammelt, desto mehr wächst unser Bewusstsein und desto geübter und weiser werden wir darin, Körper und Seele in Einklang zu bringen.

Jede noch so abgründige menschliche Erfahrung kann sich für das Wachstum des Bewusstseins in ein Tor zur Einweihung in den verborgenen geistigen Plan des Lebens verwandeln, wenn bislang unakzeptabel erscheinende Aspekte der Seelengeschichte behutsam enttabuisiert werden und durch bedingungsloses Mitgefühl in ihrer Entstehung verstanden und erlöst werden. Loslassen ist ein Erinnerungsprozess. Sich erinnern zu können setzt Vergessen voraus. Wenn wir uns selbst, die Seele, vergessen, sind wir mit den Erfahrungen des Körpers und den daraus resultierenden Gedanken, Gefühlen und Verhaltensweisen identifiziert. Dies ist ein Zustand spiritueller Unwissenheit, der auch der »*Schlaf des Bewusstseins in der Materie*« genannt worden ist.

Wenn wir loslassen, stellen wir den Kampf gegen verdrängte Erfahrungen ein und beginnen uns zu erinnern, wer wir sind: die Seele, unendliches Sein. Sich zu erinnern heißt, vergangene Erfahrungen im Licht von Mitgefühl, Weisheit und Liebe neu zu betrachten. Wir verlieren die Angst vor uns selbst. Wir lernen zu verstehen, dass kein Mensch in seiner Essenz böse, schuldig, sündig oder dunkel ist, sondern dass die wahre Ursache für menschliches Leiden *Unwissenheit* ist. Das ist auch der Grund dafür, warum wir uns selbst und andere niemals für vergangene Irrtümer anklagen oder verurteilen sollten, da sie Teil eines Lernprozesses sind.

Releasing zeigt, dass jeder Mensch zu jedem Zeitpunkt seines Lebens gemäß seiner bis dahin gemachten Erfahrungen und des daraus entwickelten Bewusstseins sein Bestes gegeben hat. Diese neutrale Sicht ermöglicht es, vergangene Erfahrungen in einem Geist der Selbstachtung und Vergebung zu überprüfen, alte Erinnerungen loszulassen, neue Entscheidungen zu treffen und sich für eine tiefere Bedeutung des Lebens zu öffnen.

YOLANDA: »Wir glauben, dass wir alle unser Bestes tun, in jedem Augenblick, zu jeder Zeit, gemäß dem, was wir bis dahin gelernt haben. Und wir können immer mehr werden, wir können wachsen, wir können mehr lernen. Da wir alle jederzeit unser Bestes tun, gibt es keinen Grund, jemanden zu verurteilen oder zu kritisieren. Ihr schaut es euch einfach an und sagt: ›Ja, das war eine begrenzte Sichtweise. Jetzt versuche ich es von einer höheren Verständnisebene aus. Ich möchte mich ausdehnen und mir mehr Kenntnisse aneignen, so dass ich es vollständiger sehen kann.‹ Das Wesentliche, um wirkliches Verständnis zu entwickeln, ist zu vergeben. Vergeben bedeutet: ›Ich trage Dir nichts mehr nach oder ich trage mir nichts mehr nach.‹ Denn es gibt keinen Grund, jemanden anzuklagen oder zu verurteilen, einschließlich uns selbst. Schaut euch lediglich die Fakten an, damit ihr erkennt, was euch aus dem Gleichgewicht gebracht hat.«

Im Releasing können Menschen die in vielen spirituellen Büchern und heiligen Schriften beschriebene Weisheit, dass GOTT die Liebe ist und die Liebe GOTT, Schritt für Schritt zu ihrer eigenen lebendigen Wirklichkeit werden lassen. Jede Releasing-Sitzung spricht direkt die Seele als individuellen Ausdruck des kosmischen Ozeans der Liebe an und hilft Menschen, ihre vielschichtigen weltlichen, körperlichen, sozialen, psychischen, mentalen und geistigen Probleme mit den Augen der Liebe zu sehen. Mit dem Loslassen und Bewusstwerden von der Seelenebene öffnet die Releasing-Arbeit einen neuen Bewusstseinsraum, der Menschen ermutigt, damit zu beginnen, sich selbst zu lieben. Je mehr wir den Glauben an die Trennung von Seele und HÖCHSTEM GEIST loslassen, desto klarer kommen die in der Seele angelegten zeitlosen Werte und Qualitäten ans Licht. Je tiefer wir uns auf unsere eigene Seele einlassen, desto mehr entdecken wir, dass alle Kräfte, Fähigkeiten und Eigenschaften, die wir zur Bewältigung des Lebens brauchen, bereits in uns angelegt sind und der QUELLE DER LIEBE entspringen.

BEZIEHUNGEN

Loslassen führt zur Verwirklichung der Seele und beweist seine Wirksamkeit gerade in den unzähligen, scheinbar banalen Situationen des Alltags. Loslassen ist ein Pfad, dessen Verlauf durch keinen Lehrer und keine Lehre vorgeschrieben wird. Es ist ein Pfad des Herzens, der erst durch das Annehmen alltäglicher Herausforderungen und das Loslassen damit verbundener Ängste, Schmerzen und Widerstände Schritt für Schritt entsteht. Besonders die zwischenmenschlichen Beziehungen in Familie und Beruf erweisen sich immer wieder als Schlüsselsituationen, deren Aufarbeitung tiefgreifende Veränderungen der Lebenseinstellung und eine heilsame Integration unbewusster Seelenanteile bewirken kann. Dies geschieht, wenn wir erkennen, dass verletzende oder unbedachte Verhaltensweisen anderer Menschen häufig ein Spiegel für unsere

eigenen unbewussten Mechanismen sind. Negative Verhaltensweisen anderer Menschen können uns nur so lange beeinflussen, wie
sie in uns auf Resonanz stoßen. Erst wenn wir in den eigenen ver-
drängten Erinnerungen die Ursache unserer emotionalen Resonanz
aufgespürt, erkannt und losgelassen haben, werden unsere Über-
reaktionen und Zwänge entschärft und neutralisiert. So führt
Releasing durch Selbsterkenntnis, Vergebung und Loslassen zu
innerem Frieden.

Loslassen findet mitten in der Welt statt und verwandelt den Alltag
in eine Übung zur Wandlung des Bewusstseins. Problematische
Alltagssituationen werden nicht länger gemieden oder bekämpft,
sondern verwandeln sich in Chancen zum Loslassen. Das Loslassen
von Ängsten vor dem Leben, vor Menschen, vor der Welt und insbesondere auch das Loslassen der Ängste vor dem Licht, der Liebe,
vor dem eigenen Erfolg und der Kraft der eigenen Seele macht aus
ängstlichen und manipulativen Menschen mutige und kreative
Künstler des Lebens. Releasing befähigt uns zu leben, was unsere
Seelen schon immer leben wollten und uns mutig von destruktiven
Lebensweisen und Geisteshaltungen abzugrenzen. Releasing gibt
dem Menschen sich selbst zurück und schenkt ihm die Freiheit, sein
wahres Wesen auszudrücken.

ALLTAG

Mit jedem Schritt des Loslassens entfaltet sich der verborgene
geistige Plan, den die intelligente spirituelle Kraft des Universums
in jedem Menschen angelegt hat. Dazu bedarf es nicht des Rück-
zugs von der Welt in Klöster, Ashrams oder die letzten Refugien der
Natur. Bewusst zu werden, achtsam zu sein und verantwortlich zu
handeln ist genug. Releasing ist ein weltoffener Weg für Menschen,
die ihre Spiritualität mitten in der Welt leben möchten und denen
das Schicksal von Erde und Menschheit nicht gleichgültig ist.

Wer sich im Loslassen übt, ist also weder krank, weltfremd oder
verrückt, sondern mutig und weise genug geworden, um Verantwortung für die eigenen Begrenzungen zu übernehmen und offen
für Veränderungen zu sein. Begrenzende Vorstellungen zu haben ist
ein allgemein verbreiteter Zustand – auch bei Menschen, bei denen

alles in Ordnung zu sein scheint. Jeder kann durch Loslassen sein Wohlbefinden, seine Integrität, seine Wahrnehmungs- und Leistungsfähigkeit steigern.

VORLIEBEN UND ABNEIGUNGEN

Die Voraussetzung zum Loslassen ist der Mut, sich nach innen zu wenden und versunkene Erinnerungen und damit verbundene verletzte Gefühle, selbstzerstörerische Gedanken und Verhaltensweisen anzuschauen. Ohne eine aufrichtige und mitfühlende Einsicht in den Zustand der Seele und das reinigende Wiedererleben alter Gefühle gelingt Loslassen nicht. Aus unseren alltäglichen Lebenserfahrungen wissen wir, dass es nur allzu menschlich ist, schmerzliche und dunkle Gefühle zu verleugnen und im Zweifelsfall andere Menschen für die eigene Befindlichkeit verantwortlich zu machen. Tatsächlich ist das gesamte Reservoir unliebsamer Gefühle in der Vergangenheit oft erst dadurch entstanden, dass wir uns von dem Wunsch leiten ließen, nur Erfahrungen auf der sogenannten positiven, vergnüglichen Seite des Lebens zu suchen und die Erfahrung von Schmerz und Ablehnung auf der Schattenseite des Lebens zu verdrängen und zu vermeiden.

YOLANDA: »Jede Seele hat schmerzhafte Dinge erlebt, aufgrund derer sie Widerstände gegen bestimmte Menschen oder Situationen hat. Ihr, eure Seelen, werdet hier in dieser Sphäre der Dualität – der Welt der Materie – auf einer Reise des Lebens durch Freude und Schmerz geführt. Ursprünglich gab es für die Seele keine Dualität. Erst als die Seele das physische Reich betrat und dem elektromagnetischen Raum ausgesetzt war, folgte sie ihrem natürlichen Impuls, sich von den Freuden des Lebens anziehen zu lassen und Schmerz zu vermeiden.

Eure freudvollen Erfahrungen bringen euch dazu, erneut angenehme Gefühle zu suchen, und ihr werdet zu günstigen Umständen hingezogen. Andererseits neigt ihr dazu, alles zu vermeiden, was euch stört, euch Kummer, Krankheit und Schmerz bringt. Jede Seele hat in der Dualität sowohl Positives wie Negatives erlebt. – Die Ironie dabei ist allerdings, dass nicht nur unsere schmerzhaften oder

scheinbar tragischen Erlebnisse begrenzende Erinnerungen hervorrufen, sondern auch unsere angenehmen.

Ihr begrenzt euch oft, indem ihr so sehr am Vergnügen festhaltet,
dass ihr euch unwissentlich durch eure Verlustangst bindet. So lange
ihr an der Vergangenheit hängt, könnt ihr das Potential eurer Seele
nicht ausschöpfen. Oft umklammern wir eine trockene Brotrinde
aus Angst, uns könnte das Essen ausgehen, wo uns bloß ein paar
Schritte weiter ein rauschendes Fest erwartet. Jeder hat einiges an
Erfahrungen, sowohl positive wie negative, die ihn einschränken
und ihn von weiterer Ausdehnung und spontaner Kreativität abhalten. Diese unerlösten Erinnerungen verhindern, dass wir wirklich frei sind.«

In der Releasing-Arbeit gehen wir davon aus, dass der menschliche
Wunsch, Schmerz vermeiden zu wollen, die Ursache dafür ist, dass
die gespeicherten Erinnerungen negativer Erfahrungen im Unterbewussten immer wieder neu belebt und verfestigt werden. *Was
bekämpft wird, bleibt bestehen.* Unliebsame Erfahrungen wie z.B.
Krankheit, Trennung, Ablehnung, Unglück und Tod werden in
einem Bewusstsein der Identifikation mit dem physischen Körper
vom menschlichen Ich als negativ bewertet und verdrängt. Alle sogenannten negativen Erfahrungen, die zu einer gegebenen Zeit das
menschliche Bewusstsein überfordert haben, wandern in das Unterbewusste und wirken dort fort. Es entsteht ein sich gegenüber
schmerzhaften Gefühlen verschließendes Ich, das sich von der Seele
und dem Leben getrennt fühlt. Es spaltet sein Erfahrungsspektrum
innerhalb der Dualität und bewertet es in »gut« und »böse«, »richtig« und »falsch«, »hell« und »dunkel«. Das Bewusstsein polarisiert
sich zwischen den Erfahrungen, die das Ich anstrebt und will, den
Vorlieben, und den Erfahrungen, die abgelehnt und nicht gewollt
werden, den *Abneigungen*. Polarisiert zu sein bedeutet, sich im
Widerstand gegen unliebsame Gefühle und Erinnerungen zu befinden und die eigenen Abneigungen auf die Leinwand der Welt zu
projizieren und sie dort als Feindbilder zu bekämpfen. Releasing ist
eine wirksame Methode, Projektionen zu erkennen, sich aus geisti-

ger Erstarrung zu befreien und krisenhafte Situationen als Chancen zur Rückkehr in den Fluss des Lebens annehmen zu können.

Der weise Mensch ist durch viele Enttäuschungen desillusioniert worden und hat gelernt, dass sich das Leben nicht gemäß der eigenen Vorlieben kontrollieren lässt und verdrängte Gefühle und Erfahrungen aus dem unbewussten Speicher der Abneigungen durch den Lauf des Lebens wieder auf die Tagesordnung gesetzt werden. Das Leben lässt sich den menschlichen Willen nicht aufzwingen, auch wenn es aus der Froschperspektive unseres subjektiven Bewusstseins für relativ überschaubare Zeiträume manchmal den Eindruck macht. Eine harmonische Entwicklung des menschlichen Bewusstseins und ein erfülltes Leben sind nur möglich, wenn die Kontrolle des in Vorlieben und Abneigungen zerrissenen Eigenwillens zurückgenommen wird. Das äußere Ich wünscht das Leben zu kontrollieren. Die Seele möchte alle Erfahrungen, die das Leben in der Dualität anbietet, fühlen, umarmen und integrieren. – So gesehen ist Releasing nicht nur eine Selbsthilfemethode, sondern eine Haltung – eine spirituelle Lebensweise –, die dem Fluss des Lebens mehr vertraut als der Illusion der Kontrolle des Lebens durch das eigene Ego.

So lange das Bewusstsein aber in *Vorlieben* und *Abneigungen* aufgespalten ist, ist Angst der verborgene Antrieb für die eigene Lebensführung. Die vielen Erscheinungsformen von Angst wie z.B. Angst vor neuen Enttäuschungen, Angst vor Zerstörung, Existenzangst, Todesangst oder Ängste vor Verlust und Einsamkeit blockieren den freien Ausdruck der Seele und die Entfaltung des Bewusstseins. Angst als eine das Bewusstsein nach außen ziehende und verengende Kraft ist das dunkle Herz des Ungleichgewichts, das die Seele während ihrer Verkörperung erfährt.

Demgegenüber ist die »BEDINGUNGSLOSE LIEBE«, die die Seele in ihrer spirituellen Essenz mit ALLEM WAS IST verbindet, die einzige Kraft, die in der Lage ist, die vielen Facetten von Ungleichgewicht zu verwandeln und zu transzendieren. So lange der Mensch sich von seinem äußeren Ich führen lässt und seinen Vorlieben nachjagt und seine Abneigungen bekämpft, stärkt er die Kräfte des Ungleichgewichts.

Gleichgewicht, *Ungleichgewicht* und *Neutralität* sind die zentralen Begriffe, um die große Einfachheit und Schönheit in der Releasing-Arbeit sehen und verstehen zu können. Ungleichgewicht auf physischer, emotionaler und mentaler Ebene resultiert aus dem Wunsch der Vermeidung von Schmerz und Ablehnung. Ungleichgewicht kennt im wesentlichen zwei Ausdrucksformen, die sich im einzelnen Menschen vermischen und gegenseitig bedingen: Selbsterhöhung und Selbsterniedrigung. Beides sind Strategien des *Seelenschattens*, der unerlösten dunklen Seite in uns, die den persönlichen Willen benutzt, um selbstsüchtige Ziele durchzusetzen und den Drang der Seele nach Befreiung zu unterdrücken. Selbsterniedrigung und Selbsterhöhung verhalten sich häufig antagonistisch, wobei der eine Pol das Alltagsbewusstsein beherrscht, während der andere Pol in das Unterbewusste verdrängt und auf andere Menschen projiziert wird. Sie sind zwei Gesichter derselben Unwissenheit.

Releasing hilft, egozentrische Strategien aufzugeben, Polarisierungen loszulassen, leer zu werden und eine innere Distanz zu den Vorlieben und Abneigungen des äußeren Ichs einzunehmen, um zu unserem inneren Gleichgewicht zurück zu finden. Im Gleichgewicht zu sein bedeutet, in einer Haltung emotionaler Neutralität und innerer Stille in der Mitte des Herzens verankert und auf den ALLERHÖCHSTEN GEIST ausgerichtet zu sein. Emotionale Neutralität ist demnach keine seelische Gleichgültigkeit, sondern ein Zustand der Klarheit und des inneren Friedens, der ein kreatives und wirksames Sein und Handeln in der Welt erst ermöglicht. Im Gleichgewicht zu sein bedeutet frei zu sein und ohne Angst auszudrücken und zu leben, was das eigene Herz bewegt.

In dem Maße, in dem sich das äußere Ich in der Weisheit und Liebe der Seele angenommen und geborgen fühlt, löst sich das Bewusstsein aus dem Kampf zwischen Vorlieben und Abneigungen und verwandelt sich von einem Gefängniswärter der Seele zum Instrument und Hüter der Freiheit des Seins.

GLEICHGEWICHT UND
UNGLEICHGEWICHT

VERLETZTE GEFÜHLE   In der alltäglichen Praxis konzentriert sich die Releasing-Arbeit auf die Heilung verletzter Gefühle. Verletzte Gefühle sind die Hauptursache für Krankheit, Trennung, Krieg und Ungleichgewicht im einzelnen Menschen und in der Welt. Verletzte Gefühle resultieren aus enttäuschter Liebe zum Leben und den Menschen. Sie werden in der Regel schnell verdrängt und vergessen. Wenn sie nicht erkannt und losgelassen werden, führen verletzte Gefühle zu Erstarrung, Isolation und Selbstzerstörung und zur zwanghaften Wiederholung negativer Denk- und Verhaltensmuster. Sie sind die Hauptursache für das, was Menschen voneinander trennt und was sie sich gegenseitig antun. Verletzte Gefühle sind aber nichts anderes als elektromagnetischer Ausdruck inneren Aufruhrs, der im Körper gespeichert wird und losgelassen werden kann. Dazu müssen sie aber gefühlt, durchlebt und ausgedrückt werden. Erst wenn Schmerz, Aggressionen, Ärger, Angst, Wut und Hass gegenüber anderen Menschen gefühlt, akzeptiert und losgelassen wurden, zeigt sich, warum der Seelenschatten ein Schatten ist: weil die Seele die Sonne ist und die verletzten Gefühle nur entstehen konnten, da das Selbst der Liebe durch die Identifikation mit dem Körper überschattet worden war. Verletzte Gefühle sind so gesehen nichts anderes als ein Ausdruck enttäuschter Liebe von Menschen, die in der äußeren Welt zu finden hofften, was sie in sich selbst verloren hatten. An dieser Stelle verwandelt sich das Wissen von »BEDINGUNGSLOSER LIEBE« in gelebte Erfahrung und Menschen begreifen, dass der Sinn ihrer Erfahrungen auf der Schattenseite des Lebens gerade in der Entwicklung von Bewusstsein und einer größeren Liebesfähigkeit liegt. Im Releasing werden alle sogenannten dunklen und verletzten Gefühle auf die verwundete Liebesfähigkeit der menschlichen Seele zurückgeführt und als Antrieb genutzt, um das Herz wieder zu öffnen und lieben zu lernen.

Loszulassen bedeutet, sich nach innen zu wenden und verletzte Gefühle in ihrer Entstehungsgeschichte zu verstehen und bedingungslos zu akzeptieren. Loszulassen heißt, sich selbst und das Leben wieder empfinden zu lernen und der Seele zu erlauben, sich auszudrücken.

Dazu bedarf es der Bereitschaft, unerlöste Situationen abzuschließen und die Software alter Erinnerungen von der Festplatte
des Gehirns zu löschen und zu sagen: *»Ich lasse los!«*

Zum Verständnis der Bewusstseinsprozesse und Gesetzmäßigkeiten,
die in der Releasing-Praxis angewandt werden, bedienen sich Isa und
Yolanda des von ihnen so genannten Computermodells. Dieses
Modell fasst die wichtigsten Prinzipien im Releasing zusammen
und veranschaulicht die Zusammenhänge zwischen den verschiedenen Dimensionen von Seele, Bewusstsein, Unterbewusstem und
Körper auf eine einfache und auch für Laien verständliche Weise.

DAS COMPUTERMODELL

ISA: »Was wir heute sind, ist das Resultat der Verhaltensmuster und Charakterzüge unserer Vorfahren, der Einstellungen
und Bilder, die unser Bewusstsein geprägt haben, unserer physischen
Umgebung und unserer Seelenentscheidungen. All dies zusammen
bestimmt unsere physische Beschaffenheit, unser Gefühlsleben,
unsere Mentalität und damit unser persönliches Bewusstsein und
unsere subjektive Wahrnehmung von Welt und Wirklichkeit.

Mit den Computern, die ihr geschaffen habt, habt ihr eine sichtbare Demonstration einiger grundlegender Prinzipien, die das ganze
Leben beherrschen. Ihr sitzt in eurer physischen Form an euren kleinen Rechnern und nennt euch User, Programmierer oder Designer.
Aber ihr seid alles zugleich: Ihr seid der, der den Computer bedient,
ihr seid der Computer selbst, und ihr seid auch das Produkt, das ihr
mit dem Computer erstellt. Ihr seid alles in einem.

Um euch aus dem Labyrinth eurer Schöpfungen, dem Netz der
Illusion, zu befreien, müsst ihr euch vergegenwärtigen, dass niemand anderer als ihr selbst, die Seele, den Computer bedient und
programmiert – das Gehirn ist eure Festplatte und euer Körper und
euer Lebensausdruck sind ›Ausdrucke‹ dessen, wozu ihr euch in der
Vergangenheit entschieden habt.

Die Art und Weise, wie ihr Programme auf euren Rechner zieht
und sie wieder entfernt, veranschaulicht euch die einfache Methode,
wie ihr die Schichten der Illusionen und Fehlinformationen in

eurem Computer-Gehirn, das euren Körper und euer Leben steuert, wieder deprogrammieren könnt. Das Prinzip ist sehr einfach:
*Das, worauf ihr eure Aufmerksamkeit richtet, worauf ihr eure Ener-
gien konzentriert und womit ihr euch identifiziert, ist das, was ihr
werdet.*

Ihr habt euch Äonen lang mit der Welt der Materie identifiziert.
Deshalb seid ihr verkörperte Wesen geworden. Es ist nichts Schlech-
tes daran, ein verkörpertes Wesen zu werden, es sei denn ihr
missbraucht euer Instrument dazu, andere Teile des »Einen Lebens«
zu verletzen oder zu unterdrücken. Ihr habt die Freiheit, euch in die
Materie zu begeben und Formen zu erschaffen, aber seid euch dessen bewusst, dass ihr genau das zurückbekommt, was ihr ausgesandt
habt. Unwandelbare göttliche Prinzipien aktivieren und regulieren
alles, was ist.

Wenn ihr eine Vorstellung in euer Computer-Gehirn einprogrammiert, geht deren Schwingung in das eine vereinte Kraftfeld
des Lebens ein, um die Wirkung dessen, was ihr ausgesandt habt,
zu euch zurückzubringen. Was ihr im Leben sät (in euer Computer-Gehirn einprogrammiert), das werdet ihr ernten. Was ihr von
eurem Gehirn aussendet, bildet ein Kraftfeld, das mit ähnlichen
Energiefeldern resoniert und sie zu einer Reaktion stimuliert.
Gemäß dem Gesetz der Schwingung kehren die Wirkungen auto-
matisch dorthin zurück, von wo sie ausgegangen sind. Wenn ihr also
Gedanken der Kontrolle, des Hasses, der Angst und der Eifersucht
ausgesandt habt, habt ihr damit eine Polarisierung geschaffen, die
euch Schwingungen gleicher Art empfangen lässt.

Der einzige Weg, euch aus den endlos wiederkehrenden unangenehmen Mustern zu befreien, ist der, nur noch harmonische,
wohltuende und unschädliche Schwingungen zu kreieren. Ihr müsst
euch auf all das konzentrieren, was Freiheit, größere Lebendigkeit,
Flexibilität und Frieden bringt. Anstatt die Materie zu bekämpfen,
indem ihr sie in immer neue Vernichtungsmodelle und -muster
zwingt, solltet ihr sie lieben. Dann wird sie mit euch zusammen
arbeiten und Segnungen und Erfüllung hervorbringen – denn auch
die Materie hat ein Bewusstsein, das auf Liebe reagiert.«

Die linke Gehirnhälfte enthält die Programmierungen bisheriger Lebenserfahrungen und arbeitet in linearer, sequentieller Weise, während die rechte Gehirnhälfte ganzheitlich und intuitiv arbeitet und den Zugang zur Weisheit der QUELLE DES LEBENS ermöglicht.

Die linke Gehirnhälfte steuert die Aktivitäten des alltäglichen Wachbewusstseins. Um als menschliche Wesen verbal miteinander kommunizieren zu können, muss zuvor eine Sprache in unseren Gehirnzellen einprogrammiert werden. Auch alle anderen physischen Fertigkeiten erfordern einen Lernprozess systematischer, sequentieller Programmierung, bevor sie automatisiert und im Unterbewussten integriert sind. Schritt für Schritt werden die Daten im Unterbewusstsein gespeichert, eine Informationseinheit reiht sich an die nächste, bis sich im Kopf allmählich ein vollständiges Bild zusammensetzt und schematische Handlungsabläufe wie z.B. beim Autofahren möglich sind. Für sämtliche Aktivitäten in der physischen Welt ist im wesentlichen die linke Gehirnhälfte zuständig.

Die rechte Gehirnhälfte verfügt dagegen über multidimensionale Fähigkeiten, die weit über unser gegenwärtiges Vorstellungsvermögen hinausgehen. Sie ruht niemals und warnt uns vor Gefahren, die außerhalb des Wahrnehmungsspektrums unserer Sinne liegen und damit jenseits der Programme unserer linken Gehirnhälfte. Das Potential der rechten Gehirnhälfte erschließt sich uns, indem wir die ununterbrochene sprachliche Aktivität des Denkens der linken Gehirnhälfte in Entspannung, Kontemplation und Meditation zur Ruhe kommen lassen und unsere Aufmerksamkeit offen und durchlässig für die Impulse aus der Seele und den spirituellen Regionen des Seins wird. In dem Maße, wie die linke Gehirnhälfte in ihrer Dominanz zurücktritt, werden wir empfänglich für die Antworten der ALLWISSENDEN LIEBENDEN INTELLIGENZ DES ALLERHÖCHSTEN GEISTES, mit dem die Seele verbunden ist.

Wenn dagegen die Aufmerksamkeit ausschließlich von der linken Gehirnhälfte in Anspruch genommen ist und der rechten Gehirnhälfte mit ihrer ganzheitlichen, bildhaften Sprache keinerlei Vertrauen geschenkt wird, geraten wir in einen inneren Konflikt, durch den wir uns von uns selbst abspalten. Tatsächlich ist unser linkes

LINKE UND RECHTE
GEHIRNHÄLFTE

Gehirn unser Biocomputer, der uns vom ALLERHÖCHSTEN GEIST zur Verfügung gestellt wurde, um Informationen aus der dreidimensionalen äußeren Welt speichern und verarbeiten zu können. Wenn er falsch programmiert ist und unvollständige oder falsche Informationen enthält, errechnet er Entscheidungen, die auf Halbwahrheiten oder falschen Vorgaben basieren – der wahre Zweck des Lebens wird verschleiert. Aus diesem Grund ist es für die Weiterentwicklung des menschlichen Lebens und das Wachstum des Bewusstseins fundamental, negative Programme aus der linken Gehirnhälfte zu löschen.

Um begrenzende Programmierungen zu überwinden, müssen wir sie uns zunächst bewusst machen und uns dann dazu entscheiden, sie loszulassen. Der Ausdruck »I release« (»Ich lasse los«) ist mit der Löschtaste auf dem Computer vergleichbar. Wenn in der linken Gehirnhälfte ein Programm aktiv ist, wie beispielsweise Selbsthass, muss es zunächst gelöscht werden, bevor eine neue positive Lebenseinstellung einprogrammiert werden kann. Erst wenn das geschehen ist, kann das neue Programm fehlerfrei arbeiten.

DAS SPEICHERN VON ERINNERUNGEN

Der Begriff Erinnerung bezeichnet beim Releasing jene Daten und Eindrücke, die im Gehirn, in den Körperzellen und im Energiefeld eines Menschen gespeichert sind. Das Gehirn empfängt durch die fünf äußeren Sinne, durch Sehvermögen, Gehör, Geschmack, Tastempfinden und Geruch Informationen. Diese Schwingungssignale werden von den Sinnesrezeptoren aufgenommen, an das Gehirn weiter geleitet und von der Seele aufgrund ihrer vergangenen Erfahrungen interpretiert. Bezüglich unserer Gesundheit und unseres Wohlbefindens können diese Eindrücke sich sowohl positiv als auch negativ auf unser Leben auswirken.

YOLANDA: »Von der Korrektheit der gespeicherten Daten und deren Interpretation hängt nicht nur unsere physische Gesundheit und unser Wohlbefinden sondern auch unser Überleben und die Erfüllung unseres Lebenszweckes ab. Moderne Computer haben uns mit der Arbeitsweise unseres menschlichen Gehirns, wovon sie Nachbildungen sind, vertraut gemacht. Wir als Seelen sind Computer-Nutzer – das Gehirn ist unser organischer Computer – unser physischer Körper und unser Lebensausdruck stellen das Druckergebnis, den Ausdruck, dar. In unserem normalen Wachzustand wählen wir selektiv Daten aus, die wir für den künftigen Gebrauch speichern wollen. Unser Gehirn und die Körperzellen verfügen über ein automatisches Speichersystem, das uns erlaubt, Informationen nach Bedarf abzurufen, um unsere Aktivitäten zu steuern und um unser Leben zu leben.

Neben dem Speichersystem verfügen wir aber auch über ein automatisches Abschirmsystem, das verhindert, dass unerwünschte Daten uns von unserer bewusst gewählten Ausrichtung ablenken. Der Vorgang des Speicherns und Abrufens funktioniert normalerweise ganz spontan, außer unter bestimmten Umständen. Wenn wir Daten gespeichert haben, die wir mit unerfreulicher emotionaler Energie in Verbindung bringen, erschafft dies eine Spannung bzw. Abneigung, die mit einer Schwiele verglichen werden könnte, die in unserer Haut gebildet wurde, um einen schmerzhaften Dorn zu versiegeln. Deshalb ist es viel schwieriger, zu solchen Erinnerungen Zugang zu bekommen. Sie neigen dazu, überempfindliche Reaktionen auszulösen, wenn man sich ihnen unerwartet nähert. Sigmund Freud machte der Welt erstmals die Bedeutung solch negativ besetzter Erinnerungen klar, und die Wissenschaft der Psychologie war ins Leben gerufen. Die moderne Psychiatrie und Psychotherapie haben große Fortschritte im Umgang mit derartigen Daten gemacht, obgleich die meisten Menschen es im allgemeinen für unnötig halten, ihre Datenbanken zu reinigen, außer wenn sie für physisch oder geistig krank erklärt werden. Unsere Forschungen machen aber überdeutlich, dass jeder eine Methode des Stressabbaus braucht, um diese verborgenen ›Dornen‹ zu neutralisieren. Nur so kann das Leben wieder spontaner fließen und eine Gesundung von Geist und Körper bewirken. Es ist empirisch erwiesen, dass diejenigen, die den Releasing-Prozess bewusst nutzen, um emotional aufgeladene Daten zu neutralisieren, eine größere Klarheit des Geistes, Frieden und Erfüllung in ihrem Leben finden.«

Aufgrund des Nachhalls der Gefühle, die mit unseren Erinnerungen in Verbindung stehen, haben wir als Seelen bestimmte Entscheidungen getroffen, auf deren Grundlage wir die Wirklichkeit interpretieren und selektiv wahrnehmen. Diese Entscheidungen dienen dem Schutz vor einer Wiederholung negativer Erfahrungen. Sie formen und strukturieren unser subjektives Bewusstsein insofern, als wir nur innerhalb der Grenzen unserer Seelenentscheidungen wahrnehmen können, bis die Seele neue Entscheidungen trifft, das bisherige Bewusstsein loslässt und Bewusstseinswachstum geschehen kann.

Oft werden Erinnerungen aber lediglich als diffuse Gefühle aus dem Unterbewussten erlebt und entziehen sich dem Alltagsbewusstsein. Sie beeinflussen die Ausprägung der Denk-, Fühl- und Verhaltensmuster und die Ausstrahlung und Schwingungsfrequenz des einzelnen. Eine begrenzende Erinnerung ist eine Erfahrung, die in einer Weise erinnert wird, die sich belastend, einschränkend und bindend auf das physische, emotionale, mentale oder spirituelle Leben einer Seele auswirkt.

Jede Begebenheit beeinflusst in gewissem Maße alle Aspekte unseres Lebens. Begrenzende Erinnerungen wirken immer auch auf die körperliche Verfassung und können akute physische Probleme auslösen. Das Problem beginnt meistens mit einem angstvollen Gedanken, dann beeinträchtigt die Angst den Ablauf der Denkprozesse und schließlich sogar den Körper selbst. Angst kann den Verdauungs- und Ausscheidungstrakt so sehr lähmen, dass die Nahrung nicht mehr richtig aufgenommen und die Abfallstoffe nicht mehr vom Körper ausgeschieden werden. Wenn wir Angst haben, klopft unser Herz schneller, der Puls steigt, und es wird vermehrt Adrenalin ausgeschüttet, damit wir uns der Situation stellen oder weglaufen können. Diese Funktionsstörungen können mit der Zeit Krankheiten verursachen, wenn wir nicht angemessen damit umgehen.

Manchmal empfindet die Seele eine Situation auch als so schmerzhaft, dass das Gehirn das Signal aussendet, z.B. das Seh- oder Hörvermögen auszuschalten. Auf diese Weise beginnt der Körper sich für neue Eindrücke zu verschließen. Wenn beispielsweise jemand aus größerer Höhe stürzt und sich ein Bein bricht, muss er sich anschließend mit den schmerzhaften Folgen auseinandersetzen. Er muss einen Gips tragen, auf Krücken laufen und während des Heilungsprozesses mit seiner eingeschränkten Beweglichkeit fertigwerden. Die schmerzhaften, begrenzenden Erinnerungen, die sich daraus ergeben, könnten beispielsweise dazu führen, dass er Höhen grundsätzlich meiden wird.

Sinneseindrücke werden vom Gehirn als Gesamteindruck, als miteinander in Wechselbeziehung stehende Teile eines Ganzen gespeichert. Bei einem Autounfall sieht jemand z.B. ein anderes Auto auf sich zurasen, hört das Quietschen der Bremsen, den Zusammenprall der Metallkarossen, es riecht nach verbranntem Gummi, er spürt die Hitze des in Brand geratenen Benzins, den Schmerz, als ein Stück spitzes Metall seine Haut durchbohrt, er schmeckt das Blut und riecht die Rauchschwaden. Diese gesamten Sinnesdaten verbinden sich kaleidoskopartig mit dem Eindruck seines schmerzhaften Zustandes. Da die Seele vergessen hat, dass sie ein freies und unverletzbares Geistwesen ist, wird sie sich als Auswirkung des Unfalls, auch nachdem der körperliche Heilungsprozess abgeschlossen ist, im Körper gefangen fühlen. Sie fühlt sich eingesperrt und betrachtet ihre weiteren Lebenserfahrungen unbewusst noch immer mit den Augen eines Unfallopfers. Gepaart mit dem schmerzhaften Verlust geliebter Menschen und Schuldgefühlen wegen der eigenen Fahrlässigkeit werden sich diese miteinander vernetzten Daten tief in ihre Erinnerung einprägen.

Die emotionale Intensität dieser Sinnesschwingungen hilft, die Erinnerung sozusagen als Gesamtpaket zu verschnüren und einzuschließen. So lange diese Erinnerungen nicht neutralisiert werden, laufen wir jederzeit Gefahr, dass sie durch äußere Anlässe reaktiviert werden. Vielleicht schmeckt derjenige irgendwann, während er sich bloß unschuldig die Zähne putzt, Blut – dann kann mit einem Mal die Erinnerung an die schmerzhafte Situation aus dem Unterbewussten über ihn hereinstürzen, und er fühlt sich überwältigt von Schuldgefühlen, Trauer und Schmerz, obwohl sein Körper längst von den physischen Verletzungen genesen ist.

ERBANLAGEN

Neben unseren eigenen Erfahrungen haben wir auch von unseren Vorfahren ererbte Energien und Dispositionen in unseren Körperzellen gespeichert, die den genetischen Code enthalten. Diese Daten werden von Generation zu Generation weitergegeben und beeinflussen als Schwingungen unser Leben. Wenn durch einen äußeren Anstoß eine Erbanlage in uns in Resonanz versetzt wird, können wir beispielsweise in plötzliche Depressionen verfallen oder in irgendwelche anderen Zustände des Unwohlseins, ohne dass uns die genetischen Ursachen dafür überhaupt bewusst sind.

ISA: »Nach unserer Erfahrung können disharmonische Schwingungen der Erbanlagen in gleicher Weise losgelassen werden wie begrenzende Gedanken und Gefühle aus der Kindheit oder anderen Lebensphasen.

Die Wissenschaft macht derzeit große Fortschritte in der Entschlüsselung und Nutzung der Erbinformationen unserer DNA. Die Forschungen der Gentechnik und die Möglichkeit des Klonens menschlicher Körper werfen bedeutende ethische Fragen auf. Um katastrophale Auswirkungen auf das menschliche Leben zu vermeiden, möchten wir die Forscher eindringlich dazu ermahnen, sich mit Hilfe ihrer rechten Gehirnhälfte vollkommen auf den ALLERHÖCHSTEN GEIST einzustimmen, um mit ihrer Arbeit dem Leben wirklich dienen zu können.«

SCHICHTEN VON
ERINNERUNGEN

Erinnerungen können aus vielen Zeiten, Bewusstseinsebenen, Räumen und Dimensionen stammen, durch die die Seele das Leben erfahren hat. Dabei haben wir begrenzende physische, mentale und spirituelle Muster angesammelt. Erinnerungen können sich auf das jetzige Leben beziehen, auf die Kindheit oder spätere Lebensphasen, die betreffende Situation kann sich gestern ereignet haben oder vor zehn Jahren, das spielt überhaupt keine Rolle.

Im Releasing geht es häufig um Geschehnisse, in die gerade die Menschen verwickelt sind, die uns am nächsten stehen: unsere Partner, unsere Väter und Mütter, unsere Kinder, unsere Brüder und Schwestern, Verwandte und engste Freunde, Arbeitgeber, Kollegen,

Angestellte. Es ist der Normalfall, dass beim Releasing viele Themen zum Loslassen ans Licht kommen, die zwischen uns und den wichtigsten Menschen in unserem Leben zu klären sind. Gleichzeitig gibt es aber auch noch tiefere Erinnerungsschichten im Unterbewusstsein, die erkannt und losgelassen werden können, um bleibende positive Veränderungen zu erzielen.

Viele unbewusste Schwingungen empfangen wir, noch bevor wir in die Außenwelt geboren werden und sich unser Körper noch im Embryonalstadium im Mutterleib befindet.

ERINNERUNGEN AN
SCHWANGERSCHAFT UND
KINDHEIT

YOLANDA: »Nach der Vereinigung des Spermas des Mannes mit der Eizelle der Frau wird der physische Körper während einer 9 Monate dauernden Schwangerschaft geformt. Eine Empfängnis findet nur auf Weisung des ALLERHÖCHSTEN GEISTES statt, der zu jeder beliebigen Zeit während der Schwangerschaft dem sich entwickelnden Fötus eine Seele zuweisen mag. Die hierzu auserkorene Seele schwebt während der Schwangerschaft in den Fötus hinein und um ihn herum, und erfährt so bereits die biologischen Eltern und das Umfeld. Bei der Geburt 'aktiviert' der HÖCHSTE GEIST die menschliche Form, indem er ihr den Atem des Lebens einhaucht und einen Funken von sich selbst mit der Schädelbasis verbindet. Zu diesem Zeitpunkt erhält die Seele die Souveränität über ihr Vehikel, den menschlichen Körper, und sie beginnt, ihren Lebensausdruck zu lenken. Wenn die Seele ihre Rolle im Körper annimmt, verbindet sie sich mit der Milz.

Disharmonische Schwingungen der Eltern oder im Umfeld des Fötus senden entmutigende Daten an die Seele, die im Gehirn und in den Körperzellen aufgezeichnet werden. Es ist eindeutig erwiesen, dass sich Aktivitäten der Eltern und von ihnen eingenommene Substanzen negativ auf die physische Entwicklung des Fötus auswirken können; aber auch die Seele selbst kann durch ihre Neigungen und Dispositionen Einfluss nehmen – all dies kann Missbildungen und Funktionsstörungen verursachen. Negative vorgeburtliche Konditionierungen durch die Eltern oder das Umfeld bleiben mit der Seele verhaftet, bis sie durch Liebe oder Loslassen neutralisiert werden. Weigert sich die Seele zu inkarnieren, hat dies eine Totgeburt zur Folge.«

Die Seele nimmt ihre Umgebung nicht nur auf bewusster, sondern auch auf unbewusster Ebene unterschwellig wahr – so wie man es spürt, ob man geliebt, umsorgt, behütet und beschützt wird oder nicht, oder ob die Menschen um einen herum glücklich, traurig, wütend oder ängstlich sind. Selbst unausgesprochene Schwingungen wirken sich auf den im Wachstum befindlichen Körper des Kindes aus, denn es registriert die Spannungen im Leben und Handeln der Menschen, die es umgeben.

Die Seele tritt mit den Schwingungsmustern, die im Bewusstsein der Eltern vorherrschend sind, in Resonanz und beginnt, sich mit den Irrtümern und dem Fehlverhalten der Eltern, denen diese aufgrund ihrer eigenen Seelengeschichte verhaftet sind, zu identifizieren. Hinzu kommt, dass die Seele auf einer anderen Schwingungsebene wahrnimmt, ob die Eltern ihre Gegenwart willkommen heißen oder sie ablehnen und welche Ereignisse im Leben der Eltern wichtig waren. Die Schwingungen der Eltern beeinflussen den Wunsch der Seele, in einem Körper geboren zu werden und damit ihren Lebenswillen. Als Kinder sind wir noch nicht in der Lage, ein bewusstes Verständnis für emotionalen Stress zu entwickeln und ihn zu neutralisieren – deshalb nehmen wir diesen Stress in unserer Seele und unserem Körper auf, wo er uns so lange beeinträchtigt, bis er erlöst ist. Auch wenn wir größer geworden sind und der bewusste Einfluss von Vater und Mutter nachlässt, hinterlassen die emotionalen Eindrücke aus Kindheit und Schwangerschaft doch eine bleibende Spannung im Unterbewussten, die sich im Körper und im Leben niederschlägt und losgelassen werden kann.

FRÜHERE LEBEN   Viele Menschen entdecken bei der Spurensuche nach belastenden Erinnerungen auch innere Bilder, die noch weiter zurückreichen als Kindheit und Schwangerschaft, in denen sie sich selbst und ihre wichtigsten Bezugspersonen in vielen anderen Rollen auf der Bühne des Lebens sehen, die in einem direkten Bezug zu Ereignissen aus dem aktuellen Leben stehen.

Für die Releasing-Arbeit ist es nicht ausschlaggebend, ob wir an vergangene Leben glauben, ob diese Bilder Identifikationen mit dem kollektiven Unbewussten sind, der Phantasie entspringen oder tatsächlich Erinnerungen an frühere Inkarnationen sind. Entscheidend für den Releasing-Prozess ist allein, ob die emotionale Spannung, die in diesen Bildern enthalten ist, losgelassen wird und dadurch mehr Selbstvertrauen und Lebensbejahung in der Gegenwart möglich sind.

YOLANDA: »Wir wollen nicht die Prinzipien oder die Philosophie der Reinkarnation erörtern, wie sie an einigen Orten der Erde gelehrt wird. Wir haben keine Möglichkeit diese Theorie der Reinkarnation zu beweisen oder zu entkräften. Wir wissen nur, dass wir in unseren Kursen seit über 20 Jahren auf der ganzen Welt immer auch Teilnehmer haben, die sich beim Eintauchen in ihre Seelengeschichte an Szenen erinnern, die sie nicht in ihrem jetzigen Leben erlebt haben konnten. Sie durchleben im Releasing starke Energieblockaden und alte Schmerzen, die zuvor nicht neutralisiert werden konnten. Diese Erfahrungen bedeuten oft eine tiefe Wandlung und Erweiterung für das Bewusstsein der Teilnehmer, denn sie beginnen, sich selbst und ihr Leben aus der übergeordneten Perspektive ihrer Seele zu betrachten. Wenn sie diese Energien neutralisiert haben, die sie mit Bildern sogenannter früherer Leben assoziieren, kommt auch ihr jetziges Leben wieder in Fluss.

Wir hatten z.B. viele Fälle, in denen Menschen Angst vor dem Ertrinken, Angst vor dem Wasser hatten. Diese Menschen fanden heraus, dass sie einmal ertrunken waren und dass ihre Seele sich noch immer mit diesem Ereignis identifizierte. Als diese Muster neutralisiert waren, hatten sie sofort weniger Angst davor, ins Wasser zu gehen.

Aufgrund meiner eigenen persönlichen Erinnerungen bin ich davon überzeugt, mehr als einmal in einem physischen Körper gelebt zu haben und unzählige schmerzhafte und freudvolle Erinnerungen

aus diesen Abenteuern mitgebracht zu haben. Als ich selbst zum
ersten Mal in dieser Art arbeitete und in mir die Erinnerung an ein
früheres Leben aufstieg, machte mir das Angst: Ich erinnerte mich
lebhaft an ein vergangenes Leben. Ich sah mich in einem Kerker,
ich hatte lange, dunkle Haare und trug ein schweres, dunkles Kleid
aus grobem Stoff, das dreckig, feucht und eklig war. Ich spürte, dass
ich mich in einem kalten, feuchten Verlies unter der Erde befand.
Ich schien von Steinmauern eingeschlossen zu sein, in einer Art stei-
nerner Zelle mit nur einem vergitterten Fenster hoch oben im
Raum. Ich sah mich in tiefstem Kummer und Schmerz in der Zelle
auf- und abgehen. Der Mann in meinem Leben – ob mein Ehemann, mein Geliebter oder mein engster Freund, wusste ich nicht
– war über das Meer verschleppt worden, das jenseits dieses Fensters
lag. Der Auslöser, der diese Erinnerung in mir wachgerufen und
mich blitzartig in jene Situation zurückversetzt hatte, war das Wort
›Übersee‹. In diesem Leben verband ich mit ›Übersee‹ nur angenehme Erfahrungen. Ich verstand daher nicht, warum ich dieses Mal
so emotional reagierte. Aus der Tiefe meines Wesens stiegen Tränen
in mir auf und ich begann zu weinen – aber ich wusste nicht weshalb. Ich verlor vollkommen die Beherrschung. Durch die Hilfe
eines Freundes, der die Bedeutung meiner Erfahrung mitempfand,
konnte ich meinen Schmerz neutralisieren.

Seit 1969 habe ich mich einem systematischen Prozess unterzo-
gen, um die Energien sogenannter früherer Leben zu neutralisieren,
und ich sehe unglaublich positive Veränderungen, die sich dadurch
in meinem Leben ergeben haben. Beeinträchtigende Konzepte und
Emotionen loszulassen, hat mein Leben grundlegend verändert.
Wachsende Liebesfähigkeit, Freude und Spontaneität sind nur einige Beispiele für die Qualitäten, die sich in mir entwickelt haben, seit
ich negative Erfahrungen aus vergangenen Leben geheilt habe.

Es ist aber nicht notwendig an Reinkarnation zu glauben, um den
Releasing-Prozess nutzbringend einzusetzen. Wenn allerdings
scheinbar jemandem eine Erinnerung an eine frühere Verkörperung
ins Bewusstsein kommt, dann ermutigen wir ihn, sie zu neutralisieren. Wodurch auch immer Bilder in unserem Bewusstsein auf-

tauchen – wenn sie uns beeinträchtigen, sollten wir uns von ihnen befreien. Wir behandeln alle Geschehnisse so, als hätten sie sich in diesem Leben zugetragen, mit dem Ziel, all ihre negativen Auswirkungen auf unser Leben zu neutralisieren.«

Vordergründig assoziieren wir mit dem Begriff Erinnerung in der Regel eine rückwärtige Wendung in die Vergangenheit. Wenn wir versuchen, die unseren Problemen zugrundeliegenden Erinnerungen aufzuspüren, können wir entdecken, dass Erinnerungen auch auf unsere Zukunft einwirken und die Zukunft festlegen, wenn sie nicht losgelassen werden. Tatsächlich führen schmerzhafte Erfahrungen aus der Vergangenheit dazu, dass Menschen hoffen und danach streben, dass sich in der Zukunft ihr Zustand und ihre Lebensverhältnisse bessern mögen. Oft sind es gerade die ehrgeizigsten Bemühungen um eine erfolgreiche Zukunft, die aus der Angst vor Erinnerungen an persönliches Scheitern und Versagen in der Vergangenheit motiviert sind. Gerade auch viele Menschen, die auf der Suche nach Erkenntnis und authentischen spirituellen Erfahrungen sind, stellen sich die Erfüllung ihrer Suche in der Zukunft vor und streben danach, in Zukunft ein besserer, erfolgreicher, bewussterer oder erleuchteter Mensch zu werden. Dieser Mechanismus erzeugt Unzufriedenheit mit dem Hier und Jetzt, mit den allzu menschlichen Widersprüchen des Alltags. Loszulassen bedeutet deshalb auch Erwartungen an die Zukunft loszulassen. Nur in der Mitte des stetigen Werdens und Vergehens von Vergangenheit und Zukunft finden wir Menschen die Zentrierung in der Gegenwart des ALLERHÖCHSTEN GEISTES.

YOLANDA: »Albert Einstein hat gesagt, dass es im All keine Zeit gibt, dass alles jetzt passiert. Das scheint völlig widersprüchlich zu sein zu der Art und Weise, wie wir unser Leben sehen, nämlich vom Morgen zum Mittag zum Abend, von einem Tag zum anderen. Wir sehen unseren Planeten in seiner Umlaufbahn. Er dreht sich alle 24 Stunden, und während er sich dreht, bewegt er sich um die Sonne. Wir sehen, wie die Tage, die Monate, die Jahre

BINDUNGEN AN
DIE ZUKUNFT

vorübergehen. Aber wenn wir Zeit und Raum aus der Perspektive des Geistes, der hinter dem Ganzen steht, sehen könnten, würden wir erkennen, dass dies nur Formen in Bewegung sind und dass der Kern dessen, was ist, der Beobachter hinter allem, was ist, immer überall präsent ist.«

DIE SEELE
UND ANDERE EBENEN
UND DIMENSIONEN

Neben den Erinnerungen, die aus der Zeitachse auftauchen können, macht die Seele auch Erfahrungen in feinstofflichen, sogenannten höheren Dimensionen. Es ist wichtig, alte begrenzende Gedankenformen und damit verbundene Gefühle auch in diesen feinstofflichen Ebenen und Dimensionen loszulassen, damit sich auch wirklich die besten Qualitäten und höchsten Pläne der Seele realisieren lassen.

Die Seele hat die Fähigkeit, sich auch andere Ebenen und Dimensionen weit jenseits dieser physischen Sphäre zu vergegenwärtigen. Diese Sphären unterscheiden sich durch ihre verschiedenen Schwingungsfrequenzen. Die dichtesten Frequenzen werden mit der materiellen Sphäre, dem physischen Körper assoziiert. Die Dimensionen des Denkens und Fühlens schreiben Isa und Yolanda dem mentalen Körper und der astralen Sphäre zu, während die lichtesten Frequenzen dem spirituellen Körper der ätherischen Sphäre angehören. Wir sind drei in einem: Körper, Geist und Seele bzw. materiell, astral und ätherisch. Die höchste Frequenz, das Ätherische, ist im Wesentlichen das, was wir Kausalsphäre nennen. Sie ist die Planungsebene für die mentale und die physische Sphäre. In der astralen Sphäre erschafft die Seele Gedankenformen, durch die sie vermittels des Gehirns mit Geist und Materie interagiert und mit den verschiedenen Bewusstseinsebenen in Beziehung tritt.

Die Seele ist in allen Sphären innerhalb und außerhalb des Körpers tätig. Sie lässt sich in Träumereien auf der Astralebene treiben, unternimmt mentale Reisen, indem sie sich vergangener Ereignisse erinnert oder in die Zukunft träumt. Darüber hinaus kann sie mit anderen Seelen auf telepathischem Wege kommunizieren, oder auch mit anderen Wesenheiten, die einst in einem Körper lebten und nun als körperlose Geister in der Atmosphäre der Erde sind. Die Seele tritt mit allen Ebenen und Dimensionen in Wechselbeziehung, und indem sie das tut, erschafft sie das, was man Astralleben nennt.

In der Tiefenentspannung können wir uns auf andere Bewusstseinsebenen und höhere Schwingungsfrequenzen einstimmen, die uns Informationen auf einer unterschwelligen Ebene jenseits des bewussten Verstandes zutragen. Genau das geschieht auch, wenn die Menschen beten, meditieren oder in die Traumphase eintreten. Ihre linke Gehirnhälfte entspannt sich und beansprucht nicht mehr die ganze Aufmerksamkeit. Die rechte Gehirnhälfte kann dann den Bewusstseinsfokus der Seele auf alle möglichen Informationen richten. Wenn wir diese Informationseinheiten dann zu einem großen Bild zusammengesetzt haben und das ganze Bild überblicken können, dann tritt wieder die linke Gehirnhälfte in Aktion, beginnt die Daten zu ordnen, zu analysieren und einen rationalen, praktikablen Plan zu entwerfen. Wenn die Seele sich dazu entschließt, diesen Plan auszuführen, kann sie erschaffen, wozu immer sie sich entschieden hat.

Während der Releasing-Arbeit ist es immer wieder erstaunlich und verblüffend zu beobachten, wie das Loslassen von Seelenerinnerungen in unsichtbaren, feinstofflichen Ebenen und Dimensionen manchmal erst der Schlüssel dafür ist, dass hartnäckige negative Gewohnheiten im Denken, selbstzerstörerische Gefühle und Blockaden der Lebensenergie aufgelöst werden können.

YOLANDA: »Als wir anfingen, einen anderen Bewusstheitsgrad zu entwickeln und über die körperliche Ebene unserer gewohnten Persönlichkeit hinausgingen und wir Seelenerfahrungen machten, begaben wir uns sprichwörtlich in tiefes Wasser. Wir bewegten uns aus unserem bekannten Element heraus in etwas völlig Unbekanntes. In dem Maße, wie wir lernten, unsere eigenen Ängste und Widerstände anzuschauen, wuchs unser Unterscheidungsvermögen.

Mehr und mehr Menschen gehen heute über die Grenzen ihres menschlichen Bewusstseins hinaus, um ihre Persönlichkeit mit den Sinnen der Seele aus einer Distanz erkennen und erfahren zu können. Diese Fähigkeit wird auch Intuition, Telepathie oder Hellsichtigkeit genannt, es gibt viele Namen dafür, aber letztendlich handelt es sich ganz einfach um die Erweiterung der fünf äußeren Sinne. Die inneren Sinne der Seele ermöglichen es, Dinge wahrzunehmen, die über den Bereich der physischen Sinne hinausgehen. Manchen Menschen erscheint das fremdartig und unangenehm, und tatsächlich können wir anfangs auch in den unsichtbaren Bereichen der Wirklichkeit Gefahr laufen, in die Irre zu gehen. Wenn man z.B. eine Stimme hört, die sagt: ›Ich bin die Mutter Gottes. Ich bin gekommen, um dir zu sagen: Tue dies und lass' jenes‹, dann kann diese Stimme sowohl ein unbewusster Wunsch des Egos nach persönlicher Wichtigkeit sein, ein negatives körperloses Wesen, das die Seele in die Irre führen und kontrollieren will, es kann aber auch tatsächlich die MUTTER GOTTES sein. Wenn diese Dinge in unserer modernen Welt passieren, erschrecken sie uns oft, und manchmal stehen selbst die Psychiater vor einem Rätsel, zumindest dann, wenn sich herausstellt, dass Wahrnehmungen tatsächlich außersinnlicher Natur sind.

Der einzige Schutz, den ich Menschen empfehlen kann, die damit beginnen, ihre Wahrnehmung über die alten Parameter hinaus zu erweitern, ist, den Inhalt dessen, was gesagt wird, genau zu überprüfen. Wenn einem geraten wird, etwas zu tun, das im Widerspruch zu den eigenen Idealen steht und dem Leben weder nützt noch ihm dient, dann verletzt es den Geist der BEDINGUNGSLOSEN LIEBE, und man muss sich zurückziehen und überprüfen, was für eine Qualität von Energie sich wirklich ausdrückt und dahintersteckt. Es gibt viele Wesen, im Körper und außerhalb des Körpers, die uns täuschen wollen. Aber nur weil es nun einmal diese Täuschungen gibt, dürfen wir nicht sagen: ›Ich gehe nie mehr aus dem Haus, ich spreche nicht mehr mit Fremden, ich reise nicht mehr ins Ausland, ich besuche keine anderen Städte mehr, ich spreche mit niemandem, wenn ich nicht zuvor überprüfen kann, ob es meinem Wertesystem widerspricht.‹ Es erschiene jedem von uns lächerlich zu sagen: ›Nur weil es auch Leute gibt, die mich täuschen wollen, vertraue ich niemandem mehr.‹

Isa und ich öffnen uns zwar für andere Ebenen und Dimensionen, aber wir schalten nicht unser Unterscheidungsvermögen aus.

Wir fragen immer den ALLERHÖCHSTEN GEIST, ob es zu unserem Besten ist, eine Botschaft aus diesen Bereichen zu erhalten und mit den Wesen dort zu kommunizieren. Auf diese Weise lernen wir, unserem eigenen höheren Selbst zu vertrauen, der QUELLE in uns, und nicht einer Autorität außerhalb unseres eigenen Seins.

Viele Menschen haben die innere Stimme der QUELLE durch ihre Religion gefunden, und wenn Sie zu den Menschen gehören, die sich bei einem verwirklichten Meister oder Lehrer Ihrer Religion wohlfühlen, dann möchte ich sagen, erlauben Sie es sich, die Erfahrung dieses Wertesystems, so lange es BEDINGUNGSLOSE LIEBE als höchste Macht anerkennt, als Raster zu benutzen, um damit die Richtigkeit von allem, was Ihnen begegnet, zu überprüfen.

Heutzutage gibt es so viele Stimmen. Es gibt Bücher, Kassetten, Radio, TV, Videos, E-mails, Handys, Faxgeräte und Internet. Die Menschen bekommen Informationen aus so vielen Quellen, dass es fast unmöglich ist, dies alles auf der äußeren Ebene auszusortieren, um sicher zu stellen, dass die Quelle von Wert ist und ob sie auch wirklich das ist, was sie vorgibt zu sein. Deshalb muss die QUELLE in uns, die alles erschaffen hat, unsere Stimmgabel und unser Maßstab sein, mit der wir alle Informationen und Schwingungen im Vergleich mit »BEDINGUNGSLOSER LIEBE« messen. Am wichtigsten ist aber, mit unserem inneren Selbst in Einklang zu kommen, mit dem inneren Wesen dessen, was wir sind und wer wir sind. Nur die Treue zu uns selbst und der Mut, zu uns selbst zu stehen, schenken uns das Selbstvertrauen, um fremden Energien gegenüber zu treten und sie zu überprüfen, egal ob sie in physischer Gestalt oder durch unsichtbare Ebenen und Dimensionen zu uns kommen.

Nur weil eine Botschaft auf unübliche Art und Weise kommt und mit einer fremd klingenden Stimme durch einen menschlichen Körper spricht, bedeutet das nicht, dass diese Botschaft phantastische Weisheiten für die Welt übermittelt. Es gibt so viele Stimmen, und manchmal hören wir einfach nur die Stimme einer Vorfahrin, die, nachdem sie den Körper verlassen hat, auch nicht mehr Weisheit besitzt als zu der Zeit, als sie in ihrem Körper war. Nur weil manche Wesen fähig sind, zu uns zu kommen und uns Botschaften zu übermitteln und manche Menschen fähig sind, diese Botschaften zu empfangen, bedeutet das nicht, dass alle Beteiligten über große Weisheit verfügen. Deshalb müssen wir diese Botschaften immer überprüfen, ebenso wie wir einen Telefonanruf überprüfen würden, in dem jemand behauptet, eine bestimmte Person mit einer besonderen Botschaft für uns zu sein. Dazu müssen wir unser Unterscheidungsvermögen schulen, um die Schwingungen erkennen zu können, die zu uns kommen, und genauso wichtig ist es, den gesunden Menschenverstand einzusetzen und ihre Glaubwürdigkeit zu überprüfen.«

WIRKSAMKEIT
DES LOSLASSENS

Es gibt viele Schichten von Negativprogrammen, die wir uns angeeignet haben. Einige solcher Muster haben wir geerbt, einige haben wir von anderen übernommen und wieder andere sind durch unsere eigenen Erfahrungen geprägt. Um von destruktiven Antrieben im Unterbewussten wirklich frei zu werden, brauchen wir eine Methode, die jeder Mensch lernen kann und die sich in das alltägliche Leben integrieren lässt. So wie wir uns regelmäßig die Zähne putzen, um Partikel zu entfernen, die Karies verursachen, so sorgfältig sollten wir die mentalen Daten überprüfen und auf den neuesten Stand bringen, bevor wir sie als Basis für unsere Lebensführung akzeptieren. Indem wir diese Arbeit kontinuierlich fortsetzen, lösen sich mit jedem erfolgreichen Releasing-Schritt mehr und mehr unserer Probleme. Wenn uns das Releasing zur Gewohnheit wird, wird unser Leben immer leichter, freier und glücklicher. Die Veränderungen, die durch Releasing möglich werden, reichen von einer Verwandlung der seelischen Befindlichkeit über eine sanfte Erweiterung des Bewusstseins und das Finden persönlicher Stärken und Fähigkeiten bis zu einer Erneuerung der genetischen Information in den Körperzellen. Auch der physische Körper wird durch Releasing vitaler und lebendiger.

Ob die Ergebnisse des Releasing nach dem Loslassen von Dauer sind, hängt von verschiedenen Faktoren wie z.B. Selbstverantwortung, Lebenseinstellung und der Beharrlichkeit beim Loslassen ab. Loslassen beginnt auf der Seelenebene und wirkt bis in die Körperzellen, so dass sogar beim einmaligen Loslassen physische Veränderungen so dramatisch sein können, dass jemand plötzlich wieder sehen oder hören kann oder bestimmte körperliche Störungen sich plötzlich wieder normalisieren. Hin und wieder kann man derartig drastische Wirkungen beobachten. Generell löst das Loslassen einen starken seelischen Impuls zur Reinigung des Unterbewussten aus, der zu vergleichen ist mit einem Anstoß, den im Dominospiel der erste Stein in einer Reihe von vielen bekommt. Es ist sinnvoll, zentrale Seelenthemen aus verschiedenen Perspektiven zu betrachten, um Schicht für Schicht subtilere Blockaden ein und desselben Themas aufzulösen. Selbstverantwortung und Lebenseinstellung sind ausschlaggebend für die Dauer der Releasing-Erfolge, denn durch den freien Willen ist es der Seele auch nach dem Loslassen immer wieder möglich, alte Muster durch negative Gedanken und destruktive Lebenseinstellungen neu zu programmieren.

Releasing als Selbsthilfemethode ist eine Form der bedingungslosen und ergebnisoffenen Begegnung zwischen Menschen, deren Wirksamkeit darin begründet ist, dass sich Menschen unabhängig von Herkunft, Rasse, Religion, Biographie, Mentalität und Geschlecht vorurteilsfrei füreinander öffnen. Sie lernen gemeinsam, die Geschichte und den Zustand ihrer Seelen zu achten und sich auf die QUELLE DES LEBENS auszurichten, um seelische Altlasten und Blockaden durch gegenseitiges Mitgefühl zu verstehen, auszudrücken und loszulassen. Releasing ist seinem Wesen nach eine hierarchiefreie Arbeit, die mit etwas Übung auch allein zur Bewältigung des Alltags angewandt werden kann, nämlich in dem Maße, wie Menschen lernen, ihren Gefühlen zu vertrauen und bereit sind, sie anzunehmen (siehe Arbeitsbogen im Anhang). Erfahrungsgemäß stößt der spirituelle Einzelkämpfer aber auch beim Releasing an seine Grenzen, denn bei jedem von uns gibt es Themen, die wir im Spiegelkabinett von Gewohnheiten und Illusionen nicht erkennen können und für deren Auflösung wir der Hilfe von außen bedürfen.

PARTNERARBEIT   Am Beispiel der klassischen Releasing-Partnerarbeit, die besonders für Seminare geeignet ist, soll dem Leser im Folgenden Einblick in die Praxis des Releasing während eines Workshops gegeben werden.

Auf den Seminaren bitten wir die Teilnehmer, sich einen Partner zu suchen, mit dem sie arbeiten möchten. Wir bitten sie, im Raum herum zu gehen und sich jemanden auszusuchen, dem sie vertrauen und mit dem sie gemeinsam loslassen wollen. Das kann jemand sein, den sie gut kennen, oder auch nicht. Normalerweise ist es besser, mit jemandem zu arbeiten, den wir nicht so gut kennen, um so unvoreingenommen wie möglich zu sein. Jeder weiß, dass es manchmal leichter ist, mit einem Fremden über das eigene Leben zu sprechen als mit nahestehenden Personen.

Nachdem sich die Partner gefunden haben, treffen sie die Vereinbarung, zusammen zu arbeiten und sich gegenseitig zu unterstützen. Wir bitten die Teilnehmer, sich an den Händen zu fassen und einander in die Augen zu schauen, denn die Augen sind die Fenster der Seele. Einer der beiden fragt dann: »Bist du bereit, mit mir zu arbeiten?« und wenn der andere einverstanden ist, antwortet er mit »Ja«. Dann fragt dieser: »Bist du einverstanden, mit mir zu arbeiten?« Wenn beide zustimmen, während sie einander in die Augen sehen, haben sie eine Übereinkunft von Seele zu Seele getroffen. Diese Vereinbarung baut zwischen den beiden ein Vertrauensverhältnis auf.

Durch die Seelenvereinbarung erklären wir, Verantwortung für uns selbst zu übernehmen und die seelischen Ursachen für persönliches Ungleichgewicht im eigenen Inneren anschauen und auflösen zu wollen. Releasing ist als Selbsthilfemethode also eine Arbeit, die nur von Menschen ausgeübt werden kann, die bereit und fähig sind, Verantwortung für ihre eigenen Gefühle zu übernehmen. Gleichzeitig bedeutet die Seelenvereinbarung eine Einladung an den ALLERHÖCHSTEN GEIST, beide Partner miteinander zu verbinden und während der Arbeit zu inspirieren.

So schauen wir also einander in die Augen, treffen eine Seelenvereinbarung und bitten den ALLERHÖCHSTEN GEIST, uns zu führen und den Sitzungsverlauf zu lenken. Es entsteht eine Dreiecksverbindung zwischen den Herzen der beiden Partner und der transzendenten Gegenwart des ALLERHÖCHSTEN GEISTES.

Wenn Menschen in diesem Geist zusammenkommen und ernsthaft um spirituelle Unterstützung bitten, erhalten sie diese unserer Erfahrung nach in erstaunlicher Weise. Es ist aufregend und erhebend zu beobachten, wie Menschen aller Kulturen durch das Loslassen auf inneren Ebenen beginnen, die Hilfe höherer Wesen wahrzunehmen und welche starken seelischen Liebesbande sich durch diese Arbeit zwischen den Teilnehmern entwickeln können.

Um unsere psychischen Barrieren zu überwinden und die Pforten des Unterbewusstseins zu öffnen, sind weder Kristallkugeln noch Wünschelruten, Drogen oder sonst irgend etwas nötig. Wir

SEELENVEREINBARUNG

tun das schlicht und einfach, indem wir in den Releasing-Prozess einwilligen, uns dazu bereit erklären und dafür öffnen.

Wir gehen das Loslassen von der Seelenebene an und lösen dort die Ursachen auf. Wir wenden uns direkt an die Seele. Das ist der Grund dafür, dass diese Arbeit tiefer geht. Sie erreicht tiefe Schichten, weil sie uns gestattet, Verantwortung für unsere Entscheidungen auf der Ebene der Seelen zu übernehmen. Die Seele ist es, die Verantwortung übernimmt und sieht, dass sie aus eigener Kraft die Probleme des persönlichen Lebens verstehen und auflösen kann. Nur mit einer Seelenvereinbarung können wir diese Arbeit machen, und nur mit dieser bewussten Entscheidung, loslassen zu wollen, kann die Seele für ihre Leben und für ihre Schöpfungen Verantwortung übernehmen. *Verantwortung zu übernehmen ist für alle, die an einem Releasing-Workshop teilnehmen, oberstes Gebot.*

TIEFENENTSPANNUNG Wenn die Seelenvereinbarung getroffen wurde, beginnt die Arbeit.

Wir bitten die Paare, sich zu entscheiden, wer von ihnen als erster die Rolle des Begleiters übernimmt und wer mit dem Loslassen beginnt. Im Rahmen eines Seminars ist es nicht erforderlich, dass die Begleitperson therapeutische oder pädagogische Vorbildung mitbringt. Beim Releasing geht es darum, durch vorurteilsfreies Zuhören einen Raum des Mitgefühls zu schaffen, der es dem Partner ermöglicht, sich in seiner Widersprüchlichkeit und Verletzlichkeit zu zeigen und angenommen zu fühlen. Gerade die Einfachheit und der offene Umgang mit verletzten Gefühlen qualifizieren Releasing als Selbsthilfemethode, die Menschen nicht nur ermutigt, ihre eigenen Schattenseiten anzuschauen und loszulassen, sondern auch ihrem nächsten Mitmenschen das zu geben, wonach sie sich selbst am meisten sehnen: Mitgefühl. Durch die Partnerarbeit lernen die Teilnehmer sehr schnell, dass niemand mit seinen seelischen Lasten allein ist, jeder von uns auch eine Vergangenheit auf der Schattenseite des Lebens hat und wir alle gemeinsam Teil eines größeren, sich entfaltenden menschlichen Bewusstseins sind. – Die Person, die mit dem Loslassen beginnt, legt sich zunächst auf den Rücken und entspannt sich. Dazu benutzen wir ein Verfahren, bei dem wir von

20 bis 0 zählen und die Teilnehmer bitten, ihren Körper zu entspannen, den Atem zu vertiefen, mit ihrem Bewusstsein dabei ganz wach zu bleiben und nach innen zu schauen. Die Tiefenentspannung ist nicht zu verwechseln mit Hypnose, Trance oder Suggestion, sondern dient lediglich der körperlichen Entspannung, so dass die äußere Umgebung nicht länger stört oder den Prozess beeinträchtigt. Der Fokus des Bewusstseins verschiebt sich hierbei von der Tagesaktivität des Wachbewusstseins hin zu den Inhalten des Unterbewussten.

Während der Tiefenentspannung ist es ratsam, die Augen geschlossen zu halten, denn wenn wir die Augen öffnen, schaltet sich die linke Gehirnhälfte ein, der kritische Verstand, der alles überwacht, kontrolliert und rationalisiert. Wenn dagegen unsere Augen geschlossen sind, bekommen wir leichter Zugang zum Unterbewusstsein und zu dem, was in unserem Gedächtnis gespeichert ist. So kann die rechte Gehirnhälfte aktiv werden und beginnen, sich auf die Gefühlsebene einzustimmen.

Während die liegende Person in die Tiefenentspannung geführt wird, entspannt sich auch die Begleitperson, um innerlich leer, durchlässig, offen und sensibel für den Partner zu werden. Dabei bleibt sie aber während der gesamten Releasing-Sitzung im Wachzustand des Alltagsbewusstseins.

Nachdem der Zustand der Tiefenentspannung erreicht ist und noch bevor wir mit dem Loslassen beginnen, bitten wir den ALLERHÖCHSTEN GEIST im Innern um Führung. Der Releasing-Klient bittet den ALLERHÖCHSTEN GEIST, dass diejenige Erinnerung in ihm wachgerufen wird, die ihn in seiner aktuellen Lebensphase am meisten beeinträchtigt. Es ist allein die transzendente Perspektive des ALLERHÖCHSTEN GEISTES, die vergleichbar mit der Präzision eines Supercomputers den Überblick über alle Erfahrungen der Seele in Zeit und Raum hat. Nur der ALLERHÖCHSTE GEIST weiß, welche der zahlreichen Erinnerungen der Seelengeschichte die drängendsten Probleme verursacht haben.

Währenddessen öffnet sich die Begleitperson im stillen Gebet ebenfalls für die Führung des ALLERHÖCHSTEN GEISTES und bittet

GEBET

darum, dass ihr geholfen wird, ihrem Partner mit offenem Herzen zu begegnen, um der Einzigartigkeit der Seele und der Situation des Partners gerecht werden zu können.

Beten bedeutet, dem ALLERHÖCHSTEN GEIST zu signalisieren, dass die Seele bereit für Hilfe und Führung ist. Beten heißt, sich nach Oben zu öffnen und auf Empfang zu schalten. Der ALLERHÖCHSTE GEIST kann uns nicht helfen, so lange wir ihn nicht darum bitten, denn er respektiert den freien Willen der Seele.

ISA: »Durch meine Erfahrungen in der Heilkunde weiß ich, dass es der natürliche Zustand unserer Seele ist, mit der QUELLE DES LEBENS verbunden zu sein. Unsere Konzepte und Glaubenssysteme hindern uns aber daran, ausgeglichen, liebevoll und in Harmonie mit dem Universum zu sein. Diese negativen Schwingungen können unseren physischen Körper und unseren Geist blockieren. Wenn wir unseren Geist von diesen Grenzen befreien und sie loslassen, akzeptiert unser Bewusstsein, dass wir göttliche Wesen sind, und wir können in höhere Dimensionen aufsteigen. Durch die rechte Gehirnhälfte weiß ich innerlich unmittelbar, dass die Patienten bestimmte Dinge loslassen müssen, um Heilung zu erfahren. Dieses intuitive Wissen nennen manche Menschen auch Hellsichtigkeit. Jeder kann diese Fähigkeit erlangen. Die QUELLE ALLEN SEINS bevorzugt niemanden. Sie ist offen für jeden, der offen für die QUELLE ist. Jeder kann diese Energien empfangen und anwenden. Jeder hat diese Fähigkeit durch den natürlichen Magnetismus zwischen der Seele und ihrer QUELLE in sich. Wenn du dich diesem hellen, gütigen, göttlichen Licht öffnest, wird es dich fragen, was du brauchst, und die Hilfe wird kommen, so schnell dein Bewusstsein es erfassen kann. Und so ist es.«

WAHRNEHMEN, WAS IST

Nach dem Gebet zählen wir noch einmal bis drei und stellen fest, dass sich der Releasing-Klient dann an dem inneren Ort befindet, an dem er mit dem Loslassen beginnen kann. Nun beginnt der Klient wahrzunehmen, was geschieht, wo er sich befindet, welche Gefühle, Stimmungen und Bedürfnisse auftauchen und welche

Erlebnisse, die zu einer früheren Zeit nicht gelöst worden waren, ans Licht kommen und wieder durchlebt und ausgedrückt werden wollen. Die Spuren auf dem Pfad zu diesen belastenden Erinnerungen zeigen sich bei manchen Menschen durch körperliche Symptome, bei anderen eher durch innere Bilder, und manche Menschen finden auch direkt Zugang zu ihren Gefühlen.

Dabei ist es sinnvoll, dem Klienten ausreichend Zeit zu geben, sich zunächst seines seelischen Zustandes im Hier und Jetzt bewusst zu werden. Für viele Menschen in der heutigen Zeit ist der Blick nach Innen etwas völlig Neues und sie brauchen zunächst Zeit, um sich auf ihr inneres Leben einzustimmen, denn in der Regel kommen die meisten Menschen erst dann zum Loslassen, wenn sie sich durch Probleme im äußeren Leben dazu gezwungen sehen. Wenn sich in irgendeinem Bereich unseres Lebens unerledigter Stress, Angst, Verzweiflung oder Hilflosigkeit zeigen, dann gibt es offensichtlich etwas in uns, was uns davon abhält, unser Potenzial ganz zu verwirklichen. Dort, wo der größte Stress im Leben ist, ist es am Wichtigsten mit dem Loslassen zu beginnen. Um herauszufinden, wie es zu diesem Zustand gekommen ist, geht der Releasing-Klient in der Zeitachse zurück, konfrontiert sich mit der früheren Situation, in der er die belastenden Gefühle zum ersten Mal erfahren hat, ruft alle Emotionen, die in der damaligen Situation auf ihn einstürmten, in sich wach und durchlebt sie noch einmal aus einer Perspektive des Mitgefühls.

Für das Loslassen spielt es nicht wirklich eine Rolle, ob ein Ereignis sich in der Vergangenheit tatsächlich so zugetragen hat, wie wir es subjektiv wahrnehmen. Wenn eine Erinnerung aufsteigt, gilt es, die negativ aufgeladenen Seelenanteile zu neutralisieren. Skeptiker mögen einwenden: »Was, wenn sich das alles gar nicht so zugetragen hat?« Die Antwort darauf ist einfach: »Es tut niemandem weh, negative Muster wegzuwerfen. Du verlierst nichts, wenn du all deine Schuldgefühle loslässt, deine Kritiksucht oder deine Schuldzuweisungen anderen gegenüber. Du hast nichts verloren, sondern nur dazu gewonnen.« Die Beschreibung eines Geschehnisses mag Widersprüche aufweisen, aber wenn die Seele sich in dieser Weise daran erinnert, dann ist die *Bedeutung*, die die Seele dem Ereignis gibt für das Loslassen wichtiger als eine historisch objektivierbare »richtige« Wahrnehmung der Vergangenheit. Wir bitten die Menschen einfach darum, diese beeinträchtigenden Muster zu konfrontieren und sie dann loszulassen. Wir sagen den Teilnehmern also: Habt keine Angst, wenn ihr euch mit einer beunruhigenden Erinnerung konfrontiert seht. Schaut sie euch an, stellt euch ihr und lasst sie los.

Loslassen ist einfach. Es sind unsere eigenen Seelenentscheidungen, die den Computer, das Gehirn, programmieren und die Qualität von Gesundheit und Leben prägen. Aber es ist notwendig, dass unsere Entscheidungen von der Seelenebene, d.h. im Herzen anstatt im Kopf getroffen werden, denn nur die Seele hat das Recht und die Macht, Entscheidungen zu treffen, etwas gehen zu lassen oder auch weiterhin daran festzuhalten. Niemand kann unser Leben für uns leben - in unserer Verantwortung für unsere Entscheidungen sind wir frei. Das ist unser göttliches Geburtsrecht.

AUSSPRECHEN:
»ICH LASSE LOS«

Ausschlaggebend für Wirksamkeit und Erfolg der Releasing-Sitzung ist das unmittelbare Wiedererleben verdrängter Gefühle und ihr Ausdruck durch das Herz in Form des Satzes: *»Ich lasse los.«*

Loslassen kann nicht heimlich, still und leise nur in den eigenen Gedanken erfolgen, sondern ist gleichbedeutend mit dem Schritt über die Schwelle zwischen innerer und äußerer Welt durch das gesprochene Wort. Loslassen bedeutet Entscheiden. Dem Loslassen geht ein Erkenntnisprozess voraus, in dem der Releasing-Klient zwischen sinnlosen, selbstzerstörerischen und sinnvollen, schöpferischen Daten und Programmierungen unterscheidet. Wer loslässt, entscheidet sich, das Datenmaterial belastender Seelenerinnerungen aufzugeben und das Bewusstsein von entsprechenden Bindungen, Wertungen und Abhängigkeiten zu befreien. Diese Seelenentscheidungen verwandeln sich durch das gesprochene Wort *»Ich lasse los...«* von bloßer gedanklicher Absicht zu sinnlich und emotional erfahrbarer Wirklichkeit.

YOLANDA: »Es ist aber ein Irrtum, von uns selbst und anderen Menschen zu verlangen, dass wir uns für alle Zeiten so verhalten, wie wir es einmal entschieden hatten. Zwischen früheren Idealen und Vorstellungen und neuen Erfahrungen kann ein Konflikt entstehen, der zu neuen Überzeugungen führt, die das in der Vergangenheit bevorzugte Verhalten in Frage stellen. Aber auch neue Lebensumstände können Reaktionen hervorrufen, die mit den bisherigen Idealen in Konflikt geraten. Selbst eine Person, die normalerweise mit einem konstruktiven Verhalten reagiert, kann unter leicht veränderten Bedingungen die Kontrolle verlieren. Reaktionen allein durch Willenskraft kontrollieren zu wollen, ohne die zugrundeliegenden Konfliktursachen geklärt zu haben, kann eine innere Disharmonie erzeugen, die zu physischen, mentalen und emotionalen Störungen führt.«

Indem Menschen wagen, ihre verletzten Gefühle auszusprechen und zu sagen: »Ich lasse los meine Angst, meine Wut, meinen Schmerz, meinen Ärger, meinen Hass, meine Trauer, meine Verzweiflung, meine Resignation, meine Gier, meinen Kampf, meinen Trotz, meine Widerstände gegen das Leben und mich selbst«, schaffen sie Distanz zu ihren Gefühlen und identifizieren sich nicht länger damit. Sie begreifen, dass ihre Gefühle sich wie ein alter Film über ihre Wahrnehmung gelegt hatten und nicht mehr angemessen sind, um den Herausforderungen im Hier und Jetzt zu begegnen. Sie entdecken, dass ihr Bewusstsein nicht auf den physischen Körper begrenzt ist und alle menschlichen Gefühle und Erfahrungen auf das spirituelle Bewusstseinszentrum der Liebe bezogen sind. Wenn Menschen darauf vertrauen können, in ihren Gefühlen getragen zu werden, öffnen sie sich, lassen los und entdecken wieder, dass ihre Seele ein Strahl aus einer einzigen QUELLE GÖTTLICHER LIEBE ist.

YOLANDA: »Wagt es, eure Gefühle zu fühlen und lernt aus ihnen, ohne den Gefühlen zu erlauben, euch zu kontrollieren und eure Entscheidungen zu bestimmen.«

UNTERSTÜTZUNG
BEIM LOSLASSEN

Die Begleitperson hilft dem Releasing-Klienten, in Kontakt mit seinem wichtigsten seelischen Thema und den damit assoziierten Gedanken und Gefühlen zu kommen und stellt verschiedene Fragen, wie z.B.:

»Was fühlst Du?«, »Wie lange kennst Du dieses Gefühl schon?«,
»Wie alt fühlst Du Dich mit diesem Gefühl?«,
»Wann hast Du dies zum ersten Mal gefühlt?«,
»War es in diesem Leben oder in einem vergangenen Leben?«,
»Was siehst Du?«, »Wo bist Du?«,
»Bist Du allein oder ist jemand bei Dir?«
und immer wieder die Frage: *»Wie fühlt sich das für Dich an?«*

Neben diesen Fragen kommt es auch darauf an, dass der Begleiter sich seelisch ganz auf seinen Partner einstimmt und den Worten vertraut, die durch die Einzigartigkeit der Begegnung mit dem Partner in ihm auftauchen. »Sprich, was du fühlst« ist die Faustregel, die für Releasing-Klient und Begleiter gilt.

Die Begleitperson bittet und ermutigt ihren Partner, dem assoziativen Fluss der Erinnerungen zu folgen und alle diesbezüglichen Gedanken, Empfindungen und Bilder mitzuteilen. Wenn bei diesem Vorgang des Erzählens verletzte Gefühle an die Oberfläche kommen, bittet sie den Releasing-Klienten die entsprechenden belastenden Muster an die Formel »Ich lasse los…« anzuhängen und auszusprechen. Vergleichbar mit einem Rettungsring ist der Satz »Ich lasse los« Rettung und Befreiung aus dem Strudel alter Emotionen. Der Releasing-Klient bleibt nicht sich selbst überlassen, sondern wird durch seinen Partner immer wieder an die Möglichkeit des Loslassens erinnert. Jede präzise Loslass-Aussage, die genau das vorhandene Gefühl trifft und zum Ausdruck bringt, führt zu einer sofortigen Erleichterung.

INDIKATOREN
DES LOSLASSENS

Wir wissen, dass wir während des Releasing-Prozesses auf der richtigen Fährte sind, wenn Emotionen an die Oberfläche kommen. Wir halten deshalb immer Taschentücher bereit, um die Tränen zu trocknen. Wenn wir schmerzhafte Situationen und tiefe Traurigkeit wiedererleben, ist es normal, dass Tränen fließen. Tränen sind beim Loslassen ein positives Zeichen und Ausdruck des Reinigungsprozesses der Seele durch den Körper. Wir ermutigen den Releasing-Klienten dazu, die Tränen fliessen zu lassen. Wenngleich man vermuten könnte, dass die Teilnehmer nach dem Loslassen mit dicken, verquollenen Augen erschöpft im Kreis sitzen, ist das Gegenteil der Fall: Die Befreiung der Seele von Altlasten zeigt sich unmittelbar durch klare strahlende Augen und ein leichteres Körpergefühl.

Auch Lachen ist Loslassen. Bekanntlich gehören die Komiker weltweit zu den bestbezahlten Leuten, weil sie es schaffen, dass wir über uns selbst lachen. Indem wir das tun, lassen wir eine Menge angestauter Spannungen los. Manchmal entringt sich jemandem auch ein tiefer Seufzer, wenn er tief eingeatmet hat und mit der Ausatmung spürt, wie ihn die Spannung verlässt. Weitere Anzeichen für den Releasing-Prozess sind das Nachlassen von Schmerz und Stress. Manchmal verschwinden auch bestimmte körperliche Beschwerden, selbst wenn sie seit langem schon bestanden haben, mit dramatischem Erfolg.

Ob die Ergebnisse des Loslassens dramatisch sind oder es graduelle Verbesserungen gibt – im Feedback, das wir von überall her bekommen, berichten uns die Menschen von größerem Erfolg, harmonischeren Beziehungen, größerer Produktivität, gesteigerter Kreativität in ihrer Arbeit und mehr Fülle in ihrem Leben. Sie fühlen sich lebendiger, wacher, fröhlicher und glücklicher.

Manchmal ist es aber auch ein längerer Prozess. Wie auch immer: Wenn Beschwerden nachlassen, wissen wir, dass wir vorankommen.

Einige Teilnehmer versuchen dem Wiedererleben schmerzhafter Gefühle auszuweichen, indem sie sie erklären und rationalisieren. Dies geschieht z.B. dann, wenn Menschen die Verhaltensweisen der Personen, durch die sie verletzt wurden, rechtfertigen und entschuldigen. Dadurch vermeiden sie aber, ihre eigene Enttäuschung, Wut und Schmerz in den betreffenden Situationen nachzuempfinden und auszudrücken. Sie betrachten sich selbst auch im Nachhinein

WIDERSTÄNDE

auf der Seelenebene noch immer durch die Brille der Bezugspersonen und bleiben in unbewussten Abhängigkeiten gefangen.

Wir wissen alle, wie es ist, wenn die Herzen von Menschen verschlossen sind. Das ist der Fall, wenn wir unangenehmen Situationen ausweichen und uns in uns selbst zurückziehen. In dem Maße, in dem wir uns verschließen, blockieren wir uns selbst und begrenzen den vollständigen Ausdruck unseres Körpers, unseres Geistes und unserer Seele. Wenn wir loslassen wollen, helfen rationale Erklärungen nicht weiter, sondern wir müssen wieder lernen, uns auf die Gefühle einzulassen, mit denen unsere Seele z.B. als Kind eine Situation erlebt hat. Diese alten Gefühle verschwinden nicht dadurch, dass sie rationalisiert oder vergeben werden, bevor es eine Klärung gegeben hat.

NEGATIVITÄT

Ein weiteres weitverbreitetes Hindernis beim Loslassen ist die große Angst, sich überhaupt die eigene Negativität einzugestehen und Hilflosigkeit im Umgang mit Negativität. Viele Menschen fürchten Liebesentzug, Bestrafung und andere Sanktionen, wenn sie ihre negativen Gefühle nicht länger verleugnen und sie zum Ausdruck bringen. Widerstände, sich die eigene Negativität einzugestehen, sind auch dadurch zu erklären, dass die Wahrnehmung der eigenen dunklen Gefühle eine Bedrohung für unsere positiven Selbstbilder bedeutet, denn die meisten Menschen haben den Anspruch, nach innen und außen positiv zu sein. Ein Selbstbild bleibt aber eben immer nur ein Bild vom Selbst. Wer loslässt, lernt daher auch, seine positiven Selbstbilder in Frage zu stellen und aufzugeben, damit die Seele frei sein kann.

YOLANDA: »In einem Fall brachte eine Frau ihre 14-jährige Tochter zu uns in die Praxis. Sie hatte epileptische Anfälle und die Verantwortlichen in ihrer Schule erwogen, sie vom Unterricht auszuschließen, weil ihre Anfälle für die Mitschüler störend waren. Als wir uns auf die Situation einstimmten, sahen wir auf telepathischem Wege, dass es einen Vorfall gegeben hatte, wo ihre Mutter ihr gegenüber sehr aufbrausend und ärgerlich gewesen war.

Das Kind hatte seine Mutter deshalb gehasst. Wir baten das Mädchen also zu sagen: ›Ich lasse den Hass auf meine Mutter los.‹ Sie protestierte aber und sagte: ›Oh, nein, nein, das stimmt nicht. Ich liebe meine Mutter. Ich könnte sie niemals hassen. Ich bewundere sie.‹ Wir brauchten eine Viertelstunde, um sie davon zu überzeugen, dass es ihr nicht schaden würde, zu sagen: ›Ich lasse den Hass auf meine Mutter los‹, wenn sie tatsächlich niemals irgendwelchen Hass gespürt habe. Schließlich nach langem Zureden, war sie bereit dazu und sprach es aus. Mit diesem Satz stieß sie zugleich einen durchdringenden Schrei aus, der durch die ganze Praxis hallte. Das Mädchen sprang auf, rannte zu seiner Mutter, setzte sich auf ihren Schoß und schluchzte. Sie weinte fünf Minuten lang oder noch länger. Und die Mutter brach auch in Tränen aus. Als Mutter und Tochter beide genug Tränen vergossen hatten und wieder zu einem einigermaßen stabilen emotionalen Zustand zurück gefunden hatten, sagte die Mutter: ›Ja, ich erinnere mich. Sie war ungefähr drei Jahre alt, ich ließ mich gerade scheiden und war außerordentlich gereizt und angespannt. Sie zerrte beständig an meiner Bluse, weil sie irgendetwas wollte. Da drehte ich mich um und sagte ihr, sie solle weggehen, ruhig sein und mich allein lassen. Später fühlte ich mich schuldig und wollte das zurücknehmen, denn ich sah, dass sie wirklich einen Schock hatte. Aber es war bereits passiert.‹ Jetzt ließen sie das alles los.

Fünf Jahre vergingen, wir hatten nichts mehr von ihnen gehört, aber vermuteten, dass es dem Mädchen besser ging. Wir arbeiteten immer noch in derselben Praxis, als eines Tages jene Frau in die Praxis kam und mich fragte: ›Erinnern Sie sich an mich?‹ Ich entschuldigte mich und sagte: ›Nein, tut mir leid, ich fürchte nicht.‹ Darauf fragte sie: ›Erinnern Sie sich an das Mädchen mit den epileptischen Anfällen und dem Schrei, den sie ausstieß, als sie die Releasing-Aussage machte?‹ Und ich sagte: ›Ja natürlich, das werde ich niemals vergessen. Wir hatten nämlich damals mehrere Behandlungszimmer, in denen Patienten darauf warteten, dass wir mit ihnen arbeiteten. Das ganze Wartezimmer, die ganze Praxis war geschockt gewesen. Ich musste zu ihnen gehen und ihnen versichern,

dass niemand zu Schaden gekommen und alles o.k. war.‹ Darauf
sagte die Frau: ›Fünf Jahre ist das her. Ich wollte Sie nur wissen lassen, dass meine Tochter nie wieder einen epileptischen Anfall hatte.
Ich selbst bin heute aus einem anderen Grund hier, weil ich selbst
Ihre Hilfe brauche.‹«

Die Angst, nicht »gut« zu sein und für verletzte und dunkle Gefühle
bestraft zu werden, gründet vermutlich aber auch in einem kulturellen Trauma und geht zurück auf alte religiöse Konzepte eines stra-
fenden GOTTES. Diese Konzepte haben dazu geführt, dass viele
Seelen in Folge einer unglückseligen Interpretation der Kreuzigung
von Jesu Christi die Negativität ihrer Mitmenschen und der Welt
klaglos auf sich geladen und die dadurch erfahrenen Verletzungen
und Aggressionen in sich unterdrückt und abgeschnitten haben. Für
diese Menschen ist es eine große Herausforderung zu entdecken,
dass hinter dem Selbstbild eines Märtyrers die eigene Seele auf ihre
Wiederbelebung und Auferstehung wartet und dass diese nur gelingen kann, wenn die verdrängte Negativität akzeptiert, durchlebt
und losgelassen wird. Loslassen befreit Menschen vom Kreuz der
Negativität der Welt und bereitet den Weg für eine Weiterentwicklung von Seele und Bewusstsein.

Indem Menschen überholte kulturelle Konditionierungen und
die subtilen Auswirkungen religiöser Dogmen loslassen und dem
Wachstumsimpuls und der Sehnsucht ihrer Seelen nach Freiheit
wieder vertrauen, lernen sie zwischen Fremdbestimmung und
Selbstbestimmung zu unterscheiden und Verantwortung für sich
selbst zu übernehmen.

LOSLASSEN
ÜBER DEN KÖRPER

Während des gesamten Releasing-Prozesses ist es wichtig, dass
Releasing-Lehrer und Begleiter darauf achten, dass der Klient dem
Atem erlaubt, in gleichmäßigem Rhythmus durch den gesamten
Körper zu strömen. Durch die Fokussierung der Aufmerksamkeit
im Herzen und das bewusste »runde« Ein- und Ausatmen durch
Kehle, Brust und Bauch können die in den Körperzellen
gespeicherten Emotionen aktiviert und an die Oberfläche des

Bewusstseins transportiert werden. Seelische Blockaden haben immer eine Entsprechung im physischen Körper. Das Werkzeug eines nicht manipulierten, natürlichen und bewussten Atems aus der Mitte des Herzens erleichtert das Loslassen wesentlich und hilft vielen Menschen, über den Körper in Kontakt mit ihren Gefühlen zu kommen.

Häufig haben die Seminarteilnehmer größte Widerstände, sich belastende Erinnerungen ins Gedächtnis zu rufen. Diese seelische Spannung drückt sich dann oft auch körperlich aus. Ihre Bauchdecke ist angespannt, sie atmen kürzer und oberflächlicher, oder sie ballen z.B. die Fäuste. Damit sie sich nicht verletzen oder gegen Wände schlagen, reichen wir ihnen dann ein Handtuch oder ein Kissen, das sie pressen und an dem sie ihre Widerstände abarbeiten können. Handfeste Hilfsmittel sind aber manchmal auch wichtig, um blockierte Seminarteilnehmer überhaupt erst in Kontakt mit ihren Gefühlen zu bringen. Ihre rationale Selbstkontrolle ist so festgefahren, dass es ihr Selbstbild verbietet, sich unter der Oberfläche des Tagesbewusstseins vorhandene negative Gefühle einzugestehen. Sie können nur loslassen, wenn sie ihre Gefühle auch körperlich ausagieren können. Viele Menschen haben nämlich nicht gelernt, mit Hilfe ihres Körpers auszudrücken, was ihnen Stress macht. Angst z.B. lähmt uns. Damit die aufgestaute Spannung in den Körperzellen neutralisiert werden kann, bewegen deshalb einige Teilnehmer unwillkürlich ihre Arme, ihre Beine oder ihren Kopf, um so ihren Körper in den Prozeß einzubeziehen. Wenn wir erst unseren Körper wieder in Bewegung gebracht haben, wird auch das Bewusstsein wieder freier.

Wir bitten die Teilnehmer während des Loslassens auch beim Auftauchen sehr intensiver oder extremer Gefühle wie z.B. Schmerz, Panik oder Hass bewusst zu bleiben und die Gefühle nicht zu dramatisieren. Dramatisieren heißt auf der Ebene der Gefühle zu bleiben und sie festzuhalten, anstatt sie anzunehmen, zu verstehen, über das Herz auszudrücken, zu vergeben und loszulassen. Loslassen gelingt nur mit dem Herzen, denn nur durch die Qualitäten von

GLEICHZEITIG
BEOBACHTEN UND FÜHLEN

Mitgefühl und Liebe, die aus dem Herzen kommen, kann die Seele sich aus alten Verstrickungen lösen und Freiheit finden. Wir bitten die Teilnehmer deshalb, auch mitten in den intensivsten Gefühlen gleichzeitig eine Beobachterrolle einzunehmen, sich nicht emotional zu identifizieren und sich zu vergegenwärtigen, dass diese Gefühle einfach nur Energien aus der Vergangenheit sind, die in den Körperzellen gespeichert waren und nun befreit werden. Wenn Menschen aufhören, ihre Gefühle zu unterdrücken oder zu dramatisieren und lernen, sie stattdessen im Herzen anzunehmen, verlieren sie die Angst vor ihren eigenen Schattenseiten und verwandeln Schwächen in Stärken. Diese Erfahrung kann auf jedem Releasing-Seminar dutzendfach beobachtet werden und ist ein Erlebnis, das man nicht genug Menschen wünschen kann.

BEZUGSPERSON
ADRESSIEREN

Es kann auch Situationen geben, in denen der Loslassprozess nur in Gang kommt, wenn der Releasing-Klient sich direkt an bestimmte Personen wendet, die ihm (anscheinend) ein Leid zugefügt haben. Wir bitten ihn dann, diese Person zu visualisieren, sich ihr mitzuteilen, sie direkt anzusprechen und genau das auszudrücken, was sie ihr zu sagen haben. Manchmal ist das Ärger. Manchmal sind es Vorwürfe und Schuldzuweisungen, manchmal Gewissensbisse. Wir ermutigen die Teilnehmer, das auszudrücken, was ihnen früher nicht möglich war und sich daraufhin diejenige Seele anzuschauen und sie zu fragen: »Warum hast du das getan?«, ihr dann zuzuhören und in sie hineinzusehen, um zu verstehen, welche Beweggründe sie hatte. Nachdem die eigenen alten schmerzhaften Gefühle dieser Person gegenüber ausgedrückt und losgelassen wurden, ist es möglich, sich im Zustand der Entspannung auf sie einzustimmen und mit ihr zu fühlen und zu erkennen, was zu ihrer damaligen Verhaltensweise geführt hatte. Auf diese Weise ermöglicht das Loslassen, sich selbst und anderen leichter vergeben zu können und sogar spannungsgeladene Beziehungen ausgleichen zu können. Die Bereitschaft, sich selbst und anderen zu vergeben, ist auch ein Maßstab dafür, ob ein Loslassprozess abgeschlossen ist. Wir haben nur die Macht und die Verantwortung für das Gleichgewicht unseres eigenen Bewusstseins. Wir entscheiden selbst, ob wir im Gleichgewicht sein wollen oder nicht, niemand sonst. Mit den Augen der Liebe gesehen, sind wir immer in der Pflicht, zuerst uns selbst ins Gleichgewicht zu bringen, um dadurch dann auch andere Menschen tolerieren und ihnen vergeben zu können. Wer immer nur darauf wartet Recht zu bekommen, bleibt in Selbstgerechtigkeit gefangen und vermeidet Loslassen, Vergebung und spirituelles Wachstum, denn aus der Sicht der höheren Weisheit unserer Seelen kann Ungleichgewicht nicht gerechtfertigt werden.

YOLANDA: »Ein weiteres Werkzeug, das wir zur Klärung des Bewusstseins und zur Heilung von Beziehungen benutzen, ist die Visualisierung eines Laserstrahls BEDINGUNGSLOSER LIEBE, der vom Punkt etwas oberhalb der Augenbrauenlinie in der Mitte der Stirn ausgeht. Dieser Punkt ist der Sitz des Bewusstseins und wird in der östlichen Philosophie auch das ›Dritte Auge‹ genannt. Wenn wir unsere Aufmerksamkeit auf diesen Punkt fokussieren, bringen wir die linke und die rechte Gehirnhälfte miteinander in Einklang. Gemäß unserer Philosophie der universalen Prinzipien gibt es im ganzen Universum nur EINE Kraft, EINE Essenz in allem was ist, und die vorherrschende Qualität dieser Macht ist BEDINGUNGSLOSE LIEBE. Man kann sagen, diese Liebe ist der Stoff, der das ganze Universum zusammenhält und tatsächlich alles hervorbringt, was ist. Liebe ist die Essenz von ALLEM, WAS IST.

Wir bitten die Seminarteilnehmer, sich diesen Strahl der Liebe wie einen Laserstrahl vorzustellen, der ihrem Dritten Auge entspringt und alles ausleuchtet und erleuchtet, auf das sie ihre Aufmerksamkeit lenken. Dieser Laserstrahl hat durch die BEDINGUNGSLOSE LIEBE die Fähigkeit, alles zu neutralisieren, was negativ, begrenzend, störend und im Verhältnis zur BEDINGUNGSLOSEN LIEBE relativ und illusionär ist.

Wir selbst haben erfahren und glauben, dass die Kraft, die uns hervorgebracht hat, uns ursprünglich durch ein geistiges Bildnis der Liebe als vollkommene göttliche Wesen geformt hat. Indem wir uns

DER LASERSTRAHL
BEDINGUNGSLOSER LIEBE

mit der Welt der Formen identifizierten, in ihr Erfahrungen sammelten und Vorlieben und Abneigungen entwickelten, entstanden subjektive Wertungen, Urteile und Meinungen, die als mentale und emotionale Schatten das Licht der BEDINGUNGSLOSEN LIEBE umwölken. Wenn wir diese Schatten Schicht für Schicht neutralisieren, können wir die BEDINGUNGSLOSE LIEBE wieder manifestieren und die wahre Kraft, die der BEDINGUNGSLOSEN LIEBE innewohnt, verkörpern.

Die Teilnehmer visualisieren diesen Laserstrahl der BEDINGUNGSLOSEN LIEBE, der aus ihrem Herzen durch das Dritte Auge strahlt, und richten ihn auf alle negativen Aspekte einer bestimmten belastenden Situation. Dabei erlauben sie sich, alle negativen Gefühle gegenüber beteiligten Personen zu fühlen und benutzen die Energie dieser Gefühle als Treibstoff für den Laserstrahl, um alles zu verbrennen, was in jener Situation und Person nicht im Gleichgewicht war. Manche der Teilnehmer sagen dann: ›Aber ich möchte diesen Menschen nicht verletzen. Weshalb also sollte ich das tun?‹ Liebe verletzt nicht. Wenn diese Seele offen für euch ist und es eine Resonanz der Liebe zwischen euch gibt, oder wenn sie euch nicht ganz von ihrem Leben ausgeschlossen hat, kann dies auch für sie eine machtvolle Unterstützung sein, sich nochmals mit der Situation auseinanderzusetzen und sich zur selben Zeit davon zu befreien wie ihr. Wir haben unzählige Male erlebt, wie einer unserer Teilnehmer seinen eigenen Ärger, seine Wut, seine Beschuldigungen und Anklagen, seine Kritiksucht, seinen Neid, seinen Hass oder was auch immer als Treibstoff für den Laserstrahl der Liebe eingesetzt und so lange benutzt hat, bis alle negativen Muster ausgebrannt waren und er die andere Person wieder mit den Augen der Liebe anschauen konnte.

Letztendlich dient die Arbeit mit dem Laserstrahl der BEDINGUNGSLOSEN LIEBE der Klärung des eigenen Bewusstseins und dem Wiederfinden des seelischen Gleichgewichtes, denn Negativität liegt immer im Auge des Betrachters, und durch die Verbindung mit dem ALLERHÖCHSTEN GEIST lernen wir durch die Negativität hindurch zu schauen und uns selbst und andere Menschen in der Essenz als unschuldig wahrzunehmen.

Durch diese Übung ist es immer wieder vorgekommen, dass beteiligte Menschen, die tatsächlich nichts von der Seminararbeit wussten und manchmal schon lange Zeit keinen Kontakt mehr zu dem Seminarteilnehmer hatten, sich innerhalb weniger Tage meldeten und sagten: ›Ich liebe dich. Was ist passiert?‹ Auf der Seelenebene sind wir alle durch BEDINGUNGSLOSE LIEBE miteinander verbunden. Die Seele ist sich der Vorgänge auch in anderen Seelen bewusst. Menschen, die durchlässig für ihre Seele sind, empfinden positive und negative Veränderungen und reagieren darauf. Das ist nicht ungewöhnlich. Wir haben festgestellt, dass so etwas häufig vorkommt, wenn wir uns problematischen Situationen stellen, sie loslassen und uns der Heilung und dem Frieden öffnen. Aber wir müssen unbequeme Situationen anschauen. Manchmal müssen wir uns dabei mit unserem Verlangen auseinandersetzen, anderen weh tun zu wollen. Dann nehmen wir den Laser, senden mit der Frequenz BEDINGUNGSLOSER LIEBE und nutzen dabei all die negativen Energien, die wir in unserem Körper gespeichert haben. Wir können das Verfahren auch für uns selbst benutzen und ihn auf unseren eigenen Körper richten, um genetisch einprogrammierte Muster, negative Gedanken, Vorstellungen, nervliche Dispositionen usw. zu verbrennen.«

AFFIRMATIONEN

Es empfiehlt sich, das Loslassen auch als Anstoß zu nehmen, um die Qualität unserer Gedanken zu überprüfen und sie in Übereinstimmung mit den Absichten der Seele zu bringen. Dies geschieht z.B. dadurch, dass Menschen neue Lebensentscheidungen und neue positive Gedanken und Einstellungen bewusst aussprechen und sich einprägen. Diese neue Software befindet sich durch ihren Bezug zur Liebe in Übereinstimmung mit der Seele und besitzt den Charakter von Affirmationen, die dabei helfen, dem Alltagsbewusstsein eine neue Ausrichtung zu geben. Positive Leitsätze, die aus der Liebe jedes einzelnen Menschen zum Leben und zu sich selbst geboren werden, haben eine starke schöpferische Kraft. Es liegt also an uns und dem weisen Gebrauch unseres Willens und unserer Gedanken, ob die Ergebnisse des Releasing nachhaltig sind oder nicht.

RELEASING-LEHRER

Wenn Releasing-Klient und Begleiter einmal nicht weiterkommen, steht ihnen während der Seminare ein erfahrenes Team von Releasing-Lehrern zur Seite, die die Palette menschlicher Gefühle kennen und die aus ihrer Sicht weitere vertiefende Vorschläge zum Loslassen machen können. Das Bewusstsein der Releasing-Lehrer ist durch ihre eigenen Erfahrungen mit dem Loslass-Prozess so durchlässig geworden, dass sie die Schwingungen der Gefühle der Releasing-Klienten empfangen und ihre seelische Situation intuitiv erfassen können. Durch ihr eigenes Vorverständnis des Releasing-Prozesses bringen sie auf eine natürliche Weise soviel Mitgefühl in die Begegnung mit dem Releasing-Klienten ein, dass Loslassen möglich wird. Sie haben gelernt, ihrer eigenen Intuition, der Stimme der Seele, zu vertrauen und sie von Stimmen und Projektionen aus dem Unbewussten zu unterscheiden. Sie wissen, dass den vielen verschiedenen individuellen Lebenssituationen ein einziger universaler Plan zur Entfaltung des Bewusstseins zugrunde liegt, den es Schritt für Schritt zu entdecken gilt.

Je mehr sich die Releasing-Arbeit entwickelt hat, desto mehr Verständnis haben wir dafür gewonnen, wie man jemandem helfen kann, in seine Erinnerungen einzutauchen und wie man ihm beistehen kann. Deshalb wissen wir, wie wichtig es sein kann, dass ein ausgebildeter Releasing-Lehrer die Teilnehmer führt, bis sie fähig sind, diesen Prozess auch selbstständig durchzuführen.

ABSCHLUSS DER
RELEASING-SITZUNG

Eine Releasing-Sitzung gilt als abgeschlossen, wenn der Releasing-Klient seine verletzten Gefühle ausgedrückt hat, Selbsterkenntnis und Vergebung zu einer Verwandlung der Einstellungen des Bewusstseins geführt haben und sich innerer Frieden und Gleichgewicht in Körper, Geist und Seele ausbreiten. Dies dauert, je nach Thematik zwischen wenigen Minuten und maximal zwei Stunden. Abschließend bedankt sich der Releasing-Klient beim ALLERHÖCHSTEN GEIST für Hilfe und Führung beim Loslassen, und der Releasing-Lehrer zählt von drei bis eins zurück, um die Klienten mit ihrer Aufmerksamkeit in das Alltagsbewusstsein zurückzuholen.

SEELISCHE GRUNDMUSTER

UND IHRE ANALOGIEN ZU MUSKELN UND MERIDIANEN

nach Dr. E.E. Isa Lindwall

ISA: Während unserer Arbeit mit Menschen aus aller Welt in den letzten vierzig Jahren habe ich immer wieder Schmerzen und Symptome aufgrund funktioneller Störungen behoben, die in direktem Zusammenhang mit unterbewussten Negativprogrammen standen. Dabei belegt die einfache Methode der Muskeltests, wie schnell sich Leben und Körper verändern, wenn kontraproduktive Programme überwunden werden. Ärger beispielsweise kann den Energiefluss zu den Lungen und vor allem zu den Nieren empfindlich beeinträchtigen. Durch das Loslassen von Ärger wird den Lungen und den Nieren wieder Energie zugeführt, so dass sie heilen können. Außerdem erhält die zugeordnete Muskulatur der Schultern und des Psoas wieder ihre gewohnte Kraft. Ich habe Tausende von Menschen in nahezu 40 Ländern der Erde untersucht und dabei immer wieder festgestellt, dass unterschiedliche Emotionen jeweils spezifische Muskelgruppen und Organe beeinflussen. Dies verursacht zunächst Befindlichkeitsstörungen und kann schließlich zu Krankheitsprozessen führen. Später werden diese Emotionen, Muskelgruppen und Organe eingehend beschrieben, doch zuvor möchte ich die Rolle der angewandten Kinesiologie näher beschreiben.

Indem ich die Meridiane, so wie sie in Akupunktur und Kinesiologie definiert werden, teste und die von mir variierten Muskeltests anwende, erreiche ich eine unmittelbare Energieveränderung im menschlichen Körper.

Kontrahierte Muskeln sind erwiesenermaßen schwach, der normale Energiefluss in ihnen ist gestört. Man stelle sich dazu das überlastete Stromnetz eines Hauses vor: Die Sicherung brennt durch, der Sicherungsschalter springt um und schaltet den Strom ab. Das ist

ANGEWANDTE
KINESIOLOGIE

eine Sicherheitsmaßnahme, um Brand oder andere Schäden an Haus und Einrichtung zu vermeiden. Stellt man den Sicherungsschalter wieder auf ›An‹, fließt der Strom erneut durch die elektrischen Leitungen des Hauses. Auf den Meridianen des menschlichen Körpers liegen bestimmte Akupunkturpunkte, die in ähnlicher Weise die Funktion von Sicherungen erfüllen, um bei emotionalen Überlastungen Organschäden zu vermeiden. Wenn das geschieht, blockieren die Akupunkturpunkte den Energiefluss. Sie werden fest und berührungsempfindlich. Die Anwendung von Akupunktur bringt die Energie in dem Meridian wieder in Fluss und stellt den Energiekreislauf wieder her, und auch der Muskelschmerz lässt nach. Dieses Prinzip gilt ebenso für das von dem Meridian versorgte Organ. Bestimmte Emotionen, die durch Gedanken und mentale Programmierungen ausgelöst werden, aktivieren biologische Sicherungen, d.h. Akupunkturpunkte, die den Körper vor Überlastung und Schaden bewahren. Derartige emotional ausgelöste Überlastungen wirken sich negativ auf das neuro-lymphatische System aus und stören seine normale Funktionsweise.

Mutter Natur ist immer um die Wiederherstellung des Gleichgewichts bemüht: Mit der Zeit, auch ohne Behandlung, lässt die Gefühlsladung allmählich nach, und die Energiebahn sucht die normale Verbindung wiederherzustellen. Wenn wir aber nichts gegen die immer wiederkehrenden emotionalen Ausbrüche unternehmen, wird der Körper immer mehr geschwächt, und schließlich kommt es zum physischen Zusammenbruch.

Die Antworten der Körpersprache in den kinesiologischen Tests sind unmittelbarer Ausdruck der Programmierung des Körpers durch die Seele. Die Wechselwirkung von seelischem Bewusstsein und körperlichem Zustand kann nicht geleugnet werden. Der physische Körper ist ein Biofeedback-Instrument, das die Informationen der Erinnerungen, Einstellungen und Gedanken der Seele in den Zellen speichert. Das ist auch der Grund dafür, warum Menschen auf Personen und Lebenssituationen unterschiedlich reagieren. Die Intensität ihrer Reaktionen ist abhängig von den individuellen seelischen Dispositionen und Neigungen, die in

Körper und Geist programmiert sind. Die Spannkraft der Muskulatur ist deshalb ein hervorragender Indikator für den Grad der Neutralität einer Person. Je weniger negative Programme Seele und Körper belasten, desto neutraler, gesünder, freier und kreativer bewegt sich der Mensch in der äußeren dreidimensionalen Welt. Als Biofeedback-Instrument ist der physische Körper auch ein Resonanz-Körper für die inneren und äußeren Welten. Er zeigt die Qualität unserer Beziehung zu anderen Menschen und zur inneren Welt.

Die Muskeltests in diesem Kapitel sind das Ergebnis meiner persönlichen Studien der Angewandten Kinesiologie nach dessen Gründer Dr. George Goodheart und seiner 40-jährigen beruflichen Praxis, Forschung, Beobachtung und Hellsichtigkeit. Ich möchte ausdrücklich die großartige Leistung von Dr. Goodheart würdigen, ohne dessen Wirken meine eigene Arbeit mit den Muskeltests zum Nachweis der Wirksamkeit der Releasing-Methode nicht möglich gewesen wäre.

Die Muskeltests machen den Zusammenhang zwischen den Bewusstseinseinstellungen der Seele und der Vitalität des Körpers durch den Fluss der Lebensenergie sichtbar. In dem Maße, in dem die Seele nicht aus ihrer Mitte, der Verbindung mit dem ALLERHÖCHSTEN GEIST lebt, ist ihre Energie blockiert und befindet sich im Ungleichgewicht. Dieses Ungleichgewicht schwächt den gesamten Körper und wird in der Schwächung der Muskulatur am augenscheinlichsten.

Ich freue mich, die mit den entsprechenden Muskelgruppen und Organen in Beziehung stehenden Releasing-Aussagen hiermit einer breiteren Öffentlichkeit zugänglich machen zu können. So werde ich versuchen, meine Arbeit für Laien verständlich zu erklären und medizinische oder technische Fachausdrücke weitest möglich zu vermeiden.

Auf den folgenden Seiten, gegenüber den technischen Beschreibungen der Muskeltests, finden sich die meinen Erkenntnissen zufolge am häufigsten auftretenden emotionalen Blockaden. Ich habe bestimmte Releasing-Aussagen zusammengestellt, die sich bei einer großen Anzahl von Menschen auf der ganzen Welt als besonders wirkungsvoll herausgestellt haben, um die Ursache von Störungen zu neutralisieren. Es scheint so, dass jeder Mensch, unabhängig von Nationalität, Kultur, Rasse oder Geschlecht, bestimmte Seelenlektionen erfährt, die wir alle lernen müssen. Sofern ein Mensch aber ernsthaft bereit ist, sich seinen Problemen zu stellen und entschlossen ist, sie zu lösen, treten nach meiner Erfahrung unmittelbare Veränderungen ein, die sich im Körper widerspiegeln.

Die Releasing-Aussagen regen die Intuition an und lösen Assoziationen, Erinnerungen und Empfindungen aus. Durch diese Innenschau beginnt der Prozess des Loslassens, und der Releasing-Klient beginnt, vergessene, unbewusste Erfahrungen seiner Seele zu erforschen und sich ins Bewusstsein zurück zu rufen. Auf diese Weise kann jeder die Erläuterungen zu den Muskeltests mit seiner persönlichen Lebenserfahrung in Beziehung setzen und die Wirksamkeit des Loslassens überprüfen.

Körperlicher und seelischer Schmerz wird beim Loslassen nicht als Feind, sondern als Freund angesehen. Schmerz ist »das Radarsystem der Seele«, durch den der ALLERHÖCHSTE GEIST der Seele einen Hinweis und eine Chance gibt, sich weiter zu entwickeln. Schmerz kehrt so lange zurück, bis die Seele bereit ist, sich ihm zu stellen und seine Botschaft zu empfangen. Als Seelen erschaffen wir Schmerz durch unsere Entscheidungen: Wir können uns entscheiden, aufzuwachen und ein Leben in Harmonie mit den universalen Lebenskräften zu leben und dadurch größere Leichtigkeit und Wohlbefinden erfahren, oder wir können das alles ignorieren und weiter leiden. Wogegen wir uns aber aus Ignoranz widersetzen, das bleibt bestehen. Wofür wir uns in Weisheit öffnen, das erleuchtet und befreit uns. Vergebung ist dabei ein bedeutsamer Schlüssel. Wenn die Seele dieses Stadium erreicht hat, ist sie frei. Groll oder Rachegedanken verdüstern die Seele und binden sie an das, was sie hasst. Die Lösung heißt: Loslassen und Vergeben.

GEGENANZEIGE

Vor der Durchführung der Muskeltests muss abgeklärt werden, ob der betreffende Körperbereich der Testperson gesund genug ist, um getestet zu werden. Versuchen Sie niemals, einen Muskel zu testen, wenn aufgrund von Verletzungen oder Krankheiten ernsthafte Störungen in dem betreffenden Bereich vorliegen! (Es liegt auf der Hand, dass in einem solchen Fall das Ergebnis des Tests auch wenig aufschlussreich wäre.)

Anm.d.Hrsg.: Die kinesiologischen Muskeltests, so wie sie von Isa weiterentwickelt wurden, entsprechen seiner speziellen fachlichen und spirituellen Qualifikation. Sie sind diagnostische Hilfsmittel, um zum Wohl des Hilfesuchenden die angemessene Releasing-Aussage zu finden und zeigen die Relevanz des Releasing für die Gesundheit und das Gleichgewicht des physischen Körpers auf. Dabei sind die Muskeltests außerordentlich gut geeignet, insbesondere materiell und rational eingestellten Menschen die unsichtbaren Zusammenhänge zwischen Bewusstsein, Seele und Körper zu demonstrieren. Vom Leser können die dargestellten Analogien zwischen den Körperpartien und den ihnen entsprechenden Themen zum Loslassen wie ein Blick in den Spiegel genutzt werden, um sich eigener Muster und Blockaden in Körper und Seele bewusst zu werden. Laien ohne kinesiologische oder medizinische Fachausbildung sollten sich auf diese Art der Rezeption beschränken. Der Herausgeber und die Lindwalls schließen jede Haftung für eine unsachgemäße Anwendung der Muskeltests aus.

Wie zuvor in diesem Buch an verschiedenen Stellen bereits ausgeführt wurde, ist Releasing Ausdruck eines universalen Prinzips und eine Lebensweise. Daher ist es auch jederzeit ohne Muskeltests möglich, sich direkt intuitiv auf die zugrundeliegende seelische Ursache einer körperlichen Blockade oder unerlösten Lebenssituation einzustimmen und autodidaktisch mit dem Loslassen zu beginnen. Menschen, die sich entschieden haben, Releasing kennenzulernen, sollten sich vergegenwärtigen, dass die folgenden Muskeltests keine Voraussetzung sind, um loszulassen oder Releasing-Lehrer werden zu können.

Jeder Leser möge sich frei fühlen, die vorgestellten Muskeltests und die ihnen entsprechenden Sätze zum Loslassen von Isa als Anregung zu verwenden, um sich von der eigenen Intuition zu persönlichen Themen des Loslassens inspirieren zu lassen.

Die Photographien auf den folgenden Seiten veranschaulichen die Muskeltests und werden in begleitenden Texten erläutert. Gegenüber den technischen Beschreibungen der Tests sind die ungleichgewichtigen, seelischen Zustände aufgeführt, die mit den entsprechenden Muskelgruppen und Organen in Verbindung stehen.

Das Prinzip der Muskeltests ist immer dasselbe: Die Testperson nimmt eine bestimmte Körperhaltung an und versucht nach der Aufforderung des Testers, eine spezielle Muskelgruppe in der Anspannung zu halten, während der Tester dagegen drückt.

Wenn der Muskelwiderstand schwach ist und die Muskulatur leicht nachgibt, ist das Testergebnis »positiv«. Dann muss die Ursache für die Schwächung herausgefunden werden, um sie im nächsten Schritt loslassen zu können. Wenn das grundlegende Thema erkannt wurde, trifft der Releasing-Klient die Entscheidung, die dazugehörenden Blockaden loszulassen. Dies geschieht, indem er die entsprechenden Blockaden in Verbindung mit der Formel *Ich lasse los...«* ausspricht. Er spricht sie bewusst und mit Nachdruck aus und bekräftigt sie durch einen tiefen Atemzug. Auftauchende Emotionen werden weder unterdrückt noch dramatisiert, sondern mitfühlend angenommen und begleitet und klingen mit dem Loslassen aus.

Im Anschluss an das Loslassen wird der Muskeltest wiederholt. Wenn das Thema auf den Punkt gebracht und losgelassen wurde, ist die entsprechende Spannung im Körper neutralisiert und der Muskel wieder stark.

Um sich in angewandter Kinesiologie zu schulen, ist die wichtigste Voraussetzung, dass der Tester am Testergebnis vollkommen neutral ist. Erwartungen des Testers beeinflussen das Ergebnis und machen es wertlos. Es ist eine Frage der Konzentrationsfähigkeit.

»Persönlich halten wir es vor einer Releasing-Sitzung für notwendig, uns auf den SCHÖPFER-GOTT einzustimmen, den wir ALLERHÖCHSTEN GEIST nennen, um in Demut seiner Führung zu folgen. Wenn wir intuitiv zu einer Releasing-Aussage geführt werden, vertrauen wir ihr, denn es schadet niemandem, ein negatives Programm loszulassen, das er in Wirklichkeit nicht hat. Dramatische Veränderungen ergeben sich aber vor allem dann, wenn die Releasing-Aussage besonders treffend war.

Auch Sie können loslassen und Ihre Intuition dabei entwickeln... Es ist leichter als Sie denken. Wir achten alle Systeme, die uns Erleichterung von unserem Schmerz verschaffen. Wir wissen, dass Heilung geschehen kann, wenn der Helfer sich mit dem SCHÖPFER-GOTT verbindet und wenn der Patient offen dafür ist. Reine Liebe, die nicht durch die Begrenzungen, die wir wahrnehmen, eingeengt wird, ist die höchste Heilkraft.«

Isa und Yolanda »live« am Strand von St. Tugen auf dem Cap Sizun

»ICH LASSE LOS allen Hass auf mich selbst, weil ich meine Energien und meine Macht missbraucht habe. Ich lasse los die Angst, es wieder zu tun und die Entscheidung, deshalb meine Kraft und meine Macht zu blockieren und ihnen nicht mehr zu vertrauen.
Ich nehme jetzt meine Kraft wieder an. Ich vertraue ihr, und ich vertraue mir selbst, dass ich sie nur in Liebe und Licht nutzen werde.
Ich nehme sie jetzt an.«

Diese Blockaden sind häufig Ursache für Schmerzen und Schwäche des unteren Rückens.

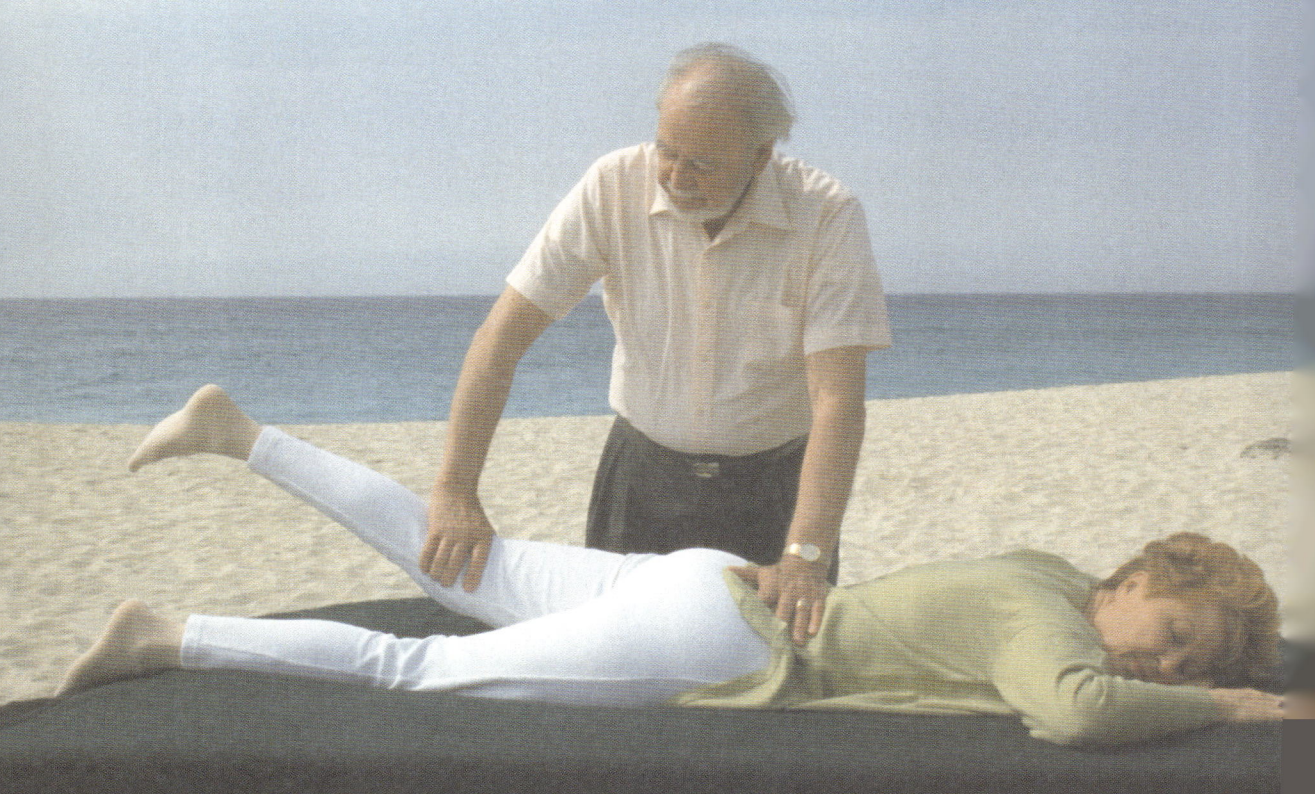

BLASENMERIDIANTEST

Die Testperson liegt auf dem Bauch, da der Blasenmeridian von den Füßen über den Rücken zum Kopf verläuft. Eine Energieblockade erkennt man, indem die Testperson versucht, ihren Körper nach hinten in Form eines Bogens zu überstrecken. Dazu hebt die Testperson zunächst das linke Bein an. Der Tester steht seitlich dem Körper zugewandt in Höhe des Hüftbereichs und legt seine linke Hand zur Stabilisierung auf das Kreuzbein. Seine rechte Hand liegt auf dem Oberschenkel, und während er die Testperson bittet, Gegendruck auszuüben, drückt er das Bein nach unten.

Ist der Muskelwiderstand schwach, werden die entsprechenden seelischen Blockaden losgelassen. Nach dem Loslassen den Test wiederholen, auch mit dem rechten Bein, um zu prüfen, ob der Muskelwiderstand jetzt stark ist und die Blockaden aufgelöst sind.
Eine weitere Möglichkeit zur Überprüfung des Blasenmeridians ist folgende (o.Abb.):
Der Tester bittet die Testperson, den Oberkörper anzuheben. Dann legt er eine Hand zur Stabilisierung auf das Kreuzbein. Die andere Hand liegt im oberen Bereich des Rückens, und während er die Testperson bittet, Gegendruck auszuüben, drückt er den Oberkörper herunter.

»ICH LASSE LOS allen Hass auf mich selbst, weil ich meine Energien und meine Macht missbraucht habe. Ich lasse los die Angst, es wieder zu tun und die Entscheidung, deshalb meine Macht und meine Kraft zu blockieren und ihnen nicht mehr zu vertrauen.
Ich nehme jetzt meine Kraft wieder an. Ich vertraue ihr, und ich vertraue mir selbst, dass ich sie nur in Liebe und Licht nutzen werde. Ich nehme sie jetzt wieder an.
Ich lasse los alle Flüche auf meine Macht und die Selbstanklagen, dass ich meine Macht missbraucht habe.
Ich bitte den ALLERHÖCHSTEN GEIST, alle Fluchenergien zu transformieren, und ich bitte um Vergebung für meinen Machtmissbrauch, und ich vergebe mir selbst.«

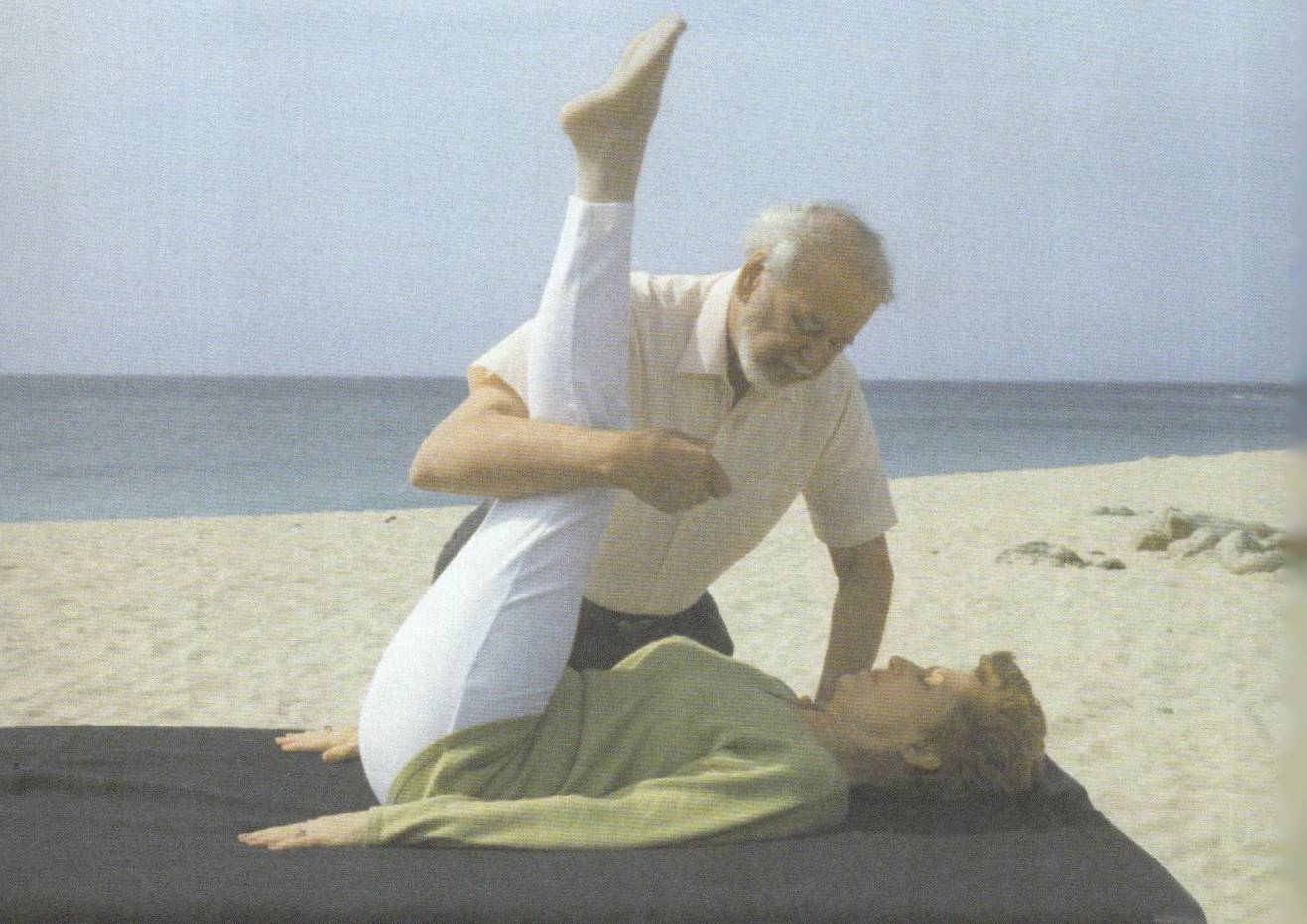

TEST DER UNTEREN RÜCKENMUSKULATUR I

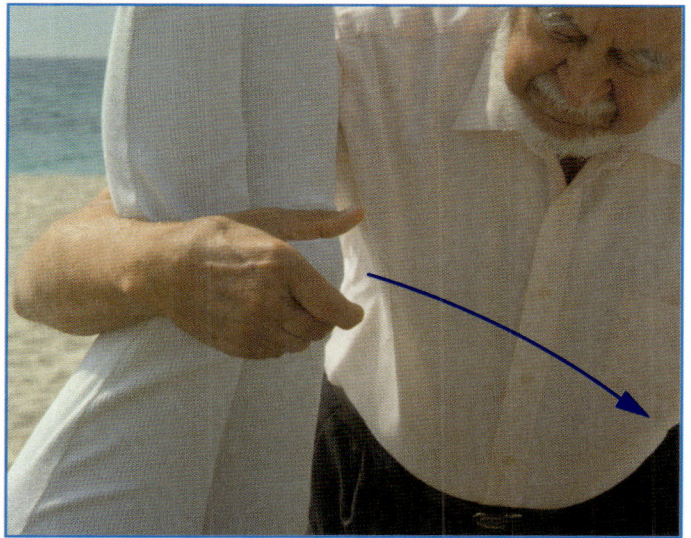

Die Testperson liegt auf dem Rücken und hebt beide Beine bis über die Senkrechte hinaus an. Der Tester steht seitlich im Bereich des Oberkörpers, der Testperson zugewandt, beugt sich leicht über sie und umfasst mit seinem rechten Arm die Beine, während seine linke Hand zur Stabilisierung das Schultergelenk umgreift. Er bittet die Testperson Gegendruck auszuüben, während er die Kraft seines ganzen Oberkörpers einsetzt, um die Beine zum Kopf hin nach vorn zu drücken, ohne dabei den Po anzuheben.

Ist der Muskelwiderstand schwach, werden die entsprechenden seelischen Blockaden losgelassen. Nach dem Loslassen den Test wiederholen, um zu prüfen, ob der Muskelwiderstand der betreffenden Muskulatur jetzt stark ist und die Blockaden aufgelöst sind.

Nach Isa's Erfahrung bessern sich viele Beschwerden im unteren Rückenbereich spontan durch diese Sitzung, und Röntgenaufnahmen haben belegt, dass sogar Wirbelsäulenverkrümmungen zurückgehen können.

»ICH LASSE LOS allen Hass
auf mich selbst, weil ich meine
Energien und meine Macht missbraucht habe.
Ich lasse los meine Entscheidung,
meine Macht in zwei Hälften zu
spalten. Ich lasse los die Angst,
meine Macht wieder zu missbrauchen und die Entscheidung,
sie zu blockieren und ihr nicht
mehr zu vertrauen.
Ich nehme jetzt meine Kraft wieder
an. Ich vertraue ihr, und ich vertraue mir selbst, dass ich sie nur in
Liebe und Licht nutzen werde. Ich
nehme sie jetzt wieder an.
Ich lasse los alle Flüche auf meine
Macht und die Selbstanklagen,
dass ich meine Macht missbraucht
habe. Ich bitte den ALLERHÖCHSTEN
GEIST, alle Fluchenergien zu transformieren, und ich bitte um Vergebung für meinen Machtmissbrauch, und ich vergebe mir selbst.«

TEST DER UNTEREN RÜCKENMUSKULATUR II

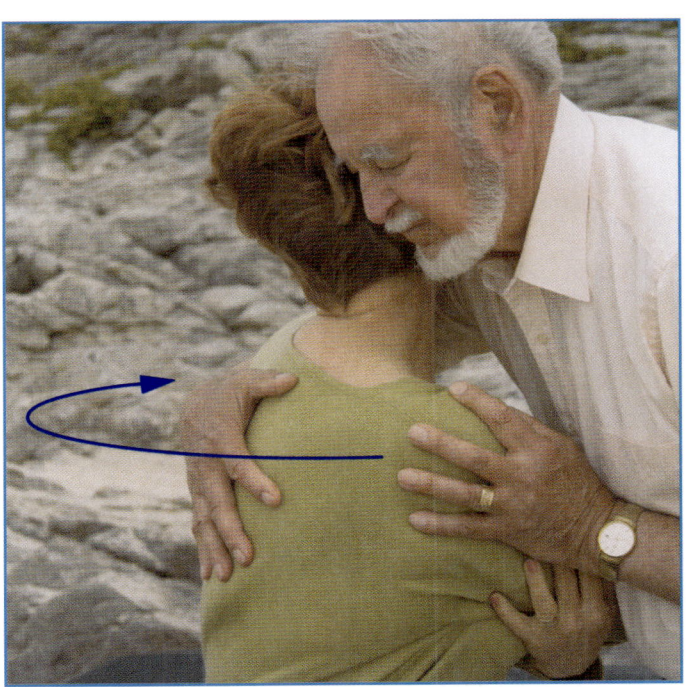

Die Testperson sitzt aufrecht und verschränkt ihre Arme vor dem Körper, wobei die linke Hand hinter den rechten Oberarm greift und die rechte Hand um den linken Oberarm. Der gesamte Oberkörper und der Kopf sind nach links außen gedreht.

Der Tester steht der Testperson gegenüber, stabilisiert mit seinen Beinen die Beine der Testperson und legt seinen rechten Arm um ihre linke Schulter. Seine linke Hand liegt auf der rechten Schulter der Testperson, und während er sie bittet, diese Linksdrehung zu halten, versucht er den Oberkörper nach rechts zu drehen.

Ist der Muskelwiderstand schwach, werden die entsprechenden seelischen Blockaden losgelassen. Nach dem Loslassen den Test wiederholen, auch für die andere Seite der Rückenmuskulatur, um zu prüfen, ob der Muskelwiderstand der betreffenden Muskulatur jetzt stark ist und die Blockaden aufgelöst sind.

»ICH LASSE LOS meine Mutlosigkeit, weil ich bei allem, was ich versucht habe, gescheitert bin. Ich lasse los, mich deshalb zu verachten und das Gefühl, immer zu versagen. Ich erkenne, dass ich jederzeit das Beste gegeben habe, das mir bei all den Programmierungen möglich war. Ich entscheide mich jetzt dafür, das Gefühl der Unzulänglichkeit und die Machtlosigkeit loszulassen und in meiner Entwicklung weiterzugehen.

Ich lasse los meinen Mangel an Mut weiterzumachen. Ich lasse los aufgeben zu wollen und meine Angst vor dem Leben, so wie es ist.

Ich treffe jetzt eine neue Entscheidung, mein wahres Selbst einzubringen und dazu einzuladen, mein Leben in die Hand zu nehmen und zu führen, um das zu tun, wofür ich hierher gekommen bin.

Ich bitte den ALLERHÖCHSTEN GEIST um all das, was ich brauche, und ich öffne mich dafür, es anzunehmen und zu leben. Ich erlaube meinem alten, falschen Selbst zu sterben und schenke ihm keinerlei Aufmerksamkeit mehr.«

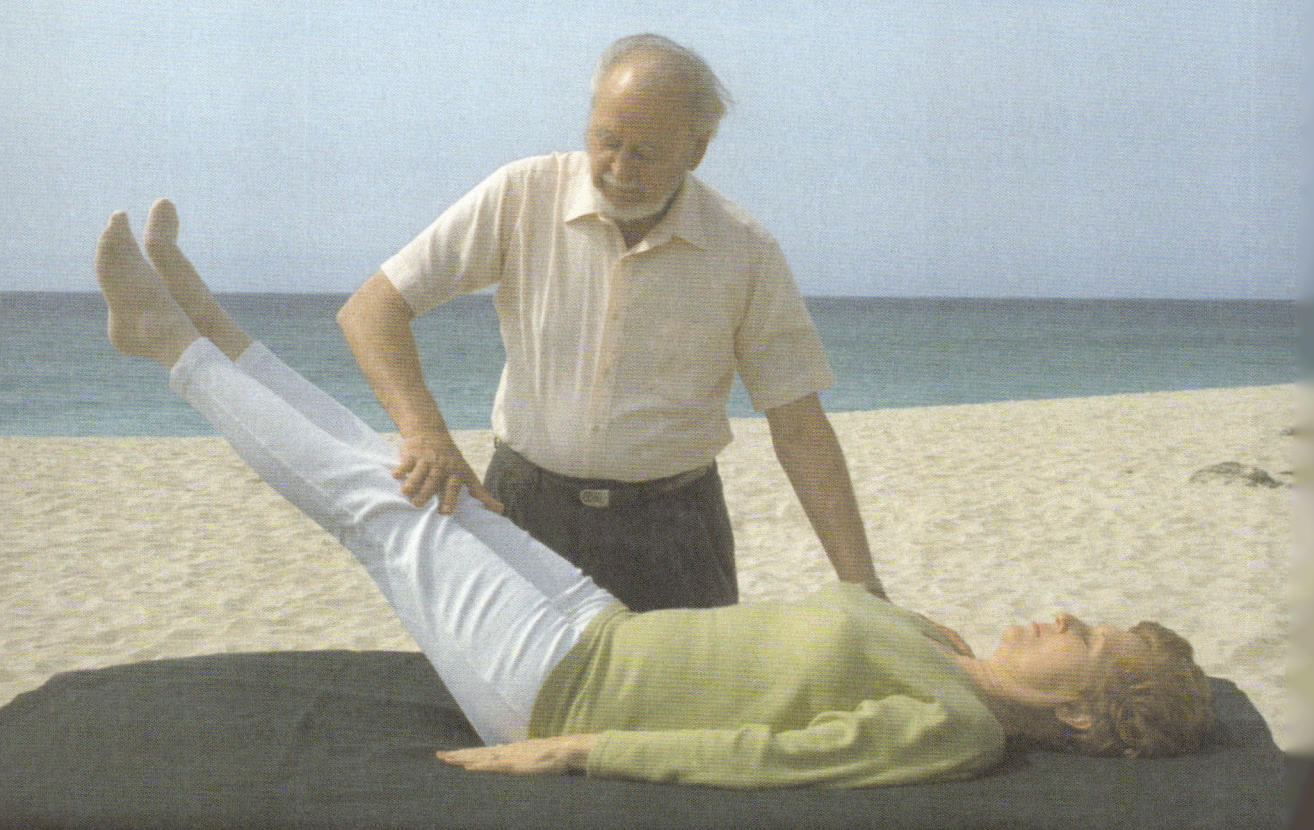

TEST DER UNTEREN BAUCHMUSKULATUR

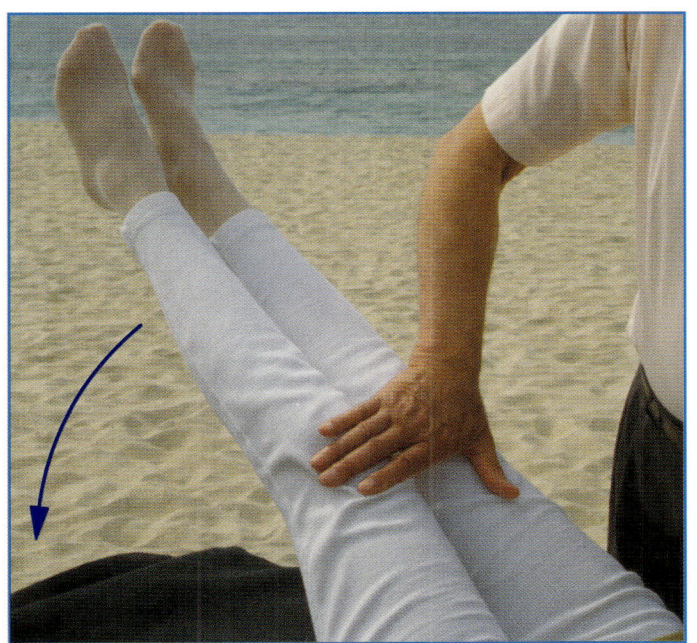

Die Testperson liegt auf dem Rücken und hebt die Beine auf 45 Grad an. Der Tester steht seitlich in Höhe des Hüft- und Kniebereichs und legt die linke Hand zur Stabilisierung auf die rechte Schulter der Testperson. Während er sie bittet Gegendruck auszuüben, drückt er mit der rechten Hand sanft die Beine nach unten.

Bei diesem Muskeltest ist meist nur sehr wenig Druck nötig, manchmal hat die Testperson schon Schwierigkeiten, überhaupt die Beine in dieser Position zu halten. Dies ist dann ebenfalls als positives Testergebnis anzusehen.

Ist der Muskelwiderstand schwach, werden die entsprechenden seelischen Blockaden losgelassen. Nach dem Loslassen den Test wiederholen, um zu prüfen, ob der Muskelwiderstand der betreffenden Muskulatur jetzt stark ist und die Blockaden aufgelöst sind.

Die Kraft kehrt oft in so starkem Ausmaß zurück, dass die Testperson bei diesem zweiten Test in die Sitzposition gezogen wird.

*»ICH LASSE LOS alle genetischen Neigungen
und Dispositionen zu Herzschwäche der letzten
vier Generationen meiner Familie.
Ich lasse los allen Schmerz, als mir in früheren
Zeiten das Herz gebrochen ist, und ich heile mich
jetzt selbst.
Ich lasse los, mich für die Herzlosigkeit meiner
früheren Taten selbst anzuklagen und zu bestrafen.
Ich öffne mein Herz, um alles im Leben zu lieben.
Und ich lasse los allen Widerstand dagegen, in
einem Körper zu sein und den Versuch, ihn zu
zerstören.«*

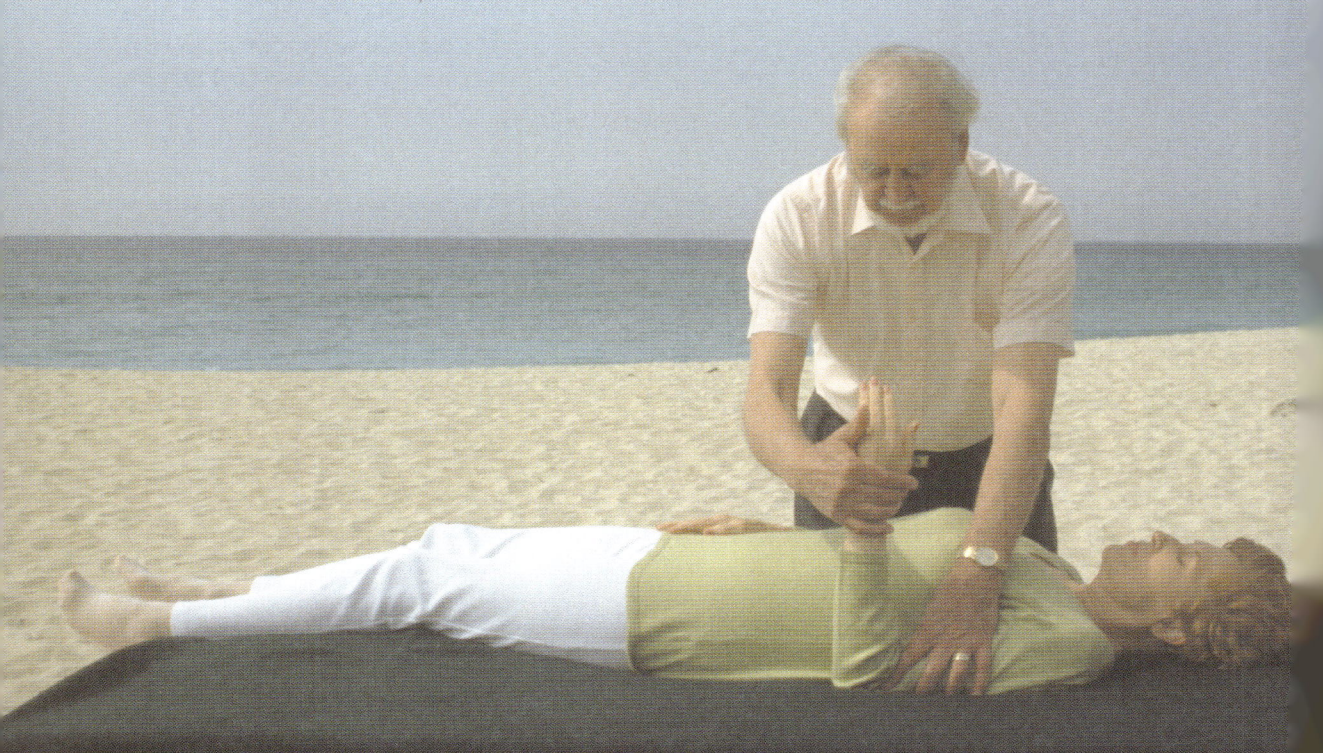

HERZTEST

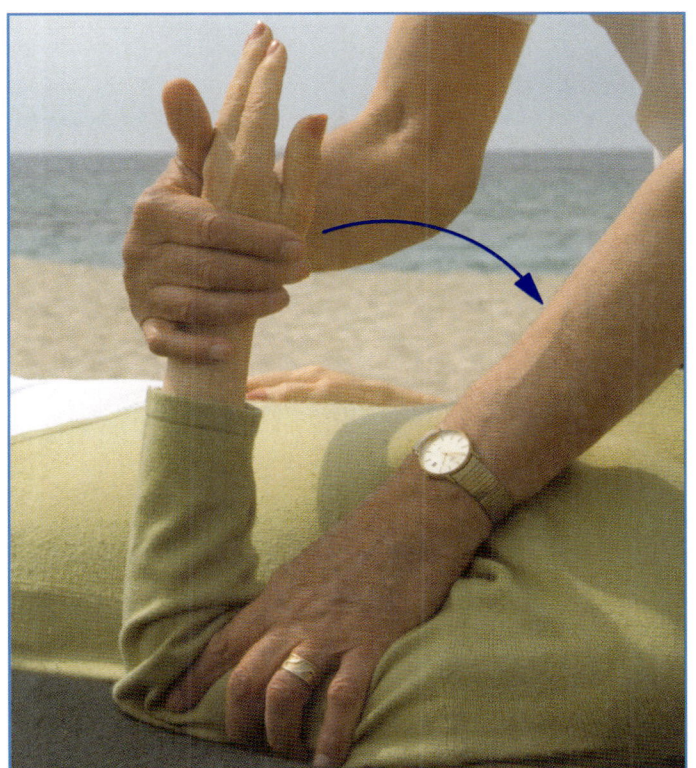

Die Testperson liegt auf dem Rücken. Der linke Arm liegt am Körper an, der Unterarm wird senkrecht angewinkelt.
Der Tester steht auf der gegenüberliegenden Seite und stabilisiert mit seiner linken Hand den Ellbogen der Testperson. Seine rechte Hand umfasst das Handgelenk, und während er die Testperson bittet, Gegendruck auszuüben, zieht er den Unterarm zu sich herüber.

Ist der Muskelwiderstand schwach, werden die entsprechenden seelischen Blockaden losgelassen. Nach dem Loslassen den Test wiederholen, um zu prüfen, ob der Muskelwiderstand der betreffenden Muskulatur jetzt stark ist und die Blockaden aufgelöst sind.

»ICH LASSE LOS alle Wut auf das Leben.
Ich lasse los all meine selbstzerstörerischen Neigungen.«

Vielleicht ist sich die Testperson darüber im Klaren, gegen wen oder was sich ihre Wut richtet. Dann ist es wichtig, die entsprechende Releasing-Aussage zu formulieren. Durch gedankliche Visualisierung der Person, gegen die sich der Ärger richtet, kann diese direkt angesprochen werden. Die Testperson kann alle bisher unausgesprochenen Gedanken und Gefühle gegenüber dieser Person ausdrücken und loslassen.
Häufig richtet sich die Wut aber gegen das Leben selbst, weil es einem nicht gibt, was man möchte.

Nach Isa's Erfahrung verursacht Wut auf das Leben sowohl akute als auch chronische Schulterbeschwerden.

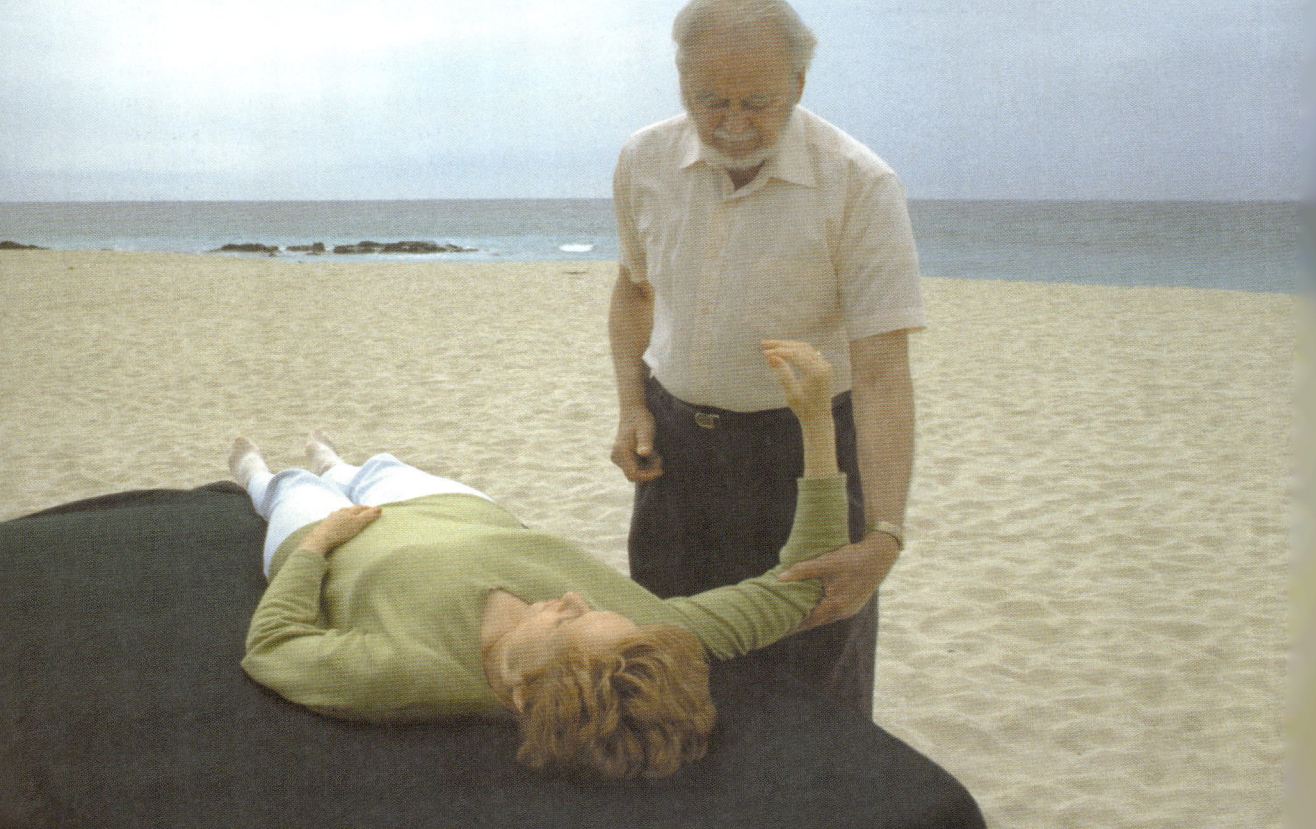

LUNGENMERIDIANTEST

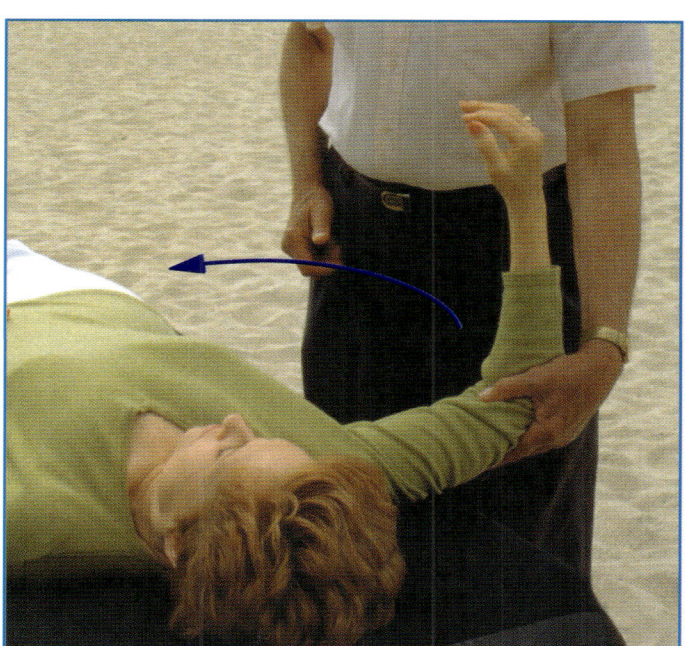

Die Testperson liegt auf dem Rücken (sie kann auch sitzen oder aufrecht stehen). Der rechte Arm wird seitlich ausgestreckt, der Unterarm senkrecht nach oben angewinkelt. Der Tester kann seine rechte Hand zur Stabilisierung auf die Hüfte der Testperson legen. Seine linke Hand umfasst den Ellbogen der Testperson, und während er sie bittet, Gegendruck auszuüben, zieht er den Arm mit sanftem Druck zum Körper hin.

Ist der Muskelwiderstand schwach, werden die entsprechenden seelischen Blockaden losgelassen. Nach dem Loslassen den Test wiederholen, auch mit dem linken Arm, um zu prüfen, ob der Muskelwiderstand der betreffenden Muskulatur jetzt stark ist und die Blockaden aufgelöst sind. Releasing fortsetzen, bis der Muskelwiderstand stark ist und die Schulterpartie sich normal anfühlt.

»ICH LASSE LOS allen Selbstekel und alle Angst.
Ich lasse los, mich selbst zu verabscheuen, weil ich
zugelassen habe, dunkle Energien in mir aufzunehmen. Ich lasse los alle Ängste vor diesen
Energien und davor, dass sie mich kontrollieren.
Ich lasse los, mich deshalb selbst anzuklagen und
zu verurteilen.
Ich lasse los, der Welt zu erlauben, Druck auf mich
auszuüben. Ich lasse los alle Schuldgefühle, weil ich
nicht die Verantwortung für mein Leben übernommen habe.«

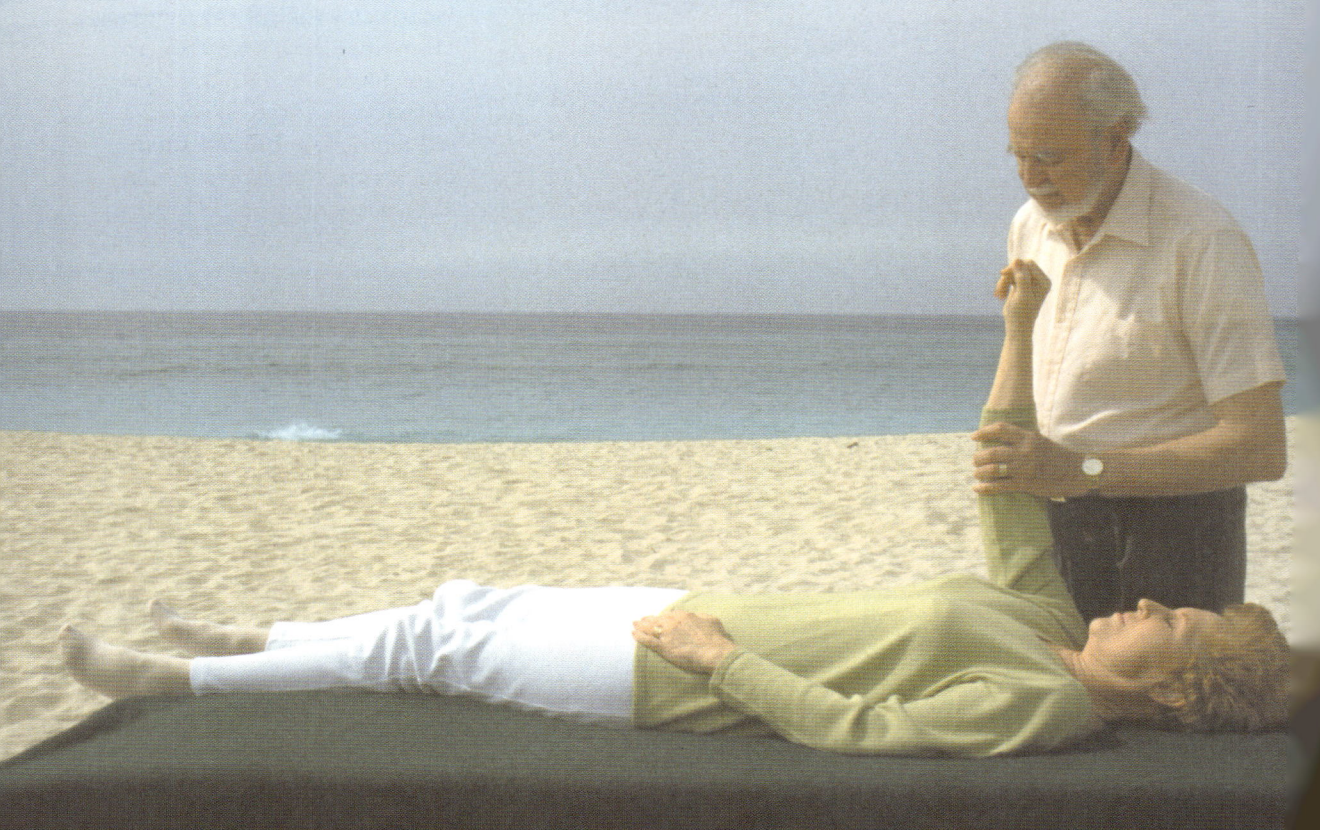

MAGENTEST

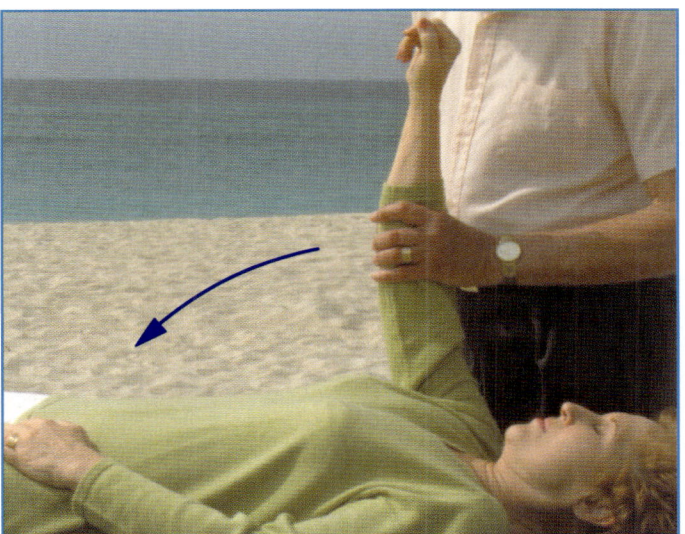

Die Testperson liegt auf dem Rücken (sie kann auch sitzen oder aufrecht stehen). Der rechte Arm wird senkrecht nach oben angehoben.
Der Tester kann seine rechte Hand zur Stabilisierung auf die Hüfte der Testperson legen. Seine linke Hand umfasst den Arm der Testperson in Höhe des Ellbogens, und während er sie bittet, Gegendruck auszuüben, drückt er den Arm zum Körper herunter.

Ist der Muskelwiderstand schwach, werden die entsprechenden seelischen Blockaden losgelassen. Nach dem Loslassen den Test wiederholen, auch mit dem linken Arm, um zu prüfen, ob der Muskelwiderstand der betreffenden Muskulatur jetzt stark ist und die Blockaden aufgelöst sind.

»*ICH LASSE LOS alle Gefühle der Überverantwortung, der Hoffnungslosigkeit, der Hilflosigkeit dem Leben gegenüber und das Gefühl, aufgeben zu wollen. Ich vergegenwärtige mir, dass ich als göttliches Wesen niemals ohne Hoffnung und ohne Hilfe bin. Wenn ich diese Wirklichkeit meines göttlichen Wesens innerlich bejahe, gibt es immer eine Lösung, und ich entscheide mich jetzt dafür, sie in mir zu finden.*«

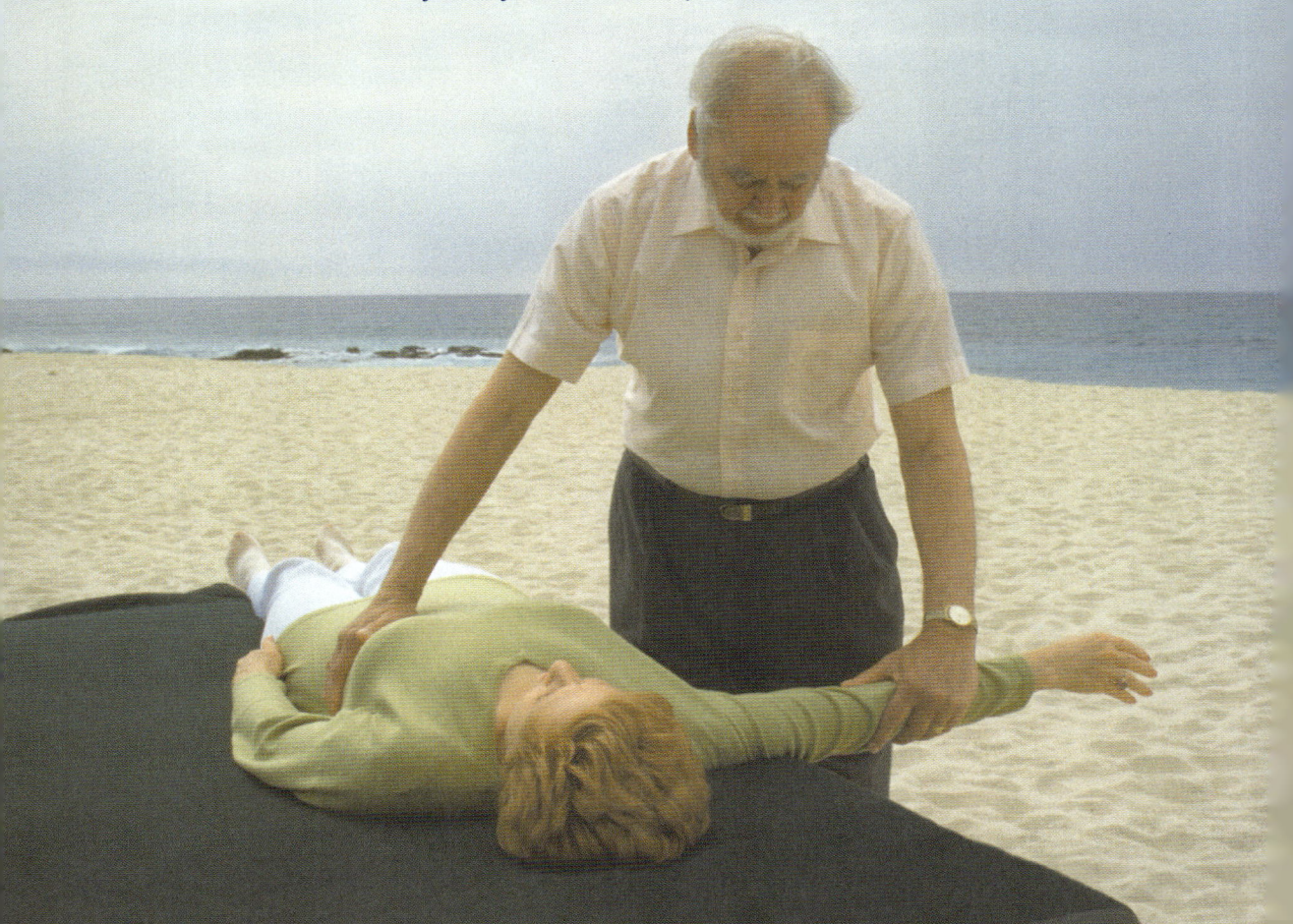

TRAPEZMUSKELTEST I

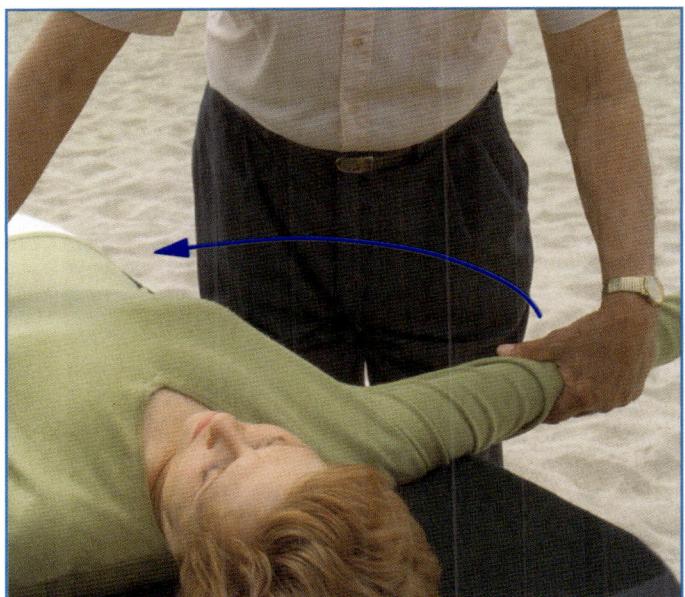

Der Trapezmuskel verläuft von der Schulter zum Nacken und ist oft im Nackenbereich verspannt. Die Testperson liegt auf dem Rücken (sie kann auch sitzen oder aufrecht stehen). Der rechte Arm wird seitlich ausgestreckt.

Der Tester legt seine rechte Hand zur Stabilisierung auf die Hüfte der Testperson. Seine linke Hand umfasst den Arm der Testperson in Höhe des Ellbogens, und während er die Testperson bittet, Gegendruck auszuüben, zieht er den Arm zum Körper hin.

Ist der Muskelwiderstand schwach, werden die entsprechenden seelischen Blockaden losgelassen. Nach dem Loslassen den Test wiederholen, auch mit dem linken Arm, um zu prüfen, ob der Muskelwiderstand der betreffenden Muskulatur jetzt stark ist und die Blockaden aufgelöst sind.

»*ICH LASSE LOS, mich vom Leben
überfordert und erdrückt zu fühlen.*«

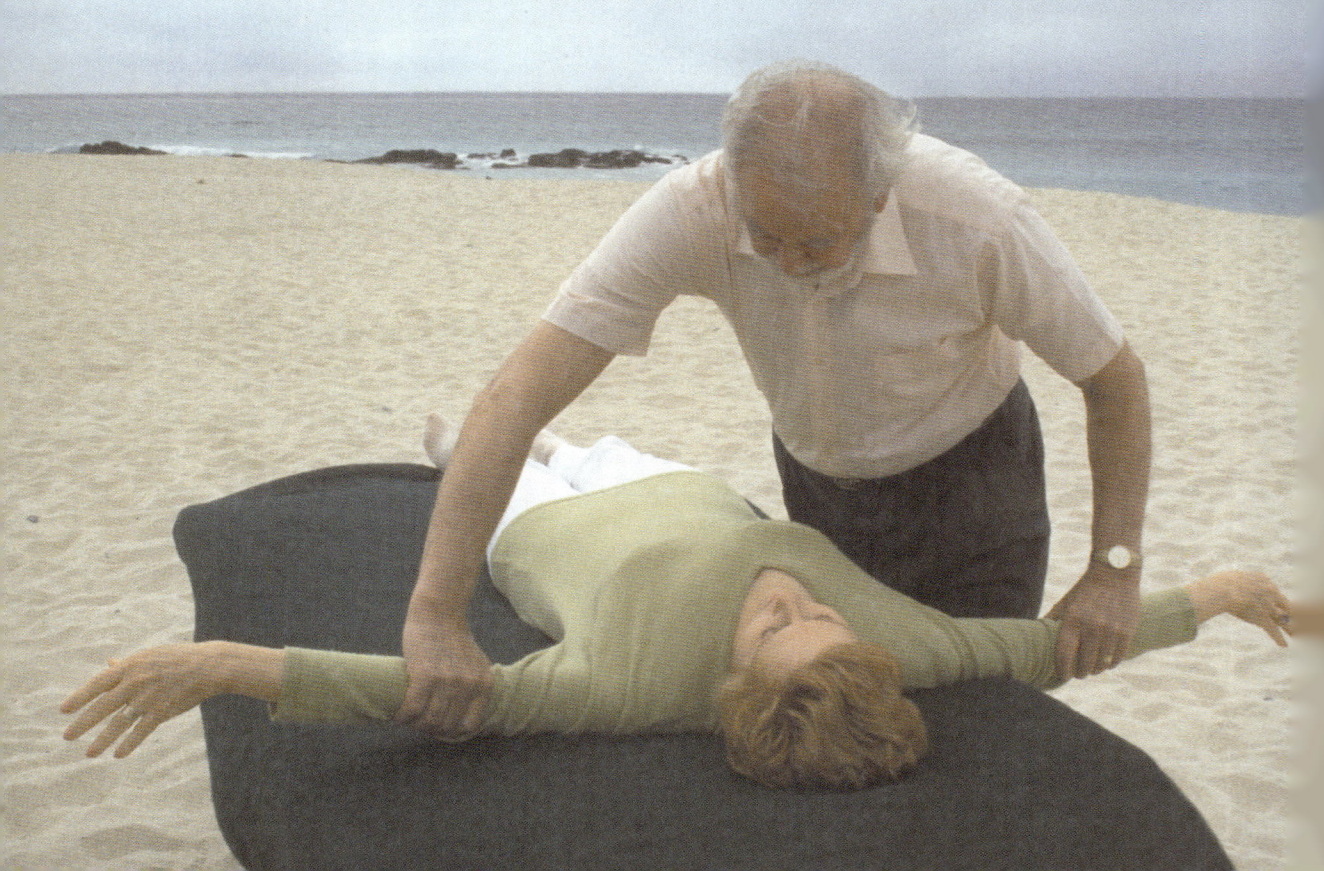

TRAPEZMUSKELTEST II

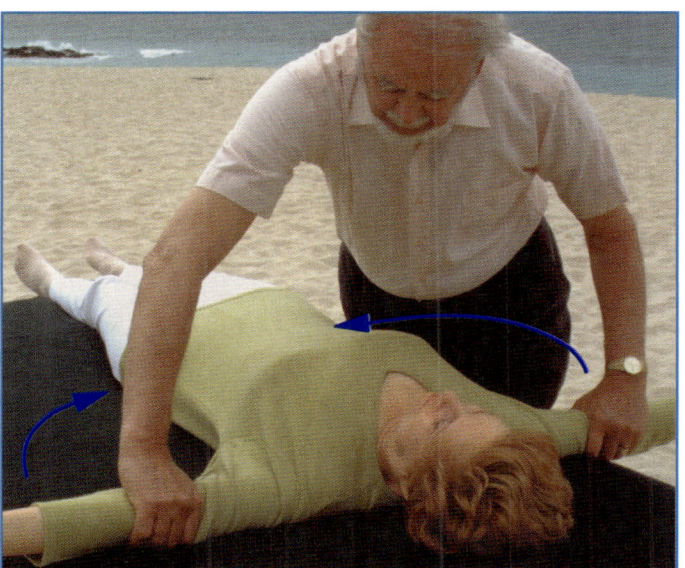

Die Testperson liegt auf dem Rücken (sie kann auch sitzen oder aufrecht stehen) und streckt beide Arme seitlich aus, die Handflächen weisen nach unten zum Körper. Der Tester steht seitlich des Oberkörpers der Testperson (bzw. ihr gegenüber), legt seine Hände oberhalb der Ellbogen auf die Arme der Testperson, und während er sie bittet, Gegendruck auszuüben, drückt er die Arme zum Körper herunter.

Ist der Muskelwiderstand schwach, werden die entsprechenden seelischen Blockaden losgelassen. Nach dem Loslassen den Test wiederholen, um zu prüfen, ob der Muskelwiderstand der betreffenden Muskulatur jetzt stark ist und die Blockaden aufgelöst sind.

Männliche Testperson

»ICH LASSE LOS allen Hass darauf, dass ich meine männlichen Energien Frauen gegenüber missbraucht habe – in früheren Leben, in diesem Leben bzw. in anderen Dimensionen und Ebenen. Ich lasse los, meinen männlichen Körper und meine männlichen Energien deshalb zerstören und bestrafen zu wollen. Ich lasse los, mich dafür zu verurteilen und anzuklagen und mich als Mann dafür zu hassen, dass ich in der Vergangenheit Frauen missbraucht und vergewaltigt habe. Ich lasse los meine Entscheidung, mich selbst zu bestrafen, weil ich Frauen missbraucht habe.«

Weibliche Testperson

»ICH LASSE LOS allen Widerstand dagegen, Kinder zu bekommen und die Angst vor den Schmerzen bei der Geburt. Ich lasse los, es als unfair zu empfinden, immer und immer wieder als Frau durch diese Schmerzen gehen zu müssen. Ich lasse los alle diesbezüglichen Programmierungen aus früheren Leben, in denen ich eine große Familie hatte, immerzu schwanger war und keine Ruhe fand. Ich lasse los das Gefühl der Hoffnungslosigkeit über meine Situation als Frau. Ich erkenne es als Privileg und Geschenk an, durch meinen Körper Leben zu schenken, und ich nehme es mit Freude und als Erfüllung meines Lebens an.«

Wenn die Muskulatur weiterhin schwach bleibt
»ICH LASSE LOS alle genetischen Dispositionen für eine Schwäche der Fortpflanzungsorgane der letzten vier Generationen meiner Familie.«

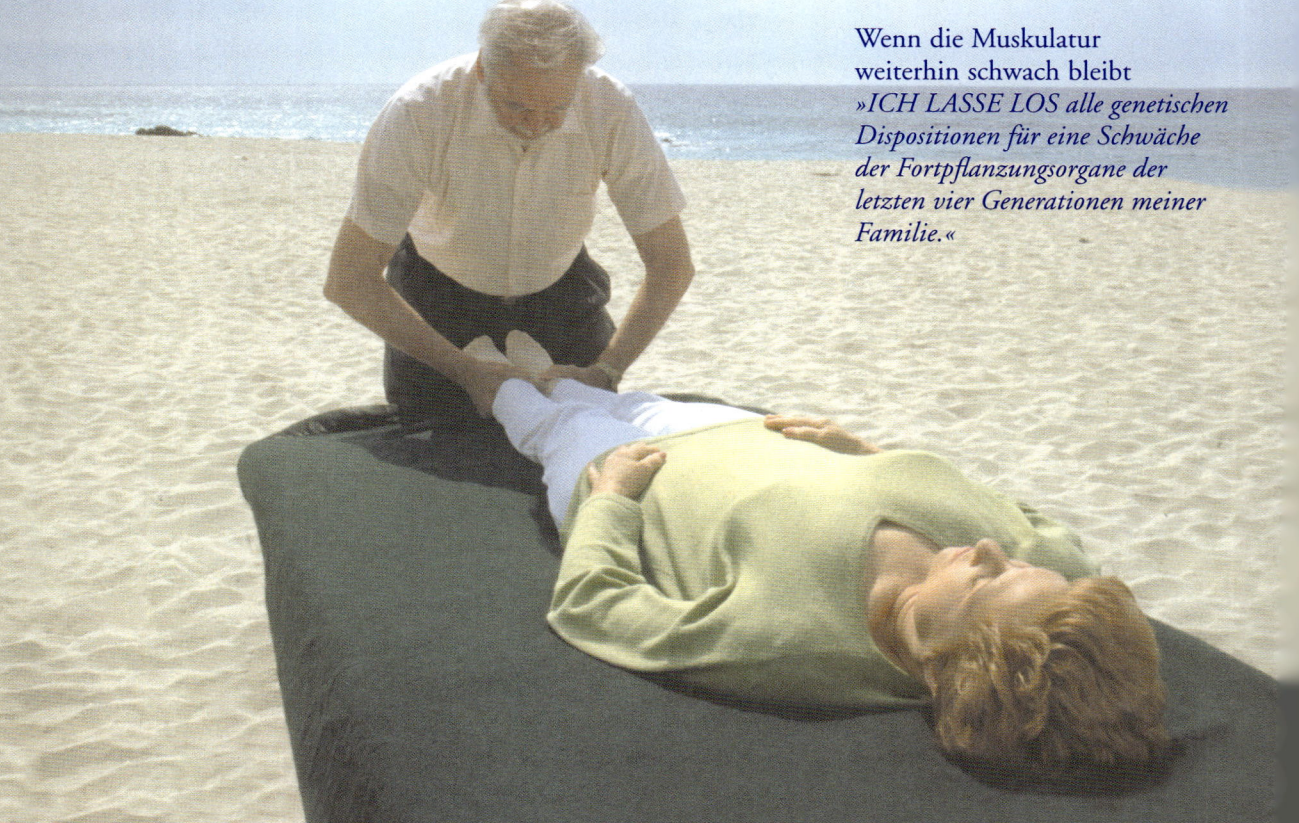

HODEN-PROSTATA-GEBÄRMUTTER-TEST

Die Testperson liegt auf dem Rücken. Die Beine sind ausgestreckt, die Fersen liegen aneinander. Der Tester steht am Fußende, umfasst mit den Händen die Fußgelenke, und während die Testperson versucht, die Fersen gegeneinander zu pressen, zieht der Tester die Beine sanft auseinander.

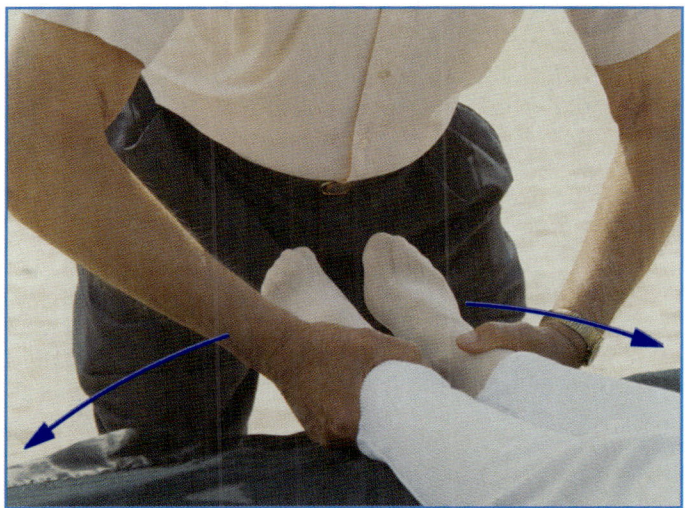

Ist der Muskelwiderstand schwach, werden die entsprechenden seelischen Blockaden losgelassen. Nach dem Loslassen den Test wiederholen, um zu prüfen, ob der Muskelwiderstand der betreffenden Muskulatur jetzt stark ist und die Blockaden aufgelöst sind.

»ICH LASSE LOS allen Hass auf weibliche Körper und den Wunsch, sie zu zerstören. Ich lasse los, es leid zu sein, in weiblichen Körpern zu sein und den Wunsch, sie bestrafen zu wollen.«

Wenn noch keine Erleuchtung spürbar ist, genetisches Releasing anwenden:

»ICH LASSE LOS alle genetischen Dispositionen zu schwachen Eierstöcken der letzten vier Generationen meiner Familie.«

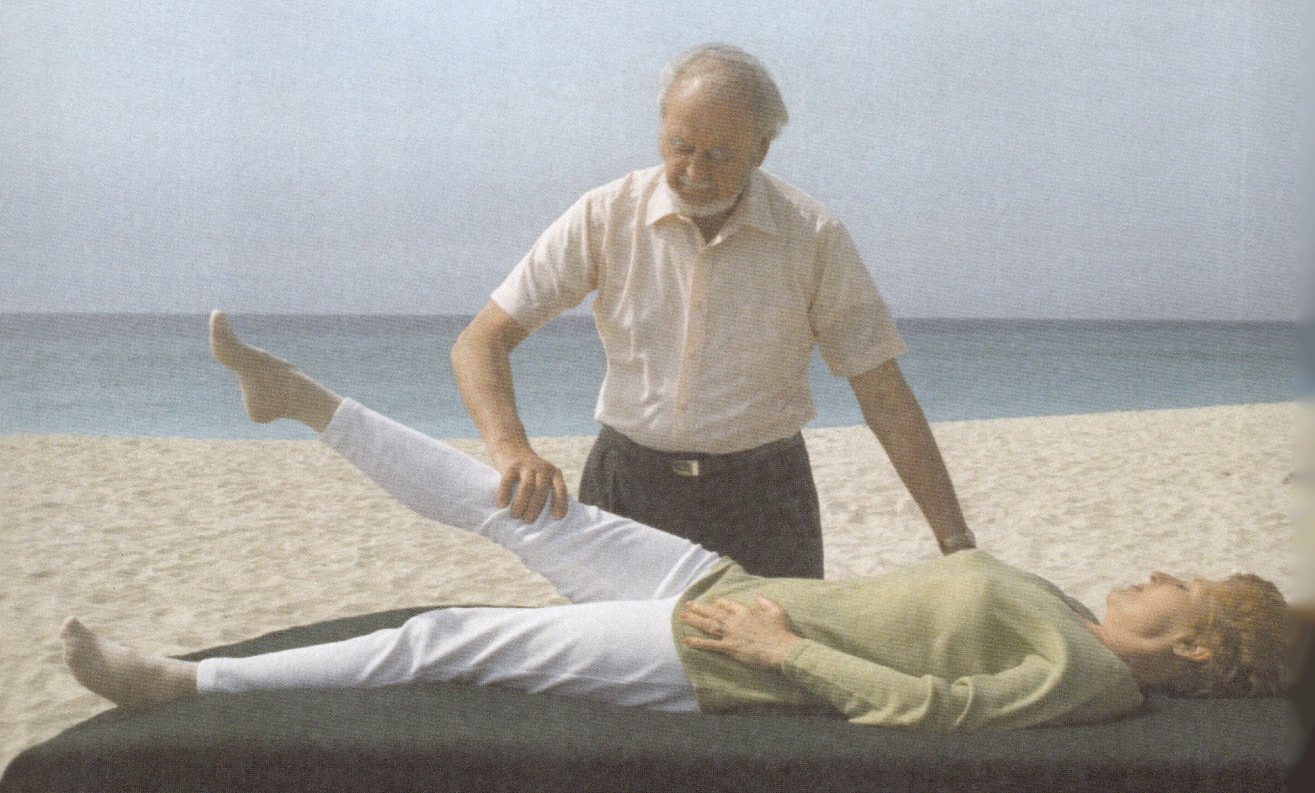

TEST DER EIERSTÖCKE

Die Testperson liegt auf dem Rücken. Die Beine sind ausgestreckt. Das rechte Bein wird ca. 30 Grad angehoben und der Fuß leicht nach innen gedreht. Der Tester steht auf der rechten Seite dem Körper zugewandt. Seine linke Hand liegt zur Stabilisierung auf der linken Schulter. Seine rechte Hand liegt auf dem Knie, und während er die Testperson bittet, Gegendruck auszuüben, drückt er das Bein nach unten und innen.

Ist der Muskelwiderstand schwach, werden die entsprechenden seelischen Blockaden losgelassen. Nach dem Loslassen den Test wiederholen, auch mit dem linken Bein, um zu prüfen, ob der Muskelwiderstand der betreffenden Muskulatur jetzt stark ist und die Blockaden aufgelöst.

»ICH LASSE LOS das Gefühl, nicht der sein zu dürfen, der ich bin. Ich lasse los Wut und Hass auf diejenigen, die meinen Lebensausdruck beschränken und begrenzen wollen, und ich befreie mich jetzt, um der zu sein, der ich bin.
Ich lasse los Ärger und Hass auf mich selbst, Ungeduld mit mir selbst. Und ich lasse los, mir selbst das zu versagen, was ich will und brauche. Ich entscheide mich jetzt dafür, mich selbst zu akzeptieren und zu lieben, genauso wie ich bin, und ich öffne mich dafür, dass meine Bedürfnisse erfüllt werden.«

DICKDARMTEST

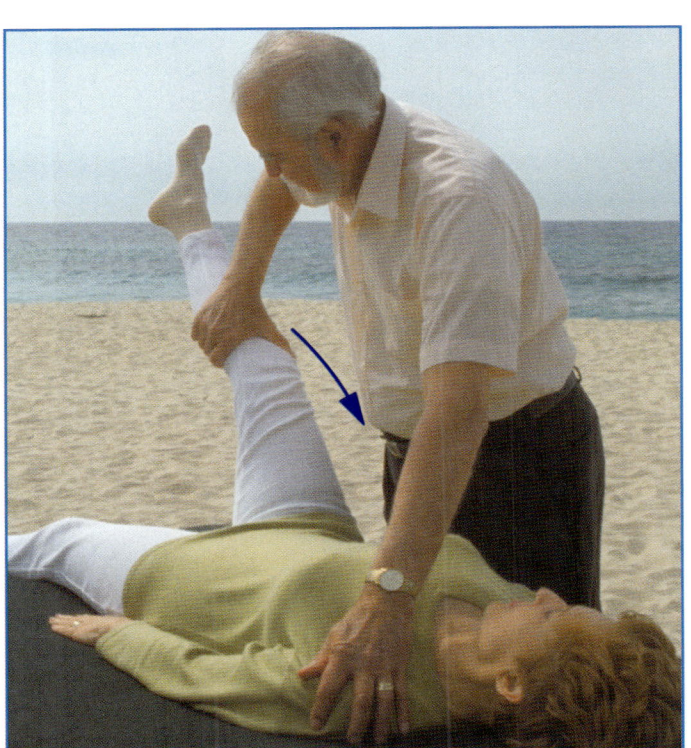

Die Testperson liegt auf dem Rücken. Die Beine sind ausgestreckt. Das rechte Bein wird ca. 30 Grad angehoben und der Fuß nach außen gedreht. Der Tester steht auf der rechten Seite dem Körper zugewandt. Seine linke Hand liegt zur Stabilisierung auf der linken Schulter. Seine rechte Hand liegt innen am Knie bzw. am Unterschenkel, und während er die Testperson bittet, Gegendruck auszuüben, drückt er zugleich nach unten und außen.

Ist der Muskelwiderstand schwach, werden die entsprechenden seelischen Blockaden losgelassen. Nach dem Loslassen den Test wiederholen, auch mit dem linken Bein, um zu prüfen, ob der Muskelwiderstand der betreffenden Muskulatur jetzt stark ist und die Blockaden aufgelöst.

»ICH LASSE LOS allen Ärger auf das Leben, weil es mich blockiert und daran hindert, das zu tun, was ich tun will. Ich lasse los die Gefühle der Hilflosigkeit, Ohnmacht und Verzweiflung. Ich lasse los, mich selbst zu verachten und anzuklagen.
Ich lasse los alle Gefühle von Vergeblichkeit und Wertlosigkeit gegenüber meinem Leben.«

Ist der Muskelwiderstand immer noch schwach, sollte es der Tester mit genetischem Releasing versuchen:
»ICH LASSE LOS alle genetischen Dispositionen für eine Schwäche des Dünndarms der letzten vier Generationen meiner Familie.«

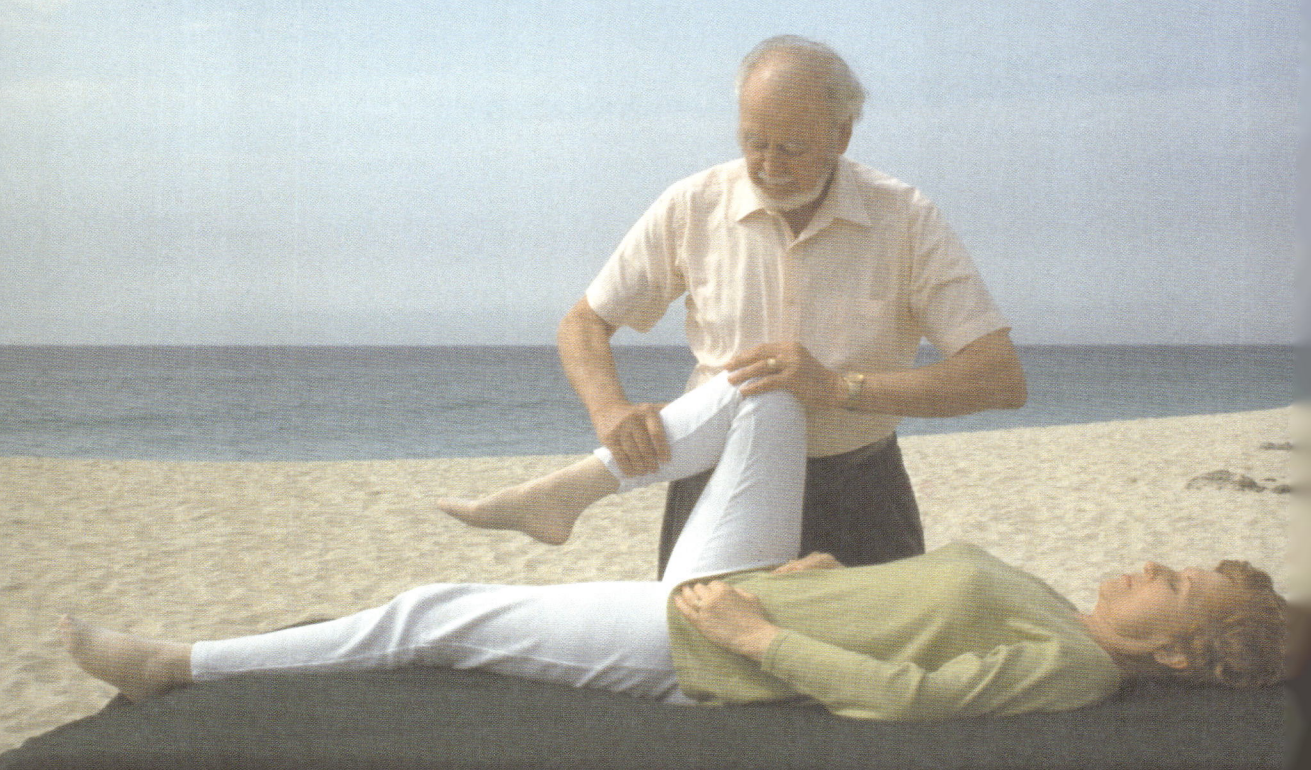

DÜNNDARMTEST

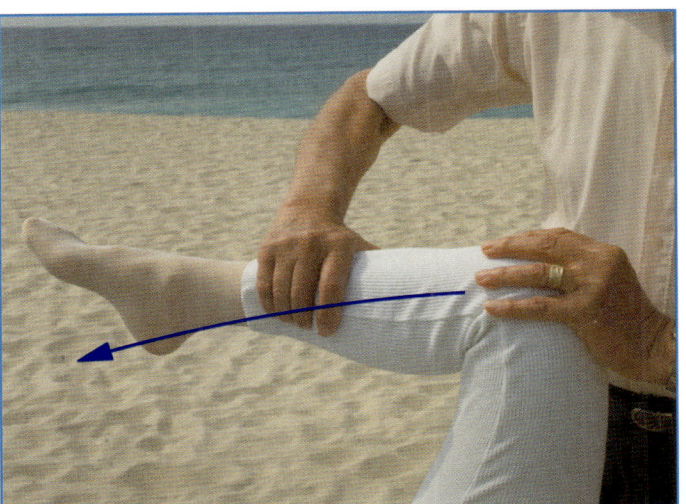

Die Testperson liegt auf dem Rücken. Das rechte Bein wird senkrecht angehoben, im Kniegelenk angewinkelt. Der Tester steht auf derselben Seite, dem Körper zugewandt in Höhe des Hüftbereichs. Er legt seine linke Hand auf das Knie, und während er die Testperson bittet, Gegendruck auszuüben, drückt er das Bein nach unten in die Waagerechte.

Ist der Muskelwiderstand schwach, werden die entsprechenden seelischen Blockaden losgelassen. Nach dem Loslassen den Test wiederholen, auch mit dem linken Bein, um zu prüfen, ob der Muskelwiderstand der betreffenden Muskulatur jetzt stark ist und die Blockaden aufgelöst sind. Um das linke Bein zu testen, kann der Tester auf derselben Seite stehenbleiben und sich zum linken Knie herüberbeugen.

»ICH LASSE LOS meinen Hass und Widerstand, in einem Körper sein zu müssen und mich mit dieser irdischen Dimension, in der nichts im Gleichgewicht ist, immer und immer wieder auseinandersetzen zu müssen. Ich lasse los allen Hass auf Körper und auf die Beschränkungen, die uns dadurch auferlegt sind.
Ich lasse los meinen Ärger und Hass auf GOTT, weil er mich vorwärtsdrängt, wenn ich gar nicht bereit dazu bin und dass er mich in diese Dimension gestoßen hat, um etwas zu tun, was ich nicht tun will. Ich bitte dafür um Vergebung, und ich vergebe mir selbst dafür. Und ich öffne mich jetzt dafür, meine Wahrheit zu erkennen, nach ihr zu leben und mein Bestes dafür zu geben. Ich nehme meinen Körper jetzt als Geschenk meines SCHÖPFERS, des ALLERHÖCHSTEN GEISTES, an. Ich entschließe mich, ihn zu lieben, aus meinen Erfahrungen im Körper zu lernen, und Freude am Leben zu haben.«

Ist der Muskelwiderstand immer noch schwach, sollte es der Tester mit genetischem Releasing versuchen: *»ICH LASSE LOS alle genetischen Dispositionen für eine Schwäche der Leber der letzten vier Generationen meiner Familie.«*

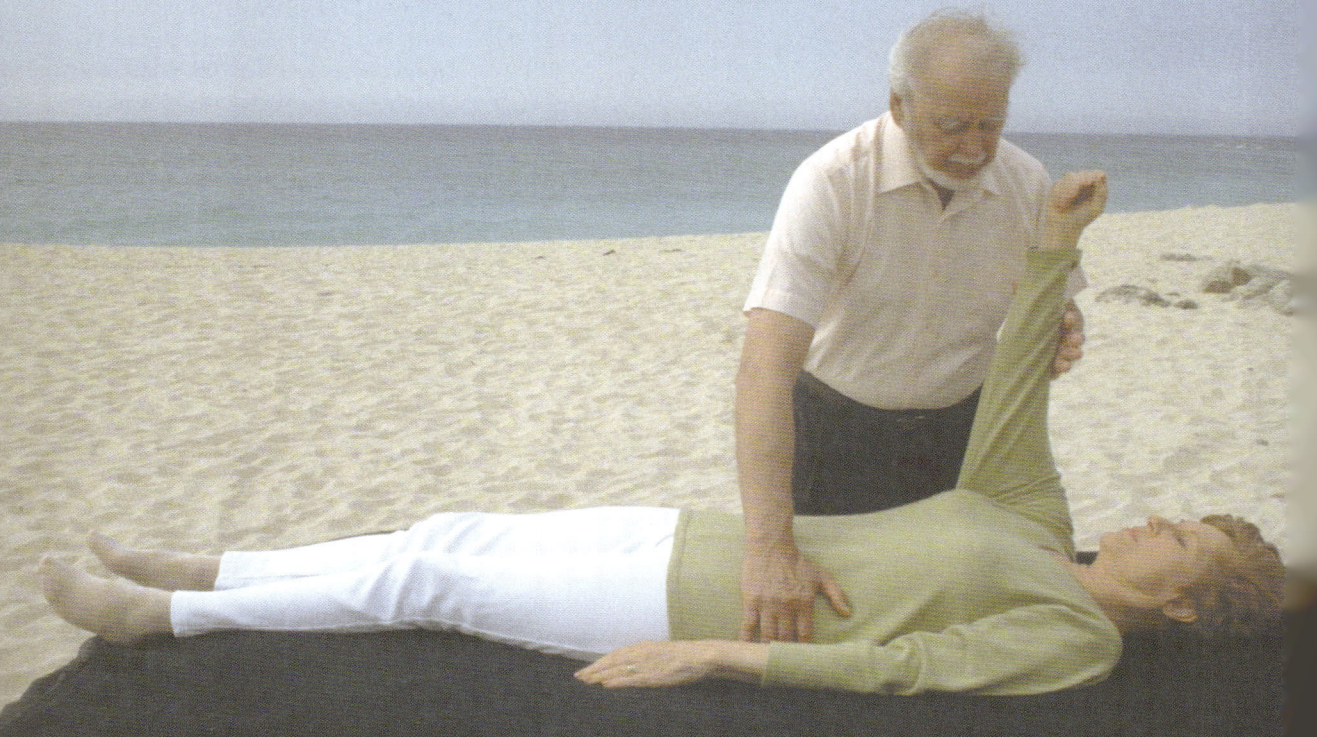

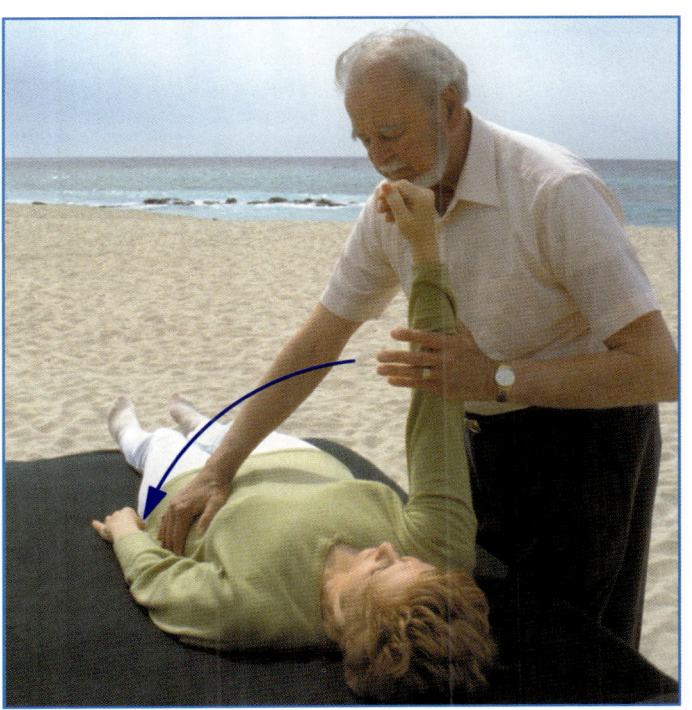

Die Testperson liegt auf dem Rücken. Der rechte Arm ist senkrecht angehoben, die Handfläche weist nach innen. Der Tester steht auf derselben Seite dem Körper zugewandt in Höhe des Schulterbereichs. Seine linke Hand umfasst den ausgestreckten Arm der Testperson oberhalb des Ellbogens, und während er die Testperson bittet, Gegendruck auszuüben, drückt er den Arm zur linken Seite des Körpers hinüber.

Ist der Muskelwiderstand schwach, werden die entsprechenden seelischen Blockaden losgelassen. Nach dem Loslassen den Test wiederholen, um zu prüfen, ob der Muskelwiderstand der betreffenden Muskulatur jetzt stark ist und die Blockaden aufgelöst sind.

*»ICH LASSE LOS, alle früheren Entscheidungen, auch
aus vergangenen Leben, meinen Körper mit Hypoglycämie
(Unterzuckerung) zu bestrafen. Ich lasse los alle Schuldgefühle,
Selbstanklagen und Selbstbestrafungen, weil ich in früheren
Leben über die Maßen Süßigkeiten konsumiert habe.
Ich lasse los alle genetischen Dispositionen zu Hypoglycämie
der letzten vier Generationen, die väterlicher- und
mütterlicherseits in meiner Familie weitervererbt wurden.
Ich vergebe mir selbst und öffne mich für die Heilung.«*

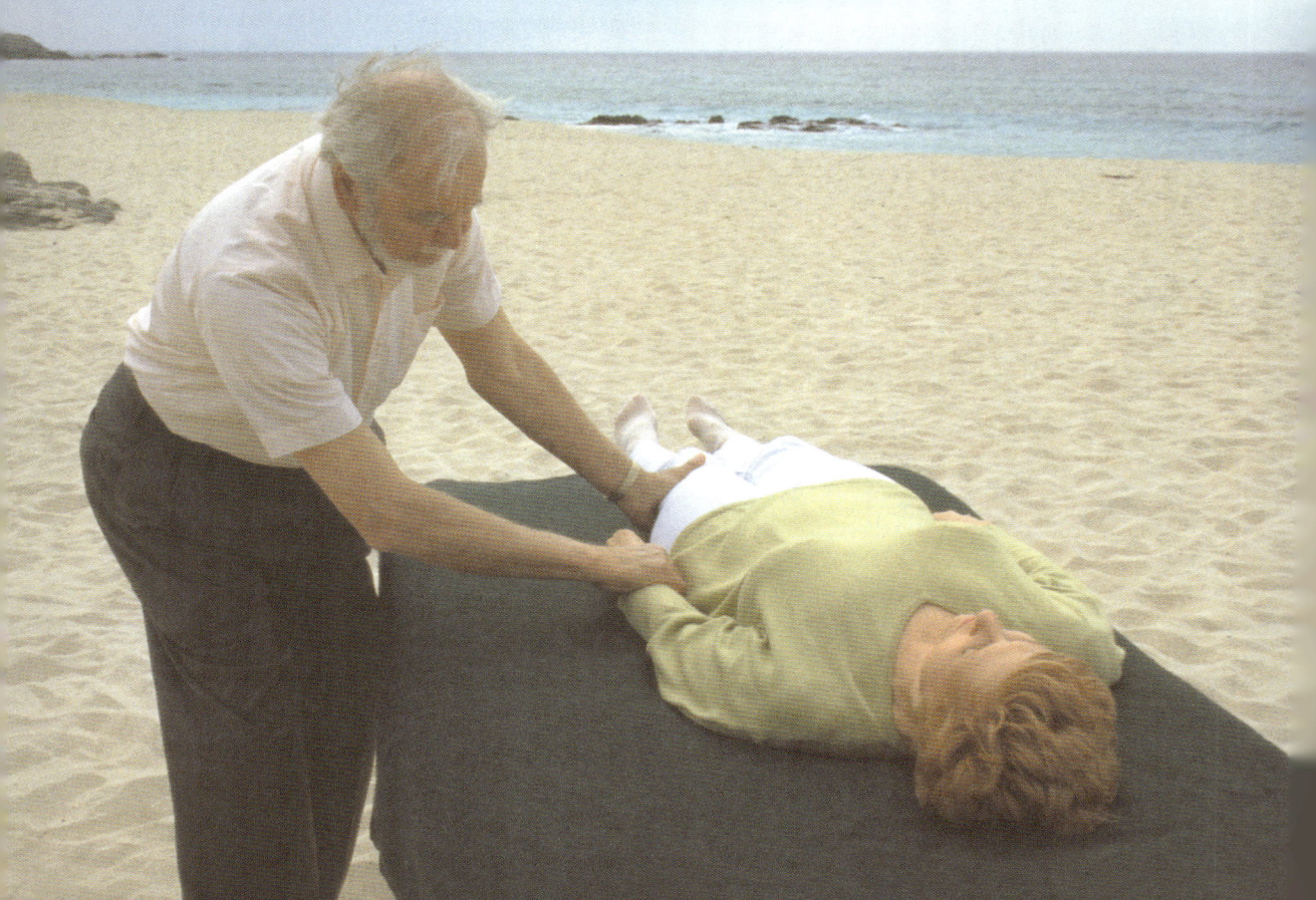

PANKREASTEST

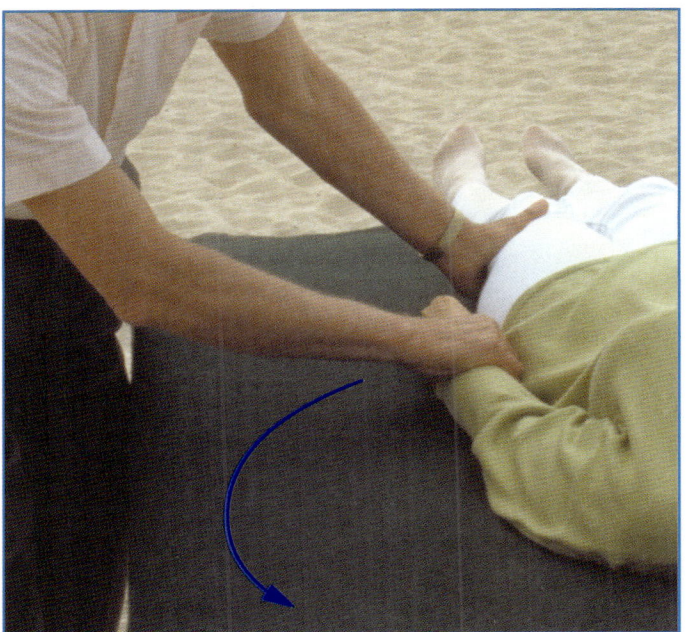

Die Testperson liegt auf dem Rücken (sie kann auch aufrecht stehen). Der linke Arm liegt eng am Körper an, die Handfläche weist nach innen. Der Tester legt seine linke Hand zur Stabilisierung auf den Oberschenkel der Testperson. Seine rechte Hand umfasst das Handgelenk, und während er die Testperson bittet, Gegendruck auszuüben, zieht er den Arm vom Körper weg.

Ist der Muskelwiderstand schwach, werden die entsprechenden seelischen Blockaden losgelassen. Nach dem Loslassen den Test wiederholen, um zu prüfen, ob der Muskelwiderstand der betreffenden Muskulatur jetzt stark ist und die Blockaden aufgelöst sind.

Isa hat über einen Zeitraum vom 5 Jahren 500 Patienten mit Unterzuckerung getestet und hatte in 98% der Fälle klinisch nachweisbaren Erfolg. Sollte der Patient Anzeichen von Diabetes haben, die sich erst nach jahrelanger Hypoglycämie manifestiert, und bereits Insulin bekommen, sollte er seine Blutzuckerwerte sorgfältig überprüfen, um gegebenenfalls die Dosis zu verringern.

»ICH LASSE LOS, vor dem Leben davonzulaufen und vor allen Anforderungen, die das Leben in dieser Zeit an mich stellt. Ich entscheide mich jetzt, dem standzuhalten, mich dem Leben zu stellen und weise damit umzugehen. Ich lasse los in anderen Dimensionen und Ebenen vor GOTT davonzulaufen und ihm nicht entgegentreten zu wollen. Ich lasse los, mich GOTT nicht würdig zu fühlen und mich deshalb zu schämen.«

Manchmal gibt es genetische Veranlagungen zu Hüftgelenks-erkrankungen. Diese sollten dann losgelassen werden:
»ICH LASSE LOS alle genetischen Dispositionen für Hüft-gelenkserkrankungen der letzten vier Generationen in meiner Familie. Ich öffne mich jetzt für die Heilung.«

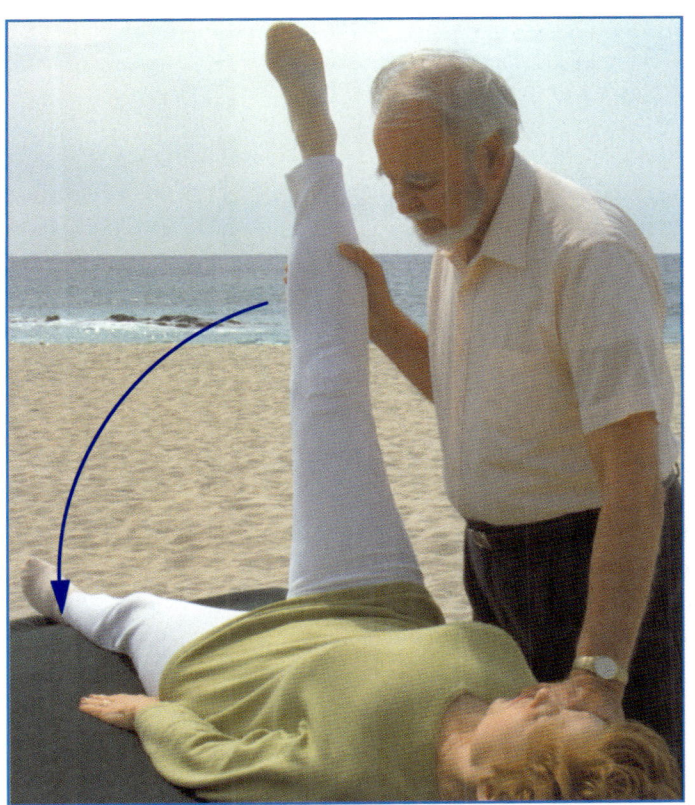

TEST DES ILIOSAKRALGELENKS

(Verbindung zwischen Kreuzbein und Darmbein)
Die Testperson liegt auf dem Rücken. Das rechte Bein wird senkrecht angehoben, bei leichter Außendrehung im Hüftgelenk.
Der Tester legt seine linke Hand zur Stabilisierung auf die rechte Schulter. Seine rechte Hand umfasst den Unterschenkel, und während er die Testperson bittet, Gegendruck auszuüben, drückt er das Bein zur linken Körperseite und leicht herunter.

Ist der Muskelwiderstand schwach, werden die entsprechenden seelischen Blockaden losgelassen. Nach dem Loslassen den Test wiederholen, auch mit dem linken Bein, um zu prüfen, ob der Muskelwiderstand jetzt stark ist und die Blockaden aufgelöst sind.

»ICH LASSE LOS den Wunsch, mich selbst in den Hintern zu treten. Ich lasse los, mich selbst zu verfluchen und mir Vorwürfe zu machen, weil ich nicht getan habe, was ich nach meiner Überzeugung hätte tun müssen. Ich entscheide mich jetzt zu akzeptieren, dass das, was ich getan habe, das Beste war, was ich in jener Zeit entsprechend meiner Programmierungen tun konnte und es deshalb keinen Grund gibt, mich selbst anzuklagen. Ich lasse los vor dem Leben im Körper davonzulaufen.«

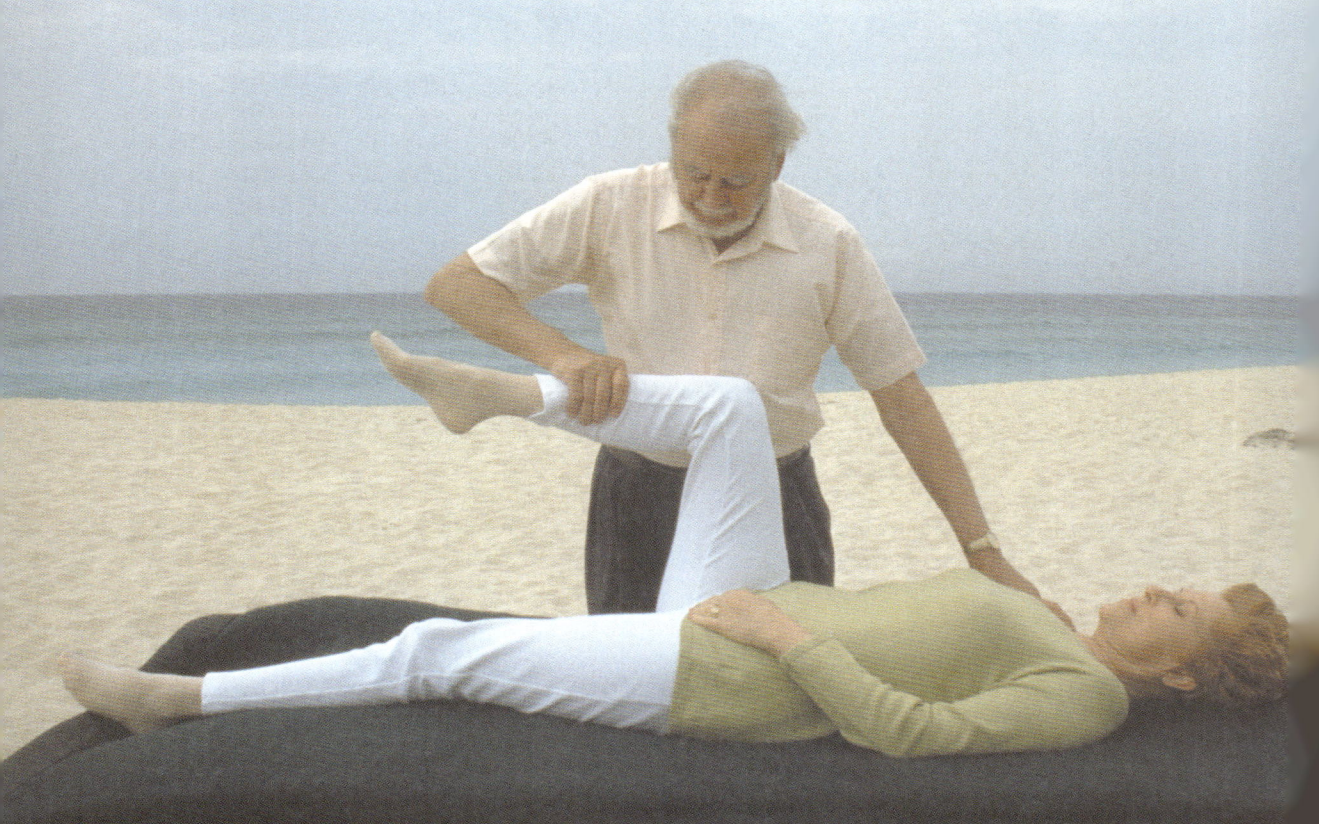

TEST DES VORDEREN KNIEGELENKS

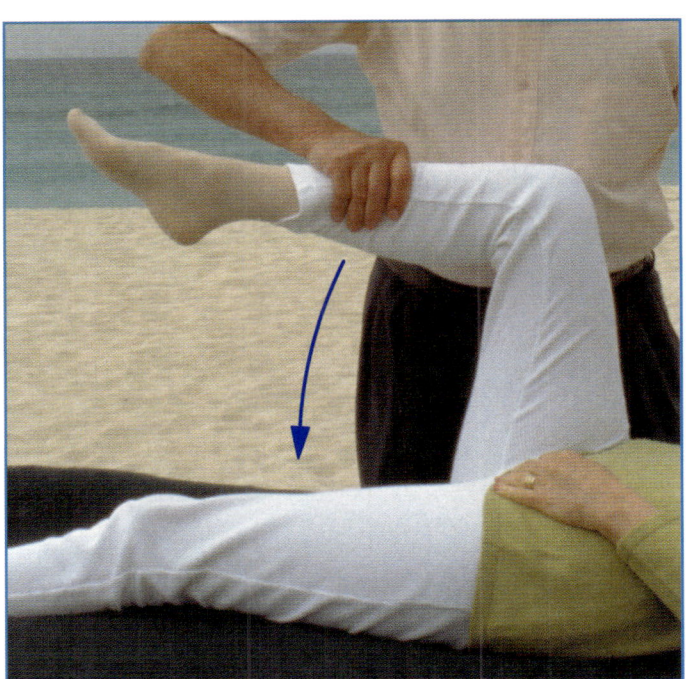

Testperson liegt auf dem Rücken. Der rechte Oberschenkel wird senkrecht angehoben, der Unterschenkel ist parallel zum Körper um 90 Grad abgewinkelt.
Der Tester legt seine linke Hand zur Stabilisierung auf die rechte Schulter. Seine rechte Hand liegt über dem Fußgelenk, und während er die Testperson bittet, Gegendruck auszu-üben, drückt er den Unterschenkel nach unten zur Schenkelinnenseite.

Ist der Muskelwiderstand schwach, werden die entsprechenden seelischen Blockaden losgelassen. Nach dem Loslassen den Test wiederholen, auch mit dem linken Bein, um zu prüfen, ob der Muskelwiderstand der betreffenden Muskulatur jetzt stark ist und die Blockaden aufgelöst sind.

»ICH LASSE LOS mich davon abhalten zu wollen, mich selbst in den Hintern zu treten, weil ich in meinem Leben Untätigkeit und Stillstand verursacht habe. Ich vergebe mir dafür und entscheide mich jetzt dazu, an meiner Untätigkeit neutral zu sein, wissend, dass es Zeiten gibt, in denen man still sein und nach innen gehen sollte, um Antworten zu bekommen; und ich entscheide mich, dies jetzt zu tun.«

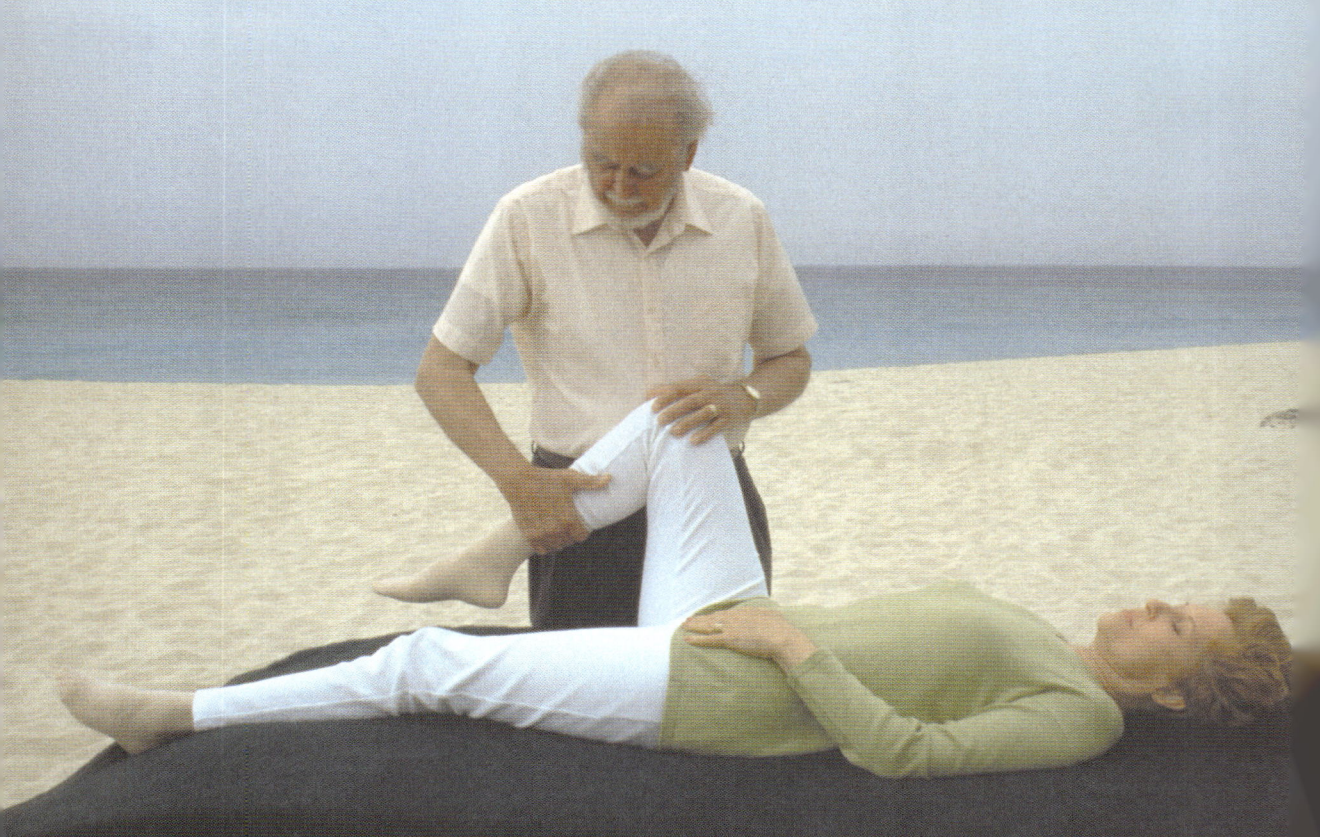

TEST DES HINTEREN KNIEGELENKS

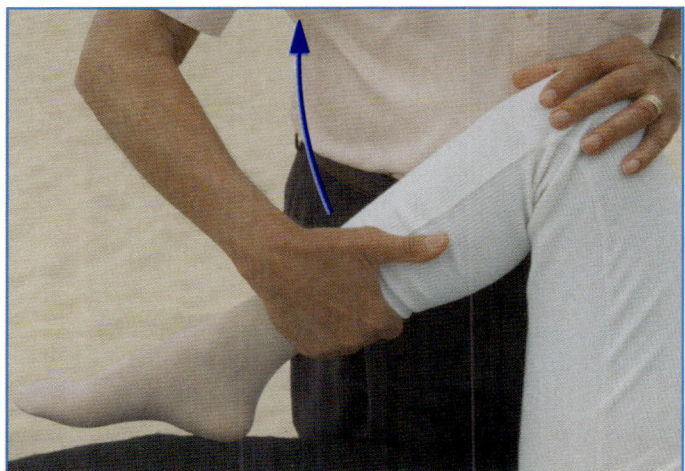

Die Testperson liegt auf dem Rücken. Das rechte Bein wird senkrecht angehoben, dabei wird der Unterschenkel nach unten abgewinkelt. Der Tester legt seine linke Hand zur Stabilisierung auf das rechte Knie. Seine rechte Hand umfasst den Unterschenkel oberhalb des Innenknöchels, und während er die Testperson bittet, Gegendruck auszuüben, zieht er den Unterschenkel nach oben.

Ist der Muskelwiderstand schwach, werden die entsprechenden seelischen Blockaden losgelassen. Nach dem Loslassen den Test wiederholen, auch mit dem linken Bein, um zu prüfen, ob der Muskelwiderstand der betreffenden Muskulatur jetzt stark ist und die Blockaden aufgelöst sind.

Schwäche der rechten Nackenmuskulatur

»ICH LASSE LOS meine Widerstände dem Leben gegenüber, wie es ist, und ich öffne mich dafür, auf allen Ebenen mit dem Leben zu fließen.« Vielleicht ist die Testperson sich bewusst, wogegen sich ihre Widerstände konkret richten. Dann sollten diese zu einer Releasing-Aussage formuliert werden.

Schwäche der linken Nackenmuskulatur

»ICH LASSE LOS auf allen Ebenen und Dimensionen, GOTT zu bekämpfen und GOTTES Weg nicht gehen zu wollen. Ich lasse los allen Hass auf GOTT, weil er mich vorwärtsdrängt. Und ich lasse los, den Glauben daran, dass GOTT überhaupt jemanden zu etwas drängt. Ich akzeptiere, dass GOTT mich lediglich anleitet und inspiriert. Ich lasse los, irgendetwas in dieser Dimension zu bekämpfen. Und ich bitte um Vergebung, und ich vergebe mir selbst dafür.«

Man kann das Wort »GOTT« ersetzen und ihm den Namen geben, mit dem die Testperson den SCHÖPFER VON ALLEM, WAS IST bezeichnet. Diese Energie ist für den bewussten Verstand unfassbar, und es ist ihr gleichgültig, wie wir sie nennen.

Für gewöhnlich ist die Ursache eines schwachen Muskelwiderstands im Bereich der linken Nackenmuskulatur in irgendeiner Art und Weise ein Kampf gegen das Leben. Daher sollte man hier die entsprechende Releasing-Aussage finden: *»ICH LASSE LOS, auf allen Dimensionen und Ebenen meines Daseins, das Leben zu bekämpfen. Und ich treffe eine neue Entscheidung: das Leben zu lieben und mit ihm zu fließen sowie das zu lernen, was ich durch meinen Schmerz zu lernen habe.«* Schmerz ist unser Freund und lässt uns wissen, wann wir aus dem Gleichgewicht mit dem Leben gefallen sind.

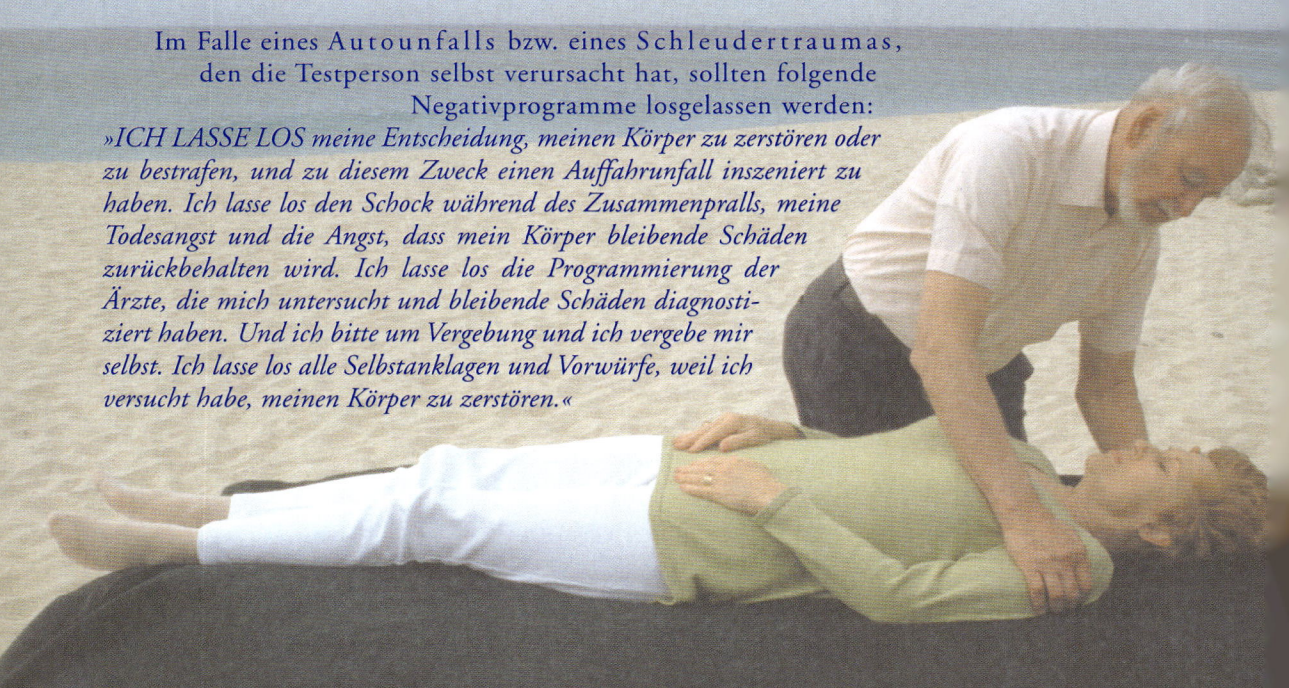

Im Falle eines Autounfalls bzw. eines Schleudertraumas, den die Testperson selbst verursacht hat, sollten folgende Negativprogramme losgelassen werden:

»ICH LASSE LOS meine Entscheidung, meinen Körper zu zerstören oder zu bestrafen, und zu diesem Zweck einen Auffahrunfall inszeniert zu haben. Ich lasse los den Schock während des Zusammenpralls, meine Todesangst und die Angst, dass mein Körper bleibende Schäden zurückbehalten wird. Ich lasse los die Programmierung der Ärzte, die mich untersucht und bleibende Schäden diagnostiziert haben. Und ich bitte um Vergebung und ich vergebe mir selbst. Ich lasse los alle Selbstanklagen und Vorwürfe, weil ich versucht habe, meinen Körper zu zerstören.«

TEST DER SEITLICHEN NACKENMUSKULATUR

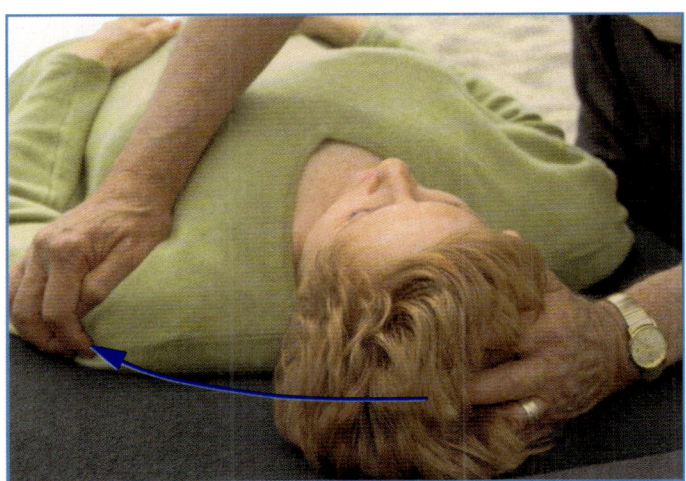

Die Testperson liegt auf dem Rücken. Der Tester steht seitlich der Testperson und legt seine rechte Hand zur Stabilisierung des Oberkörpers auf den linken Oberarm der Testperson. Seine linke Hand liegt oberhalb des rechten Ohrs Und während er die Testperson bittet, den Kopf so zu halten, drückt er seitlich in Richtung der linken Schulter.

Wenn der Muskelwiderstand schwach ist, lassen sich Kopf und Nacken leicht beugen.

Um der Testperson keinen Schaden zuzufügen, sollte der Tester sehr behutsam vorgehen und nicht zu stark drücken. (Bei einem Schleudertrauma sollte die Nackenmuskulatur selbstverständlich nicht getestet werden.) Bei längerer Übung wird schnell deutlich, wieviel Druck nötig ist. Wenn der Test eine Schwäche zeigt, wird sich beim Tastbefund 6-9 cm unterhalb des Mastoids bzw. der Schädelkante eine Muskelverhärtung finden, die auf Druck sehr empfindlich reagiert. Ist also der Test positiv und es finden sich schmerzhafte Muskelverhärtungen, bedeutet das, dass die Testperson in irgendeiner Weise und auf irgendeiner Ebene ihres Daseins Widerstände gegenüber dem Leben hat.

Nach dem Loslassen den Test zur Überprüfung des Muskelwiderstands wiederholen. Wenn die richtige Releasing-Aussage gefunden wurde, wird die Nackenmuskulatur anschließend frei von Verspannungen und Schmerzen sein.

In entsprechender Weise die linke Nackenmuskulatur testen.

»ICH LASSE LOS das Gefühl, dass das Leben mich zu einer Lebensweise zwingt, die ich nicht möchte. Ich entscheide mich, mir das von einer neutralen Warte aus zu betrachten und das zu tun, was mir Freude macht und wobei ich mich wohlfühle.«

TEST DER HINTEREN NACKENMUSKULATUR

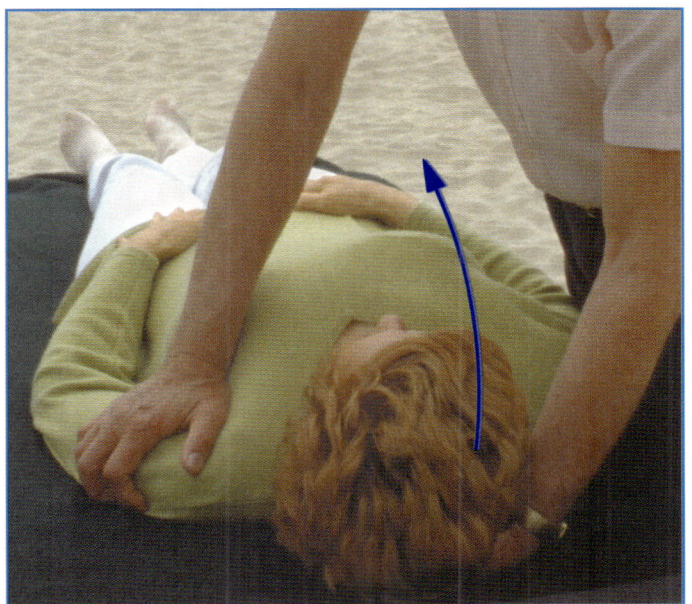

Die Testperson liegt auf dem Rücken. Der Tester steht seitlich am Kopfende der Testperson und legt seine rechte Hand zur Stabilisierung auf die linke Schulter der Testperson. Seine linke Hand schiebt er unter den Hinterkopf, und während er die Testperson bittet, den Kopf nach unten gedrückt zu halten, versucht er den Kopf nach oben zur Brust hin anzuheben.

Ist der Muskelwiderstand schwach, werden die entsprechenden seelischen Blockaden losgelassen. Nach dem Loslassen den Test wiederholen, um zu prüfen, ob der Muskelwiderstand der betreffenden Muskulatur jetzt stark ist und die Blockaden aufgelöst sind.

»ICH LASSE LOS meine Verwirrung darüber, nicht zu wissen, wen ich um Hilfe bitten und an wen ich mich wenden soll: Ob ich zu GOTT VATER aufblicken oder zu MUTTER ERDE herabsehen soll. Und ich erkenne jetzt, dass sie EINS sind.«

Im Falle eines Schleudertraumas sollte die Testperson noch Folgendes loslassen:

»ICH LASSE LOS die Entscheidung, meinen Körper durch einen Unfall zu bestrafen oder zu zerstören. Ich lasse los den Schock durch den Zusammenstoß, die Angst vor dem Tod, vor Verletzung und bleibenden Schäden. Ich bitte um Vergebung dafür und ich vergebe mir selbst.«

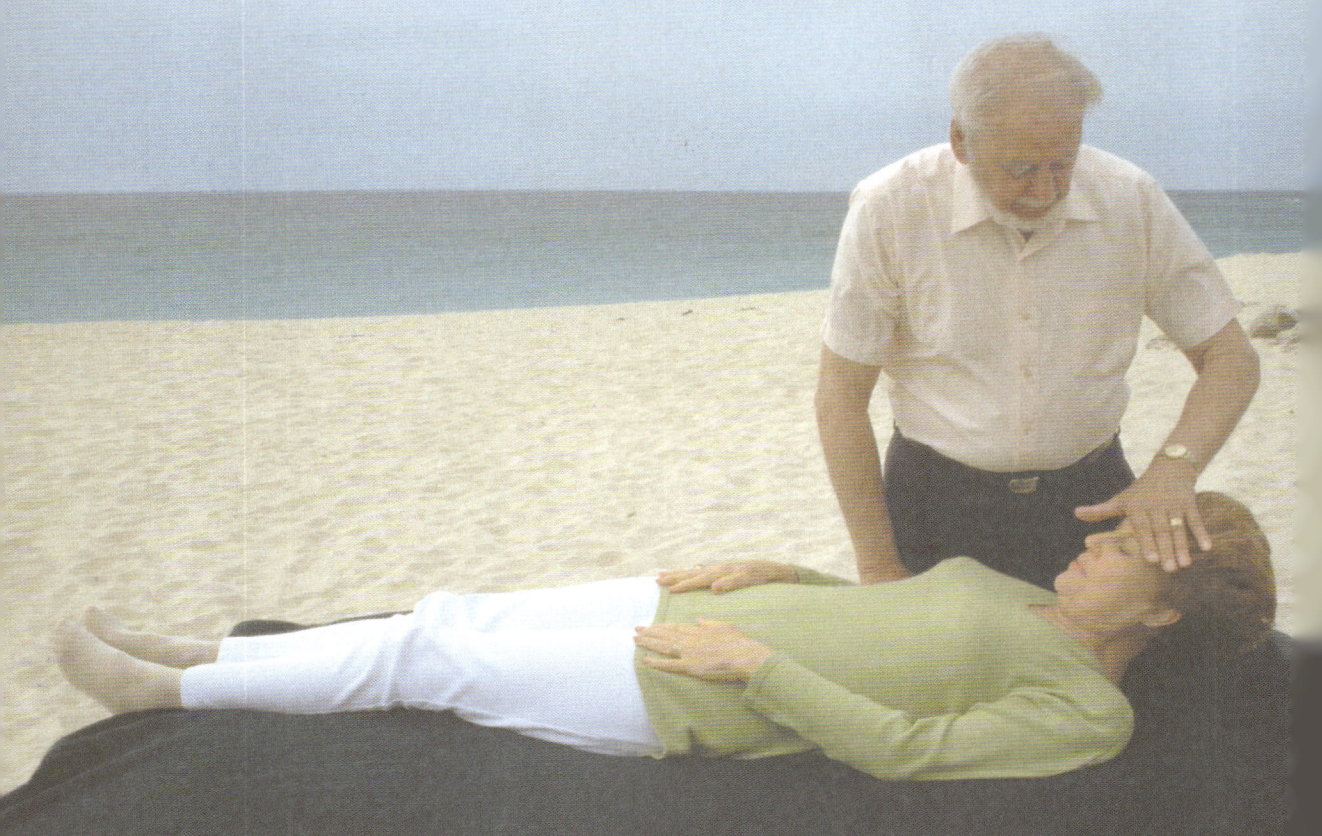

TEST DER VORDEREN NACKENMUSKULATUR

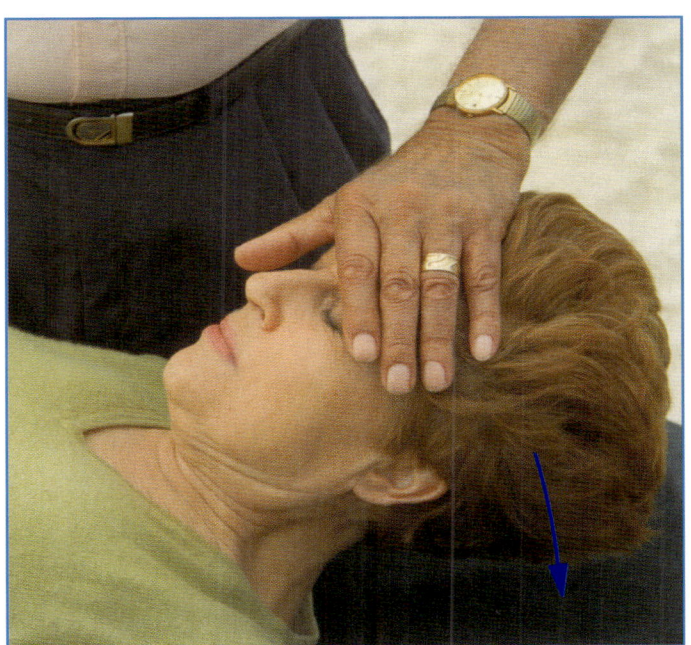

Die Testperson liegt auf dem Rücken und hebt den Kopf leicht an. Der Tester steht seitlich am Kopfende, legt seine Hand auf ihre Stirn, und während er sie bittet, den Kopf so zu halten, drückt er ihn sanft nach unten zur Unterlage. Diese Muskelgruppe ist schwächer als die anderen Nackenmuskeln und gibt leichter nach, der Test ist also behutsamer auszuführen.

Ist der Muskelwiderstand schwach, werden die entsprechenden seelischen Blockaden losgelassen. Nach dem Loslassen den Test wiederholen, um zu prüfen, ob die Muskeln jetzt mehr Spannung haben und die Blockaden aufgelöst sind. Die Muskeln sollten jetzt deutlich kräftiger sein.

»ICH LASSE LOS, meinen Kopf von GOTT abzuwenden, wenn er in anderen Ebenen und Dimensionen zu mir kommt. Ich entscheide mich jetzt dafür, mich GOTT in Liebe und Vertrauen zu stellen.«

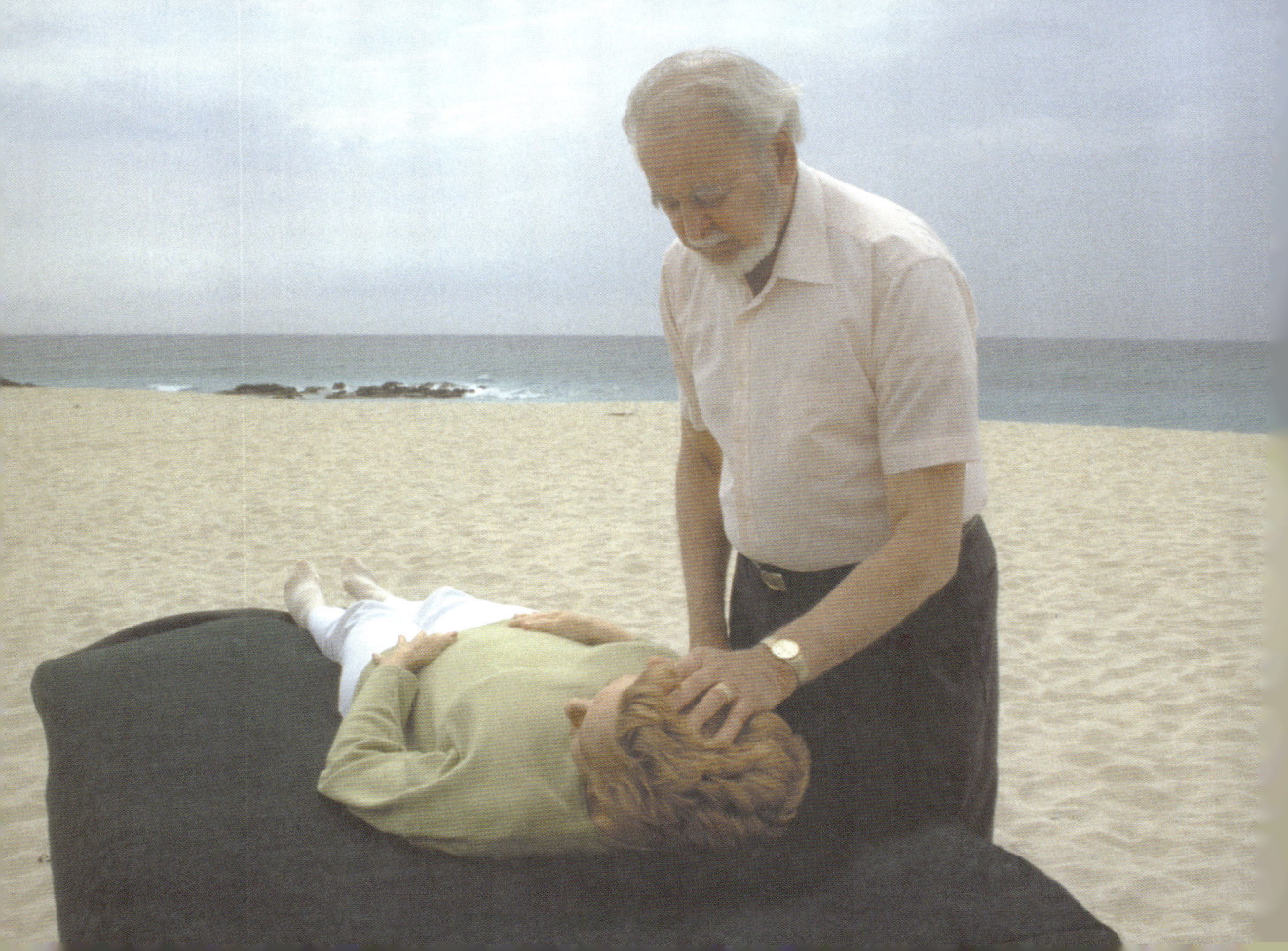

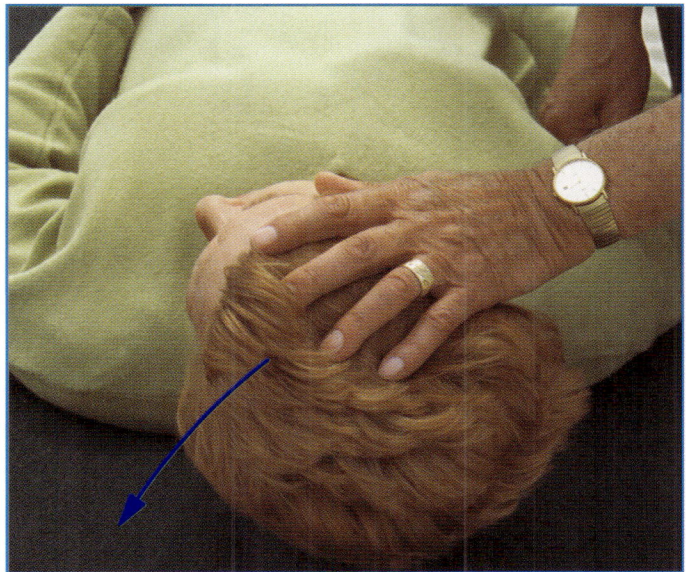

Die Testperson liegt auf dem Rücken, dreht ihren Kopf 45 Grad nach links und hebt ihn leicht an.

Der Tester steht seitlich am Kopfende der Testperson. Zur Stabilisierung des Oberkörpers kann er seine rechte Hand auf das Brustbein der Testperson legen. Seine linke Hand legt er auf die Schläfe und den vorderen Teil des Ohres. Während er die Testperson bittet, den Kopf in dieser Stellung zu halten, drückt er ihn sanft nach unten zur gegenüber liegenden Seite.

Ist der Muskelwiderstand schwach, werden die entsprechenden seelischen Blockaden losgelassen. Nach dem Loslassen den Test auch mit der anderen Seite wiederholen, um zu prüfen, ob der Muskelwiderstand der betreffenden Muskulatur jetzt stark ist und die Blockaden aufgelöst sind.

»ICH LASSE LOS, meinen Kopf auf anderen Ebenen und in anderen Dimensionen von GOTT abzuwenden, wenn er mir sagt, warum und wozu ich hier bin und wer ich in Wirklichkeit bin. Ich bitte um Vergebung und ich vergebe mir selbst dafür. Und ich treffe jetzt eine neue Entscheidung, auf GOTTES Eingebungen und Ratschläge zu hören. GOTT übt weder Zwang noch Druck aus. Ich bitte den ALLERHÖCHSTEN GEIST darum, dass die Aspekte in mir, die sich gegen den Pfad GOTTES wehren und dagegen ankämpfen, transformiert werden und dass alle diesbezüglichen Zellerinnerungen in meinem Körper neutralisiert werden.«

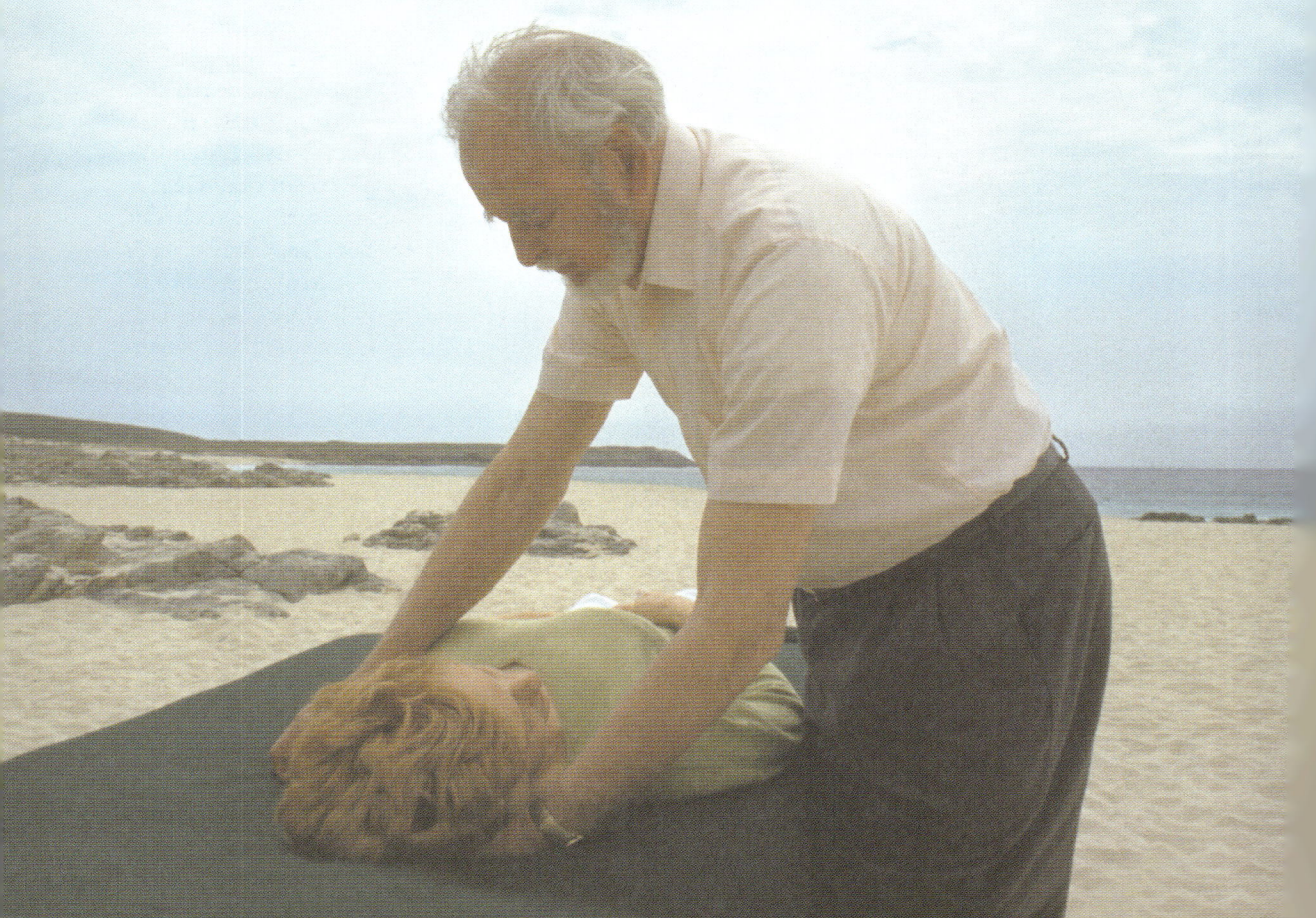

Die Testperson liegt auf dem Rücken und dreht ihren Kopf 45 Grad nach rechts.

Der Tester steht rechts am Kopfende und legt seine rechte Hand zur Stabilisierung auf die linke Schulter. Mit seiner linken Hand fasst er unter den Hinterkopf, und während er die Testperson bittet, Gegendruck auszuüben, versucht der Tester den Kopf sanft nach links oben anzuheben.

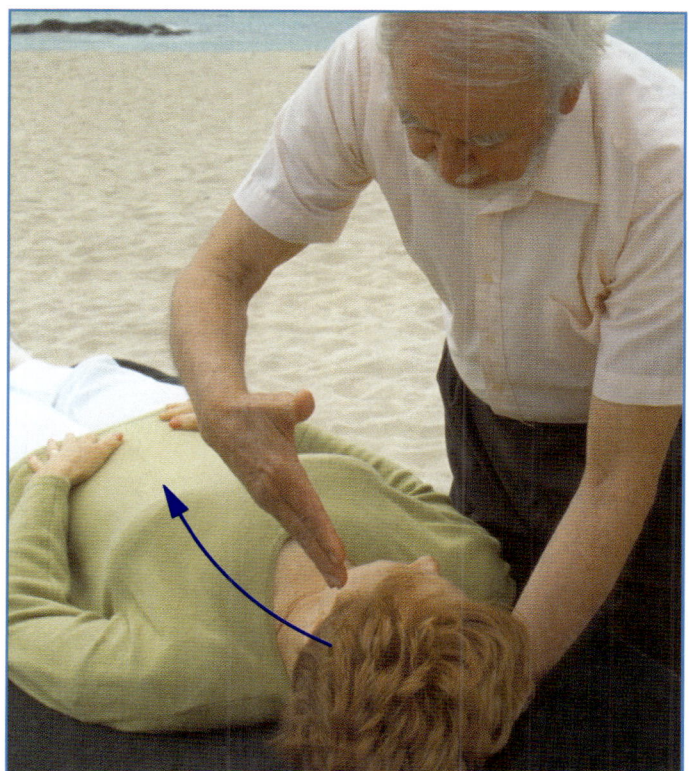

Ist der Muskelwiderstand schwach, werden die entsprechenden seelischen Blockaden losgelassen. Nach dem Loslassen den Test auch mit der anderen Seite wiederholen, um zu prüfen, ob der Muskelwiderstand der betreffenden Muskulatur jetzt stark ist und die Blockaden aufgelöst sind.

»ICH LASSE LOS, meine Entscheidung im Astralen und
in anderen Dimensionen und Ebenen, mich, wenn ich in
den Körper komme, nicht mit der Milz zu verbinden, aus
Angst, im Körper festzustecken und nicht in der Lage zu
sein, ihn zu verlassen, wenn ich das will. Ich treffe jetzt
eine neue Entscheidung, meinem Körper und meinem
Leben im Körper zu vertrauen, mich mit meiner Milz
zu verbinden und ihr meine gesamte Lebensenergie zur
Verfügung zu stellen.«

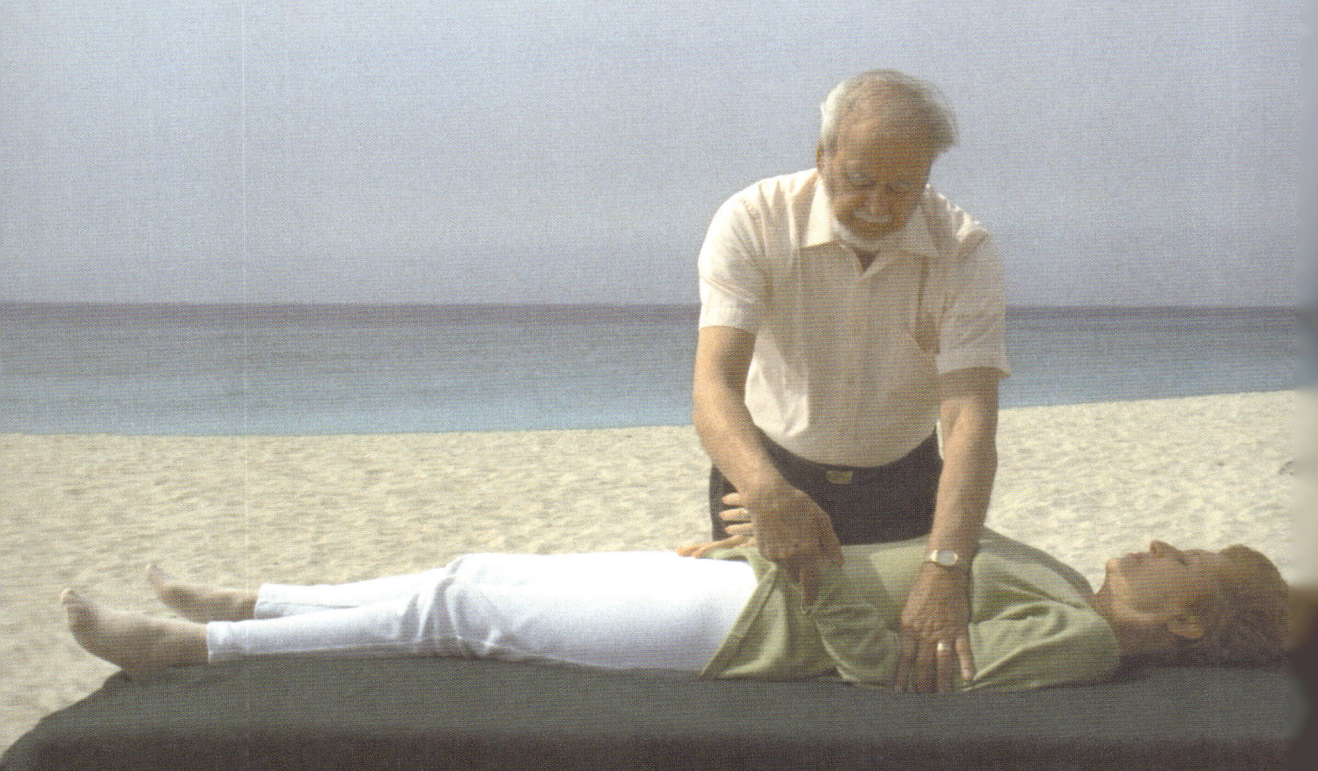

MILZTEST

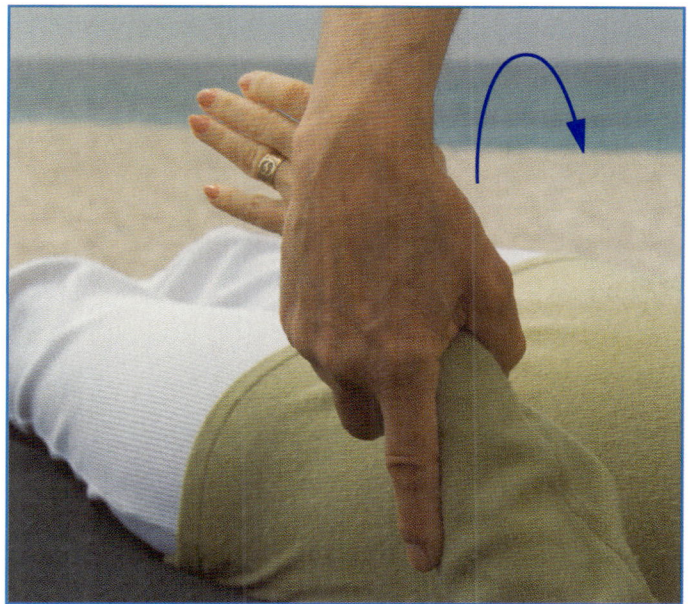

Die Testperson liegt auf dem Rücken. Der linke Oberarm liegt am Körper an, der Unterarm ist ca. 45 Grad angehoben. Der Tester steht auf der gegenüberliegenden Seite dem Körper zugewandt. Er legt seine linke Hand zur Stabilisierung auf den Oberarm der Testperson, und mit seiner rechten Hand fasst er um das Handgelenk. Während er die Testperson bittet, Gegendruck auszuüben, zieht er den Unterarm schräg zu sich herüber.

Ist der Muskelwiderstand schwach, werden die entsprechenden seelischen Blockaden losgelassen. Nach dem Loslassen den Test wiederholen, um zu prüfen, ob der Muskelwiderstand der betreffenden Muskulatur jetzt stark ist und die Blockaden aufgelöst sind.

»ICH LASSE LOS den Widerstand, meinen Fuß auf MUTTER ERDE zu setzen und dagegen anzukämpfen. Ich lasse los meine Entscheidungen aus anderen Dimensionen und Ebenen, auf denen ich existiere, dies nie wieder tun zu wollen.
Ich setze jetzt meine Füße auf MUTTER ERDE und verbinde mich mit ihr in Liebe und Licht. Und ich lasse los alle früheren Programmierungen, dass ich Angst haben muss, zu stark an die Erde gebunden zu sein. Ich lasse los die Angst, auf der Erde für immer festzuhängen. Ich entscheide mich jetzt, MUTTER ERDE zu lieben und mit Freuden auf ihrem Körper zu leben.«

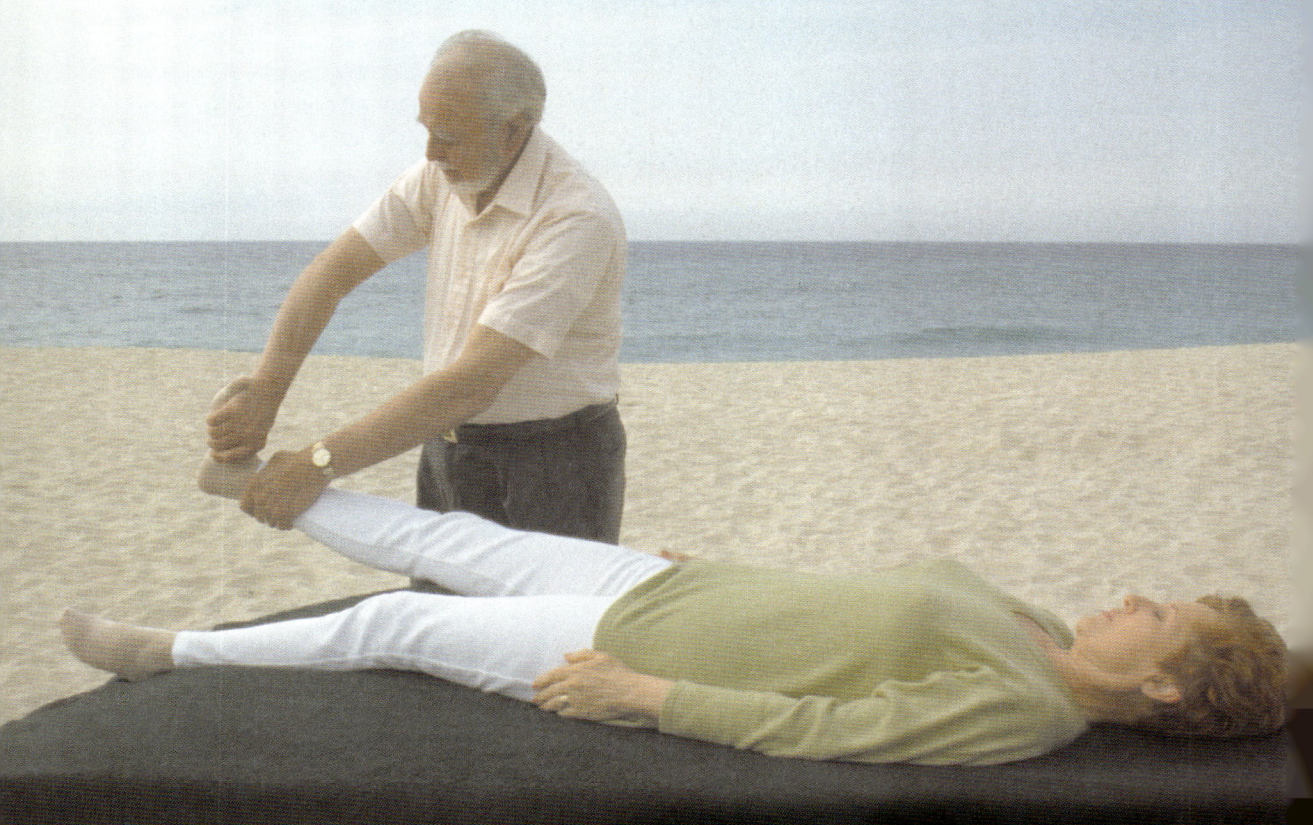

TEST DES VORDEREN FUSSGELENKS

Die Testperson liegt auf dem Rücken. Das ausgestreckte rechte Bein wird leicht angehoben. Der Tester steht am Fußende, seine linke Hand umgreift zur Stabilisierung den Innenknöchel. Seine rechte Hand greift um den Spann, und während er die Testperson bittet, ihre Zehen zum Kopf hin zu bewegen, versucht er, den Fuß zu strecken.

Die betreffenden Sehnen sind normalerweise so stark, dass sie nicht nachgeben werden.
Ist der Muskelwiderstand schwach, werden die entsprechenden seelischen Blockaden losgelassen. Nach dem Loslassen den Test auch mit dem linken Fuss wiederholen, um zu prüfen, ob der Muskelwiderstand der betreffenden Muskulatur jetzt stark ist und die Blockaden aufgelöst sind.

»ICH LASSE LOS, so schnell ich kann vor meinen Erfahrungen auf anderen Ebenen und Dimensionen davonzulaufen. Ich lasse los das Gefühl, dass diese Erfahrungen weit über das hinausgehen, was ich bewältigen und womit ich umgehen kann. Ich nehme jetzt die Kräfte und Fähigkeiten meines wahren Selbstes an und stelle mich den Herausforderungen auf allen Ebenen und in allen Dimensionen, und ich werde sie meistern.«

TEST DES HINTEREN FUSSGELENKS

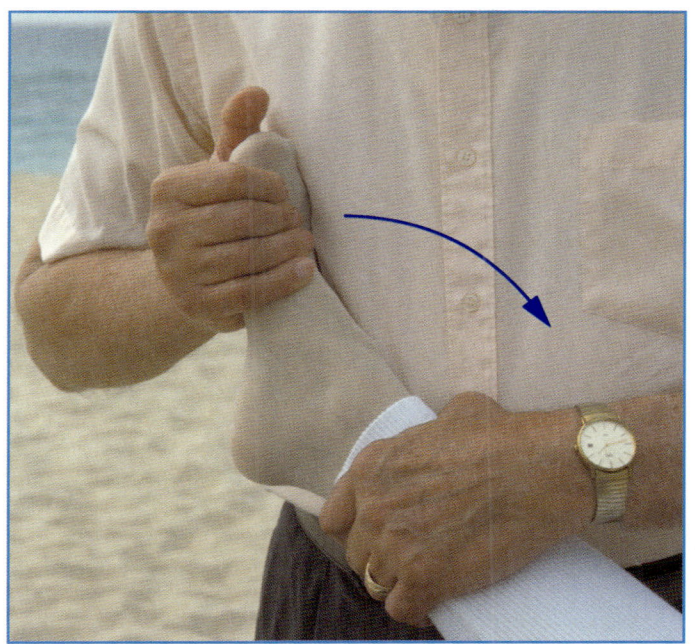

Die Testperson liegt auf dem Rücken. Die Beine sind ausgestreckt. Das rechte Bein wird leicht angehoben, der Fuß leicht nach außen gedreht und mit nach unten gerichteten Zehen gestreckt. Der Tester steht seitlich dem Körper zugewandt und umfasst mit seiner linken Hand zur Stabilisierung das Fußgelenk. Mit seiner rechten Hand greift er unter den Fußballen und die Zehen, und während er die Testperson bittet, den Fuß weiter gestreckt zu halten, versucht er, den Fuß in Richtung Kopf anzuwinkeln.

Normalerweise sind die betreffenden Muskeln und Sehnen so stark, dass der Fuß sich nicht wird beugen lassen. Ist der Muskelwiderstand schwach, werden die entsprechenden seelischen Blockaden losgelassen. Nach dem Loslassen den Test auch mit dem linken Fuß wiederholen, um zu prüfen, ob der Muskelwiderstand der betreffenden Muskulatur jetzt stark ist und die Blockaden aufgelöst sind.

»ICH LASSE LOS auf allen Ebenen und in allen
Dimensionen das Programm, immer zu stolpern
und zu stürzen bei dem Versuch, den nächsten
Schritt in meiner Entwicklung zu tun. Ich lasse los
die Programmierung und den Glauben daran, dass
ich zu schwach dazu bin, den nächsten Schritt zu
tun. Ich erkenne jetzt an, wer und was ich in
Wirklichkeit bin. Ich weiß, ich habe alles, was ich
brauche, um den nächsten Schritt zu tun, und ich
entscheide mich jetzt dazu, es zu verwirklichen.«

TEST DES
INNEREN FUSSGELENKS

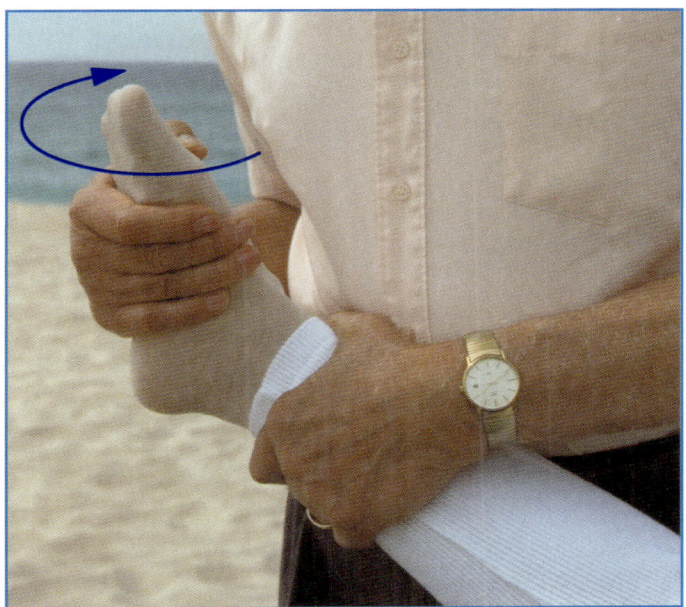

Die Testperson liegt auf dem Rücken. Das linke Bein ist ausgestreckt. Das rechte Bein wird leicht angehoben. Der Tester steht seitlich dem Körper zugewandt, umfasst mit seiner linken Hand den Unterschenkel und hält den Fuß zur Stabilisierung gegen seinen Körper. Mit seiner rechten Hand greift er um den Fußballen, und während er die Testperson bittet, den Fuß so weit wie möglich nach innen zu drehen und Gegendruck auszuüben, versucht er den Fuß in Richtung seines eigenen Körpers nach außen zu drehen.

Ist der Muskelwiderstand schwach, werden die entsprechenden seelischen Blockaden losgelassen. Nach dem Loslassen den Test auch mit dem linken Fuß wiederholen, um zu prüfen, ob der Muskelwiderstand der betreffenden Muskulatur jetzt stark ist und die Blockaden aufgelöst sind.

»ICH LASSE LOS auf allen Ebenen und in allen Dimensionen das Programm, zu stolpern und zu stürzen bei dem Versuch den nächsten Schritt in meiner Entwicklung zu tun. Ich lasse los die Programmierung und den Glauben daran, dass ich zu schwach dazu bin, den nächsten Schritt zu tun.
Ich erkenne jetzt an, wer und was ich in Wirklichkeit bin.
Ich weiß, ich habe alles, was ich brauche, um den nächsten Schritt zu tun, und ich entscheide mich jetzt dazu, es zu verwirklichen.«

Falls der Knöchel verstaucht ist, sollte die Testperson noch folgende Sätze nachsprechen:

»ICH LASSE LOS den Versuch, mich zu verkrüppeln, um den nächsten Schritt in meiner Evolution nicht gehen zu können.
Ich lasse los den Versuch, mich selbst davon abzubringen, weiterzugehen. Ich vergebe mir dafür und heile meinen Knöchel. Und ich stelle meine Füße wieder auf den Pfad und gehe den nächsten Schritt mit Freude.«

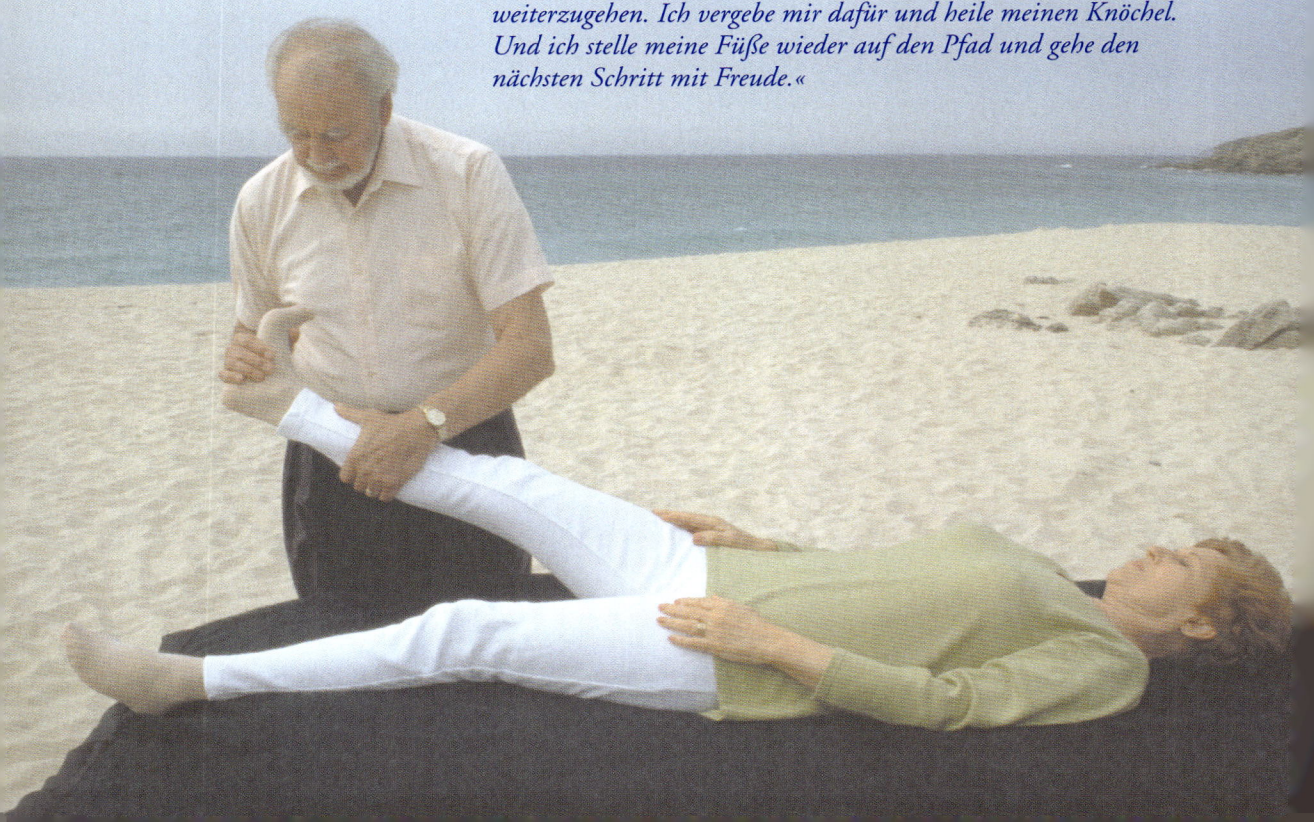

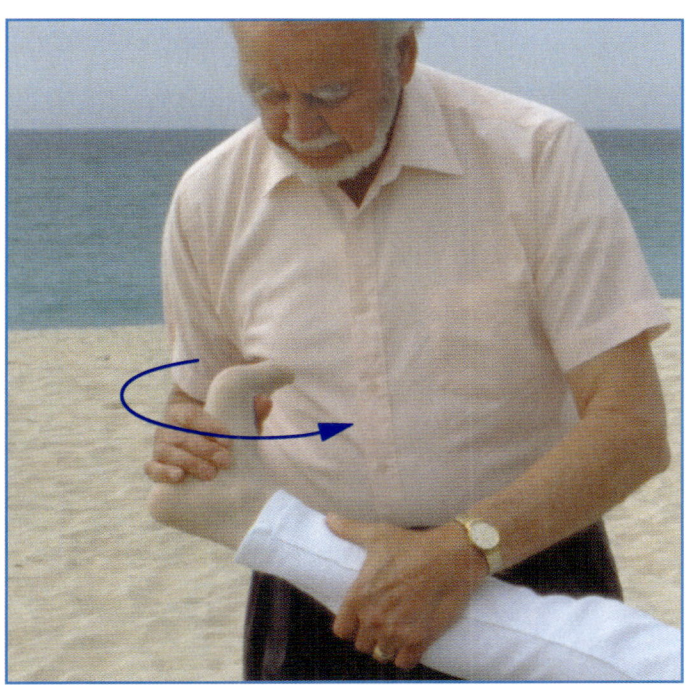

TEST DES ÄUSSEREN FUSSGELENKS

Die Ausgangsposition ist dieselbe wie beim Test des inneren Fußgelenks, nur die Bewegungsrichtung ist umgekehrt: Die Testperson liegt auf dem Rücken. Das linke Bein ist ausgestreckt. Das rechte Bein wird leicht angehoben. Der Tester steht seitlich dem Körper zugewandt, umfasst mit seiner linken Hand den Unterschenkel und hält den Fuß zur Stabilisierung gegen seinen Körper. Mit seiner rechten Hand umgreift er den Fuß, und während er die Testperson bittet, den Fuß so weit wie möglich nach außen zu drehen und Gegendruck auszuüben, versucht er den Fuß vom eigenen Körper weg nach innen zu drehen.

Ist der Muskelwiderstand schwach, werden die entsprechenden seelischen Blockaden losgelassen. Nach dem Loslassen den Test auch mit dem linken Fuß wiederholen, um zu prüfen, ob der Muskelwiderstand der betreffenden Muskulatur jetzt stark ist und die Blockaden aufgelöst sind.

. . .

SCHLUSSGEDANKEN

EIN AUSBLICK VON ISA UND YOLANDA

Die weltweiten Aktivitäten von Isa und Yolanda seit 1978 haben mit unterschiedlichen Schwerpunkten in einigen Teilen der USA und besonders in Südafrika und Deutschland zu einer nicht organisierten Releasing-Bewegung geführt. Vergleichbar und verwandt mit feministischen, ökologischen und spirituellen gesellschaftlichen Initiativen ist auch Releasing eine basisdemokratische Graswurzel-Bewegung, die aus dem verbreiteten Bedürfnis nach persönlicher Veränderung entstanden ist und aus Verantwortung für das globale Geschehen eine Verbesserung individueller und gemeinschaftlicher Lebensqualität beabsichtigt. Unbeachtet vom öffentlichen Interesse und ohne das Vorhandensein von schriftlichen Zeugnissen und verbindenden Texten ist die Releasing-Bewegung allmählich und beständig gewachsen und rückt erst mit der gesellschaftlichen Akzeptanz spiritueller Fragen in der Öffentlichkeit in den Vordergrund. Unabhängig von modischen Strömungen und der weltanschaulichen Beliebigkeit des neu entstandenen New-Age-Marktes verbreitete sich die Kunde von Releasing als wirksamem Instrument der Transformation von Anfang an allein durch das Weitergeben von Herz zu Herz.

ISA UND YOLANDA: »In den zurückliegenden Jahren bestand unser Hauptinteresse darin, Menschen auszubilden, die Releasing auf Grund ihrer biographischen und fachlichen Eignung als Teil ihrer Lebensaufgabe erfahren und es an Dritte weitergeben können. Die Verbreitung des Releasing funktioniert wie das Prinzip ›Each one, teach one.‹ Jeder gebe an einen anderen weiter, was er selbst gelernt hat. Heute haben wir durch Fernsehen, Internet, Satelliten, Video-, Audiotapes, CDs, usw. unvergleichlich schnellere und effektivere Kommunikationsmöglichkeiten. Unser

Kommunikationsnetz ist so umfassend, dass es unzählige Menschen auf der ganzen Welt erreicht.

Überall, wo wir hinkommen, sehen wir Menschen, und wir sehen sie als Seelen. Im tiefsten Wesen sind sie sich sehr, sehr ähnlich. Hautfarbe, Kultur und Vorgeschichte sind verschieden, aber im Innern sind alle eins. Es gibt nicht nur das Internet, es gibt auch das »inner net«, das innere Netz der Verbundenheit der Seelen. Wenn wir mit einem einzigen planetarischen Bewusstsein zusammenkommen, gibt es keine Trennung, und wir sind in der Lage, mit Liebe als dem gemeinsamen Nenner in wunderbarer Weise zusammen zu arbeiten und das Beste und Höchste für alle zustande zu bringen. Wir glauben, der Planet ist nun bereit, viele, viele Menschen sind bereit und gewillt, loszulassen und sich selbst zu befreien. Sobald die Menschen befreit sind, können sie wieder anderen helfen. Dies ist – wie wir beobachten konnten – das Wunderbare an der Arbeit: dass ihr nicht nur persönlichen Nutzen daraus zieht, sondern lernt, wie ihr anderen helfen könnt. Loslassen wird zu einer Lebensweise. Es wird zu einer selbstverständlichen alltäglichen Äußerung, jemand anderem die Hand zu reichen, ihm in spürbarer Weise zu helfen und ihm ein Verfahren zu vermitteln, dessen Prinzipien er auch weiterhin anwenden und weitergeben kann. Jeder Mensch, mit dem ihr euch verbindet und der bereit zur Selbstverantwortung und offen zum Loslassen ist, kann den Nutzen dieser Arbeit selbst erfahren.

Es ist ein Akt der Nächstenliebe, Nahrung zu spenden, beispielsweise einem Hungernden einen Fisch zu geben, damit er etwas zu essen hat. Aber wieviel schöner ist es, diesem Menschen das Fischen beizubringen, das er dann auch anderen wieder zeigen kann.

Was wir aber in Wahrheit suchen, ist spirituelle Nahrung. Und die finden wir tief in uns selbst. Wir müssen nicht wirklich nach draußen gehen, um sie zu finden, denn sie ist essentieller Bestandteil jedes einzelnen Wesens.

Seitdem es Menschen auf der ganzen Welt gibt, die den Releasing-Prozess gemacht haben, hören wir immer und immer wieder: »Es hat mein Leben verändert, ich bin nicht länger ein Opfer der

Negativität, die in der äußeren Welt um mich herum ist, ich habe eine Wahl, ich kann ›Nein‹ sagen zu diesen Dingen, die nicht zu meinem Besten sind, ich kann ›Nein‹ sagen zu den Dingen, die mich kontrollieren, mich einschränken, mich ›kleiner‹ machen und mich herabwürdigen, ich kann ›Ja‹ sagen zu den Dingen, die mich stark machen, die mir ein größeres Verständnis geben, eine stärkere Liebe, einen tieferen inneren Frieden und mehr Wohlstand. Ich kann lernen zu unterscheiden und ich kann die richtige Wahl treffen, die dann nicht nur mir dient, sondern auch meiner Familie, meinen Freunden und vielleicht sogar meiner Gemeinde, meiner Nation und der ganzen Welt.

Wir erleben, wie jeden Tag mehr Menschen ›Nein‹ sagen zu Situationen und Menschen, die sie kontrollieren und abhängig machen von Gewohnheiten und Substanzen, die sich zerstörerisch auf ihre körperliche, gefühlsmäßige, mentale und spirituelle Verfassung auswirken und dass sie ›Ja‹ sagen zur Verantwortung für sich selbst und das Leben auf diesem Planeten und den menschlichen Werten, die von Dauer sind und dem ganzen Leben dienen. Wir haben seit Beginn der 80er Jahre eine weite Verbreitung dieses Bewusstseins festgestellt, nicht nur durch unsere Anstrengungen, sondern auch durch die Anstrengung vieler, vieler Menschen auf dieser Erde, die vom Allerhöchsten Geist benutzt werden, um dieses neue Bewusstsein zu schaffen. Es ist ein Tanz und wir sehen, wie die Menschen sich in der ganzen Welt die Hände reichen und sagen: ›Ja, wir kommen zusammen, Menschen aller Rassen und Glaubensbekenntnisse, um ein Regenbogenplanet zu werden. Wir können alle in Liebe, Respekt und Harmonie zusammen leben und arbeiten, in einer Welt, in der jeder gewinnt, in der jeder einen Platz hat, in der jeder seinen Beitrag leistet und sich um alle anderen sorgt. Wir sind hier, um diesen Planeten in eine wundervolle Balance zu bringen.‹

Wenn man den Menschen auf diesem Planeten hilft, sich zu erinnern, dass sie nicht Opfer eines chaotischen Universums, sondern Teile Gottes sind, der sich in Form ausdrückt; wenn man sie soweit erwecken kann, dass das Licht in ihrem Inneren aufscheint, sie ihren Brüdern entgegen gehen und sich in Harmonie mit ihnen vereinen, wenn wir also zusammenkommen und gemeinsam daran arbeiten, neue Wege zu beschreiten, die auf Wahrheit und Hoffnung gründen, auf Frieden, Harmonie und gemeinschaftlicher Bemühung, – dann werden die Muster aus Chaos, Verbrechen und Vernichtung nicht länger bestärkt werden; sie werden sich einfach auflösen wie Nebelschwaden, weil es nichts mehr gibt, das sie am Leben erhält.

Wir brauchen ein neues Gesellschaftsmodell, das auf menschlichen Werten basiert und das die schöpferischen Fähigkeiten jedes einzelnen Menschen achtet. Wenn wir auch nur eine Spur von Ordnung in diese Welt bringen wollen, eine sinnvolle Ordnung, die Gelegenheit zu Wachstum, Ausdehnung und Weiterentwicklung bietet, dann müssen wir alle angstmotivierten Verhaltensweisen loslassen, um frei zu werden, die kreativen Fähigkeiten und seelischen Qualitäten zu verwirklichen, die vom ALLERHÖCHSTEN GEIST in uns angelegt sind.

Die Releasing-Methode, die wir auf diesem Planeten verbreiten durften, ist sehr einfach. Sie bezieht den einzelnen Menschen mit ein, ganz normale Menschen, die genug Anteilnahme für einander aufbringen, um sich hinzusetzen, sich Probleme aus der Vergangenheit anzuhören, sie aufzudecken, anzusprechen und in neuem Licht zu betrachten und loszulassen. Der Name unserer Seminare ist »Frei sein durch Loslassen begrenzender Erinnerungen aus der Vergangenheit«. Wir wissen alle, dass wir solche begrenzenden Muster, Vorstellungen und Erfahrungen haben. Wenn es uns gelingt, sie loszulassen und uns selbst von diesen alten Erinnerungen zu befreien, die uns begrenzen und binden, kann uns das frei machen, damit unser Leben wieder in Fluss kommt und wir neue Lebens- und Ausdrucksweisen und neue Wege der Zusammenarbeit mit unseren Brüdern und Schwestern entwickeln können. Wir sagen ganz einfach: ›Ich lasse los‹. Immer wenn wir verärgert sind, immer wenn wir etwas als störend empfinden oder wenn uns jemand unrecht tut, wenn wir aufgegeben haben, wenn wir einen Fehler gemacht haben und uns dafür verantwortlich fühlen und anklagen, dann können wir innehalten und sagen: ›Okay, lass mich das Ganze mit den Augen BEDINGUNGSLOSER LIEBE sehen.‹ Wir bitten um Vergebung, wenn wir einen Fehler gemacht haben, und dann lassen wir alles los, was nicht Liebe ist. Wenn wir Schuld, Angst, Traurigkeit, Depression und Schmerzen loslassen und Liebe, Mitgefühl, Großzügigkeit, Geduld und Uneigennützigkeit stärken, dann kreieren wir ein besseres Leben. Unsere Körper, unser Geist und unsere Seelen sind wie Gärten, die darauf warten, bepflanzt zu werden. In diesem Boden, den wir die menschliche Form nennen, lagern eine Menge Saaten, die durch unsere Vorfahren, durch frühere Erlebnisse und durch die Reise unserer Seele gesät wurden. Im Einklang von Körper, Geist und Seele können wir durch neue, dem Leben dienende Konzepte, Ideen, Programme, Bilder und Träume eine bessere Welt entstehen lassen, eine großartigere Existenz, als wir sie je gekannt haben. Durch das Loslassen selbstzerstörerischer und lebensfeindlicher Muster und durch die Saat und Pflege kreativer und sinnvoller Entwürfe schaffen wir neue Lebens- und Arbeitsformen.

Wir müssen nicht auf schmerzhaften Gefühlen sitzen bleiben und in alle Zukunft vermeiden, mit schmerzhaften Erinnerungen verbundene Orte, Menschen und Situationen aufzusuchen und zu konfrontieren. Wenn wir es versäumen loszulassen, werden wir uns schließlich in einer Situation wiederfinden, in der wir uns vom Leben und neuen Chancen und Gelegenheiten weit entfernt haben. So vieles in unserem Leben ist einfach steckengeblieben in Meinungen, Programmen und Vorurteilen. Wir können lernen, Probleme und Ängste im selben Moment zu neutralisieren, in dem sie auftauchen. Wenn wir z.B. in Situationen kommen, in denen wir sagen: ›Nein, ich will nie mehr Auto fahren‹, oder auch: ›Ich will nie mehr etwas mit Männern, mit Frauen oder mit Gott zu tun haben‹, können wir die mit diesen Widerständen verbundenen alten Gefühle loslassen, um frei für eine neue positive Erfahrung zu werden. Mit Hilfe der Releasing-Methode lernen wir zu entdecken, was unsere Seele wirklich leben möchte und uns vorzustellen, dass ein glückliches Leben möglich ist. So viele Menschen sind fixiert auf die Dinge, die sie nicht mögen, die sie nicht wollen, denen sie sich widersetzen und die sie genau dadurch in ihrem Bewusstsein festhalten und immer wieder neu erschaffen. Häufig werden wir von unseren Schülern gefragt, warum ihnen immer und immer wieder das Gleiche passiert, und wirklich: Warum passieren diese Dinge, die wir eigentlich nicht wollen, immer wieder? Warum tauchen sie immer und immer wieder auf in unserem Leben? Ganz einfach: Weil wir die Ursache dieser Irrtümer nicht neutralisiert haben. Wenn wir sie neutralisieren und uns vorstellen, was wir wirklich wollen, wenn wir uns also auf die Lösungen konzentrieren anstatt auf die Probleme, dann werden unsere Visionen Wirklichkeit.

Schaffe dir aus deinem Herzen in deiner Vorstellung ein Bild dessen, was du möchtest, und stelle es dir dann immer wieder vor. Vergegenwärtige dir diesen Traum aus deiner Seele immer wieder in deinen Gedanken, in deinem Geist, in deinen Absichten und in deinen Taten. Dieses Bild, verbunden mit einem realistischen Plan über notwendige Entscheidungen und Schritte und das vertrauensvolle und verbindliche Handeln nach diesem Plan, lässt die Vision der Seele wahr werden.

Viele Menschen, die nach Höherem streben, glauben: Alles was ich tun muss, ist, mir ein Bild dessen zu machen, was ich will und daran zu glauben, dass es in Erfüllung geht. Glauben ist der erste Schritt. Wenn wir einmal wissen, was wir wirklich wollen, dann müssen wir aber auch einen Plan entwickeln, wie wir unsere Absichten durch unsere Gedanken konkretisieren und durch unsere Handlungen materialisieren können.

Wenn es eine Schwäche an der sogenannten New Age-Bewegung gibt, dann ist es die Verschwendung von Zeit, in der viele Menschen nur träumen, anstatt ihren Träumen Füße zu verleihen. Wir müssen verstehen, was getan werden muss, wir müssen es tun wollen und dann müssen wir handeln, Eins, Zwei, Drei und dann werden die sogenannten Wunder in eine sichtbare Form gebracht.

Athleten träumen z. B. davon, an den Olympischen Spielen teilzunehmen. Sie haben diesen Traum, sie träumen ihn morgens und nachts, wenn sie essen und wenn sie schlafen, sie hängen sich Bilder an den Kühlschrank, an die Badtür und an den Schrank, aber wenn sie keinen Plan haben, wie sie ihren Körper entwickeln und trainieren, dann werden es eben nur Bilder an der Badtür bleiben. Der Sportler muss genauso wie wir zunächst ein Bild davon erschaffen, was er will, dann einen Plan entwickeln, wie er sich auf sein Ziel vorbereiten kann und schließlich muss er diesen Plan in die Tat umsetzen, um sich tatsächlich seinen Traum zu erfüllen. Manche Leute sitzen stattdessen da und warten, bis der liebe GOTT ihnen ein neues Auto in den Schoß fallen lässt oder ein neues Haus oder einen neuen Partner oder Kinder oder was auch immer.

Wir sind Teil des Schöpfungsprozesses und unsere Vorstellungen können extrem beeindruckend sein, aber wenn sie nicht aus der Theorie in einen Aktionsplan übergehen und dann in die Tat umgesetzt werden, werden sie nicht zur Wirklichkeit. Wir können davon reden zum Mond zu fliegen, aber wenn wir keinen Plan erstellen, uns nicht ausdenken, wie wir ein Raumschiff vom Boden wegbekommen und dann nicht beginnen, es wirklich zu bauen und es schließlich ins Weltall zu schießen, dann wird es nie den Mond erreichen, und es wird ein Traum bleiben.

GOTT möchte, dass wir glücklich sind, aber wir selbst sind dafür verantwortlich, die Gaben, die in unserer Seele angelegt sind, zum Ausdruck zu bringen und den Schritt in die Manifestation zu tun.«

NACHWORT VON MARKUS LANGHOLF

Der Workshop mit Isa und Yolanda geht zu Ende. Nach dem Workshop fängt der Alltag wieder an. Was nehmen wir mit, was trägt uns durch die extrem beschleunigten und unübersichtlichen Bewusstseinsprozesse in uns und um uns herum? BEDINGUNGSLOSE LIEBE. Klar. Das haben wir gelesen. Liebe zur Wahrheit in uns selbst. Okay. Das haben wir gehört. Das haben wir verstanden. Vielleicht. In einer Welt in der sich alles immer verändert, bleibt die stille Liebe im Zentrum des Herzens der einzige Ruhepol. BEDINGUNGSLOSE LIEBE. Gut und schön. Die Botschaft hören wir wohl. Während eines Releasing-Workshops gelingt es auch leichter sie zu leben, doch wie sieht es allein und im Alltag aus?

Loslassen allein reicht dann nicht, sondern verantwortliches Handeln muss hinzukommen, wenn unser Leben gelingen soll, wie auch Isa und Yolanda in ihrem Schlusswort ja gerade noch einmal betont haben.

Wenn es eins gibt, was 25 Jahre internationale Releasing-Erfahrung lehren, dann ist es dies: Die gesamten Altlasten der Vergangenheit sind durch uns selbst einst erst geschaffen worden, weil wir nicht auf unsere Seele gehört hatten. Deshalb hatten wir *nicht getan, was unsere Seele tun wollte* und deshalb hatten wir *getan, was unsere Seele nicht tun wollte*.

Manche Lehrer haben diesen Zusammenhang auch »Karma« genannt. Tatsächlich sind es die Konsequenzen eines *Handelns* und *Nicht-Handelns* ohne Bewusstsein und Liebe, die uns in Form von Erinnerungen, Bildern, Gedanken, Gefühlen und Gewohnheiten nachgehen und die nun erkannt und losgelassen werden müssen.

Releasing beginnt bei der Sensibilisierung des individuellen Bewusstseins, damit Menschen wieder feinfühlig, durchlässig, transparent und hellhörig für ihre Seele und den unsichtbaren Zusammenhang des Lebens werden. Dann können sie ihre Lebensentscheidungen ausgewogen und weise treffen. Die Sensibilisierung für die Seele bewirkt eine Klärung der Wahrnehmung und führt zur Unterscheidung zwischen Schein und Sein, Illusionen und Wirklichkeit im Beruf, in Beziehungen und in allen anderen Lebensbereichen.

Gleichzeitig loslassen und so weitermachen wie bisher geht nicht. Wer es unterlässt, sich von Handlungen zu verabschieden, die von der eigenen Seele nicht mehr getragen werden, und wer nicht dort aktiv wird, wo die Seele von Innen danach drängt sich auszudrücken, handelt ohne Liebe und Verantwortung für sich selbst. Gefragt sind unsere Entscheidungen. Entscheidungen mit Herz. Entscheidungen aus der Mitte der Seele. Was wir brauchen sind viele kleine und große neue *schöpferische Lebensentscheidungen*, die der Entfaltung der Seele, dem Wachstum des Bewusstseins und der Einheit des Lebens auf der Erde dienen. Was wir brauchen sind immer mehr mutige Menschen, die mit ihrem Leben für die tiefsten Träume und höchsten Ziele ihrer Seele einstehen und die sich gegenseitig dabei unterstützen. Nur in unserem eigenen Bewusstsein und nicht draußen in der Welt finden die wahren Kämpfe um die Zukunft unserer Kinder, der Erde und unserer eigenen Seele statt. Wenn wir unseren Seelenschatten durch Liebe neutralisieren und überwinden, sind auch die Möglichkeiten im äußeren Leben wieder grenzenlos. Es gibt schon viele Biographien, die diese Weisheit verkünden. Jetzt ist die Zeit reif, unsere eigene Geschichte vom Sieg des lebendigen Geistes und der Liebe in den brennenden Buchstaben unseres Herzens neu zu lesen und zu schreiben. Nur Mut!

Deshalb mag es für den Leser nach Beendigung der Lektüre Zeit sein, nach Innen zu hören und in Stille Bilanz zu ziehen: Was möchte ich loslassen? Wohin zieht es mein Herz? Zu welchen Entscheidungen rät mir meine Seele? Für welche Veränderungen in meinem Leben ist die Zeit reif geworden?

Ängste und Widerstände, die beim Entdecken der inneren Antworten und später in der Realisierungsphase neuer Entscheidungen auftauchen, können dann allein, mit Hilfe von spirituellen Freunden oder geschulten Releasing-Lehrern losgelassen werden. Allerdings ist Releasing auch nicht für alle Menschen gleichermaßen geeignet.

Die Releasing-Arbeit von Isa und Yolanda ist ein sehr intensiver und damit schneller Weg der Erweiterung des Bewusstseins.

Als Selbsthilfe-Methode ist diese Arbeit nur geeignet für geistig gesunde Menschen, die bereit sind für ihre Gefühle, ihre Entscheidungen und ihr ganzes Leben verantwortlich zu sein. Entgegen eines verbreiteten Vorurteils bedeutet ein spirituelles Leben nicht Weltflucht, sondern ist nur für Menschen möglich, die mit beiden Beinen fest auf dem Boden stehen und die in der Lage sind ihr materielles Leben selbstverantwortlich zu bewältigen. Menschen mit physischen, psychischen und geistigen Erkrankungen, Menschen mit starken Sucht-Problematiken und alle Menschen, die aus welchen Gründen auch immer, dauerhaft auf die professionelle Hilfe anderer Menschen angewiesen sind, sollten unbedingt vor ihrem ersten Releasing-Versuch die Rücksprache mit ihren Therapeuten, Ärzten und Helfern und die Aussprache mit den betreffenden Releasing-Lehrern suchen, da Releasing in einigen Fällen für Menschen eben auch zu intensiv und schnell und damit nicht geeignet sein kann.

Für alle ernsthaften Interessenten soll an dieser Stelle deshalb der Hinweis genügen, dass der spirituelle Pfad auch eine Vielzahl von Prüfungen und Gefahren bereit hält, derer man sich bewusst sein sollte. Dazu gehören beispielsweise die extremen Möglichkeiten, dass das persönliche Alltags-Bewusstsein durch eine Inflation von Inhalten aus dem Unterbewussten überfordert wird und dann mit der Integration nicht mehr nachkommt, oder die Gefahr, dass sich das persönliche Ich-Bewusstsein Erfahrungen höherer Zustände zu eigen macht und es zu einer Aufblähung des Egos mit pseudo-spirituellen Attitüden und Deformationen der Persönlichkeit kommt.*

---

* siehe hierzu auch das Buch von Christian Scharfetter:
   »Der spirituelle Weg und seine Gefahren«

Menschen, die sich durch Releasing angezogen fühlen, sollten deshalb wissen, dass es wohl wunderbar ist, uralte seelische Lasten endlich loslassen zu können, dass der Pfad zur dauerhaften Realisierung der höheren Bewusstseinszustände wie z.B. Liebe, Freude, innerem Frieden oder Erleuchtung aber vor allen Dingen Ausdauer, Stetigkeit und Geduld, Geduld und immer wieder neue Geduld voraussetzt.

Loslassen hilft den Abgrund zwischen den hohen spirituellen Idealen der Seele und den oft hartnäckigen und widersprüchlichen nur allzu menschlichen Veranlagungen der Persönlichkeit mit Humor zu meistern, über sich selbst lachen zu können und geduldig und gelassen zu sein.

Dank der unermüdlichen Reise- und Seminaraktivitäten von Isa und Yolanda in den zurückliegenden 25 Jahren gibt es mittlerweile ein nicht organisiertes, locker verzweigtes Netzwerk von Releasing-Lehrern: *The next Generation of Releasing!* Getreu der Devise: *Lasst viele Blumen im Garten des EINEN blühen*, findet sich zwischen autodidaktischen Naturtalenten und anerkannten Fachkräften eine bunte Palette engagierter Releasing-Lehrer mit den unterschiedlichsten Lebensläufen und Berufsbildern.

Im professionellen Rahmen wird Releasing bereits heute von einer wachsenden Zahl von Ärzten, Therapeuten und Heilpraktikern zur Unterstützung in der Prävention und Rehabilitation oder von Coaches, Kreativen und Pädagogen zur Begleitung bei kreativen Prozessen und von vielen anderen Verantwortungsträgern in verschiedenen gesellschaftlichen Bereichen zur Verbesserung sozialer Kompetenz und Teamfähigkeit eingesetzt.

Die große Kreativität, individuelle seelische Qualitäten zu entwickeln und Releasing mit unterschiedlichen beruflichen Qualifikationen zu kombinieren ist der gemeinsame Nenner vieler engagierter Releasing-Lehrer der *Next Generation of Releasing*.

Die nächste Generation des Releasing sind die über den ganzen Planeten verstreuten »Früchte der geistigen Saat« von Isa und Yolanda. *Die nächste Generation des Releasing* antwortet durch vielfältige kreative und spirituelle Lebensentwürfe auf den Ruf der Liebe, die sie durch das Lebenswerk von Isa und Yolanda empfangen hat. *Die nächste Generation des Releasing* sind ungezählte spirituelle Söhne und Töchter, die allein aus Liebe zur Erde in dieses Leben gekommen sind. *Die nächste Generation des Releasing* ist, im vollen Bewusstsein der christlichen Botschaft der Liebe, auch in Kontakt mit den großen, wunderbaren spirituellen Meistern und Avataren aller Traditionen, die zur Zeit überall auf der Erde einem sanften Wandel von Erde und Menschheit dienen. *Die nächste Generation des Releasing sind alle Menschen*, deren Herz beim Denken an Releasing Funken sprüht. *Die nächste Generation des Releasing* seid ihr und sind wir alle. *Die nächste Generation des Releasing* lädt alle Menschen ein, die Illusion der Dualität zu durchschauen, sich in der *Mitte der Achse zur QUELLE des Lebens* zu zentrieren, das alte Spiel von Schüler und Meister zu transzendieren und gemeinsam aufzustehen!

Interessierten Lesern, die mit Releasing-Lehrern Kontakt aufnehmen möchten, empfehlen wir bei ihrer Auswahl folgende Kriterien zu berücksichtigen:

· Wieviele Jahre Releasing-Erfahrung bringt der Releasing-Lehrer mit?
· Ist der Releasing-Lehrer durch eine andere Ausbildung, beispielsweise als Psychologe, Pädagoge, Coach, Sozialarbeiter oder Arzt und Heilpraktiker für Beratung und Arbeit mit Menschen qualifiziert?
· Ist der Releasing-Lehrer in den Austausch, die Supervision und Weiterbildung mit einem Netzwerk anderer Releasing-Lehrer eingebunden?
· Ist der Releasing-Lehrer als Mensch transparent? Gerade Isa und Yolanda sind ein überzeugendes Beispiel dafür, dass eine authentische Spiritualität auch zu größerer Menschlichkeit und Natürlichkeit führt. Releasing-Lehrer stiften keine Hierarchien, sondern sind in ihrer eigenen Menschlichkeit erkennbar und überzeugen durch eine dienende Haltung.

Entscheidend für die Auswahl des Releasing-Lehrers ist die

persönliche »Chemie« zwischen den Beteiligten. Wenn Grundvertrauen nicht von Beginn an da ist, wird es sich auch später nicht mehr einstellen.

Zur Erinnerung: Releasing bedeutet loszulassen, im Zweifelsfall sollte man sich deshalb nicht scheuen, auch die Releasing-Lehrer wieder loszulassen und dem inneren Lehrer, der eigenen Seele, zu vertrauen.

Und…? – Was kommt nach dem Loslassen? Das Loslassen loslassen.

Wer nur die vielen Inhalte des Bewusstseins wie Gedanken, Gefühle, Bilder loslässt, ohne dabei die Bewusstseinsebene zu hinterfragen, auf der diese Inhalte kreiert wurden, kann Gefahr laufen, sich im *selbst erzeugenden Teufelskreis der Aktivität des menschlichen Geistes* (mind) zu verlaufen. Insofern kann auch Releasing als psychologische Selbst-Beschäftigungstherapie des menschlichen Geistes missbraucht werden.

Es ist der rastlose, unruhige, an Sprache und Denken gebundene menschliche Geist, der die Illusion eines von der Schöpfung getrennten Ichs erzeugt.

Tatsächlich besteht die größte Herausforderung beim Loslassen darin, sich der ununterbrochenen Aktivität des menschlichen Geistes überhaupt bewusst zu werden und die durch sie erzeugte Illusion eines getrennten Ichs aufzugeben. Dazu bedarf es der Stille. Stille lässt sich nicht herstellen. Sie ist. Stille ist das Urwort aus der Quelle allen Lebens, das die Schöpfung stetig hervorbringt, verwandelt und erhält. Nur in Stille zeigt sich die Paradoxie des Lebens als Ausdruck eines einzigen Seins. Die Trennung von Beobachter und Beobachtetem löst sich auf und Frieden kehrt in die Seele ein.

Die Anmut und Schönheit der Releasing-Arbeit besteht gerade auch darin, dass sie sich selbst nicht zu ernst nimmt und sich selbst transzendieren kann.

Am Anfang des Weges ist Releasing ein Schlüssel, durch den die Seele Mut zum Leben bekommt. Dann öffnet sich das Tor zum Höheren Selbst und Releasing gibt den Blick frei auf die Gipfel des Bewusstseins. Wer auch diese Schwelle überschreitet und zielstrebig weiter zum »Tempel des ALLERHÖCHSTEN GEISTES« geht, lässt alle Widerstände los, *nichts* und *niemand* Besonderes mehr sein zu wollen. Erst wer neutral am *Nicht-Sein* geworden ist, kann entdecken, wer er wirklich ist.

Damit löst sich schließlich auch die Illusion eines Weges auf und wir erfahren die Vollkommenheit jedes einzelnen Augenblicks. Dem gibt es nichts hinzuzufügen. *Im Lächeln eines Kindes liegt das ganze Geheimnis von GOTT.*

Ich danke dem Leser, uns bis hierher gefolgt zu sein. Es ist Zeit, für heute das Buch zur Seite zu legen und raus ins Leben spielen zu gehen.

Mögen alle Wesen sich an das eine Selbst der Liebe erinnern,
dazu erwachen und wieder glücklich sein…

In tiefer Dankbarkeit, mit Liebe und Respekt, Ihr und Euer

MARKUS LANGHOLF, Windeck an der Sieg, 1.11.2002

DANKSAGUNG DES HERAUSGEBERS

Der Geist eines überall auf der Erde gleichzeitig entstehenden und durch Liebe zur Erde getragenen neuen kollektiven Bewusstseins manifestiert sich in der Welt durch die Zusammenarbeit gleichgesinnter Menschen. Allein Teil dieses gemeinsamen Erwachens und Arbeitens sein zu dürfen bringt Körper, Geist und Seele zum Schwingen. Voller Freude möchte ich deshalb allen Beteiligten »Danke« sagen.

Ich glaube nicht, dass das Wirken von Isa und Yolanda mit Worten ausreichend zu beschreiben ist. Wenn ich bedenke, dass Isa und Yolanda sich in den nahezu 20 Jahren, in denen ich sie kenne, Mitgefühl gegenüber allen menschlichen Zuständen bewahrt haben und gleichzeitig mit leuchtender Klarheit die Präsenz der BEDINGUNGSLOSEN LIEBE DES ALLERHÖCHSTEN GEISTES durch sich haben wirken lassen, kann ich die wahre Leistung ihrer Seelen höchstens ahnen und mir fallen keine angemessenen Worte ein, um »Danke« zu sagen. Trotzdem: »Danke Isa und Yolanda für den Weg, den ihr in Demut immer weiter geht und für den es auf der Erde keine Worte gibt. Danke, dass Ihr die Bahn frei gemacht habt für die vielen Seelen, die mit und nach Euch ›back home‹ gehen können. Danke für das *Rollenmodell* der Harmonie von weiblicher und männlicher Energie. Danke für alles, was ihr einst gewesen seid, jetzt seid und immer sein werdet. Wie die Wüste manchmal Regen braucht, um Oasen zum Blühen zu bringen, so haben wir Euch gebraucht und wir möchten, dass Ihr wisst, dass wir nicht nur Euch persönlich danken, sondern Eure Botschaft verstanden haben und die Liebe dafür in uns und überall auf der Erde immer mehr wächst und mit Euch geht, wo immer ihr seid.«

Nach Isa und Yolanda geht mein Dank an erster Stelle an meine Co-Pilotin und Co-Redakteurin Dorothee Saalfeld, die das Raumschiff

dieses Buches mitunter zielsicher allein weitergeflogen hat, wenn der Kapitän mal wieder in Parallel-Universen unterwegs war. Ohne ihre Brillianz, ihre Liebe, Hingabe, unermüdliche Ausdauer und außergewöhnliche Geduld gäbe es dieses Buch sicherlich nicht. Möge ihr Einsatz durch Liebe multiziplier auf sie zurückkommen!
Danke an Detlef Saalfeld für die luziden Photos, für das Mit-uns-sein und dafür, dass hier nicht mehr Worte nötig sind.

Mit großer Freude über das Erscheinen dieses Buches senden meine Frau Angela und ich einen besonderen Dank an alle spirituellen Freunde und Förderer, die uns und unserer Arbeit vertraut haben und den Produktionsprozess dieses Buches und den Aufbau der *Visionswerkstatt Cap Sizun* durch ihren mutigen und liebenden Einsatz unterstützt haben. Wir senden unseren Dank an alle, die hier keine namentliche Erwähnung finden, deren Liebe und Verbundenheit uns aber ständig begleitet. Danke!
Eine vollständige Namensliste würde den Rahmen sprengen und deshalb seien stellvertretend für viele nur Edeltraut, Ina und Helmut, Christoph und Claudia, Alfred, Detlef K., Brigitta, Franz und Ulla, Kunigunde und Claudia, Ute, Tina, Margit, Jörinde, Elisabeth, Volker und Marianne genannt.

Manche sagen auch »die Wahrheit ist der Vater, die Liebe ist die Mutter und Freude heißt das Kind des Lebens«. Falls da etwas dran ist, musst Du irgendwas mit der Freude zu tun haben, Katharina! Danke Dir und und den drei jungen Helden an Deiner Seite für Alles!

Danke an das Übersetzerteam der vergangenen vier Jahre: Anita Bachmann, Erna Seewald-Maus, Ann Krusi, Ghislaine Hinton, Dorothee Saalfeld und Barbara Kroll. Sie haben mit großem Idealismus viele verschiedene fragmentarische Materialien aus den USA für eine spätere Überarbeitung für dieses Buch vorbereitet. Sie mussten undankbare Arbeit leisten und konnten in bester spiritueller Tradition nie wissen, ob die Früchte ihrer Arbeit auch sichtbar werden würden.

Einen großen Sonnengruß und Dank an Barbara Kroll auch für ihre einzigartig klare, dienende und liebende Arbeit der internationalen Koordination der Releasing-Aktivitäten und ihre Verdienste für eine fließende Kommunikation zwischen dem Herausgeber, Autorenteam und Isa und Yolanda, je nach dem in welchem Winkel unseres Planeten die beiden sich gerade aufgehalten haben.

Dank auch an Dr. Michael Ryce, der für dieses Buch die Originalversion des Releasing-Arbeitsbogens zur Verfügung gestellt hat.

Ein herzliches »Danke-Schön« auch an Nina Hagen, Sinnead O´Connor, Van Morrisson, Leonard Cohen, Neil Young, John Lennon, Hölderlin, Nietzsche, Echnaton, Doris Dörrie, Geronimo, Hermann Hesse, Paulo Coelho, R.M.Rilke, Novalis, Moby, meine Professoren aus dem verkannten Hildesheim, Neale Donald Walsh, David R. Hawkins, Yoda und die kastrierten Yedi-Ritter, die Delphine von Ile de Sein und andere Künstler des Lebens für die Inspiration auf dem Weg…

Und dann wäre da noch ein ganz besonders schön geschmücktes »Dankeschön« für die großartige Verlegerin dieses Buches, Frau Cornelia Linder! Viele größere Verlage wollten das Buch haben und Cornelia musste es völlig loslassen, bevor es zu ihr zurück kam. Wo gehört ein Buch über Loslassen hin, wenn nicht in Deinen Verlag! Danke für den außergewöhnlichen Geist der Zusammenarbeit!

Lasst uns alle gemeinsam den Job beenden, für den wir gekommen sind!

Ich danke dem EINEN und ALLEM WAS IST, dass ich Seine Präsenz in meinem Leben schon früh bewusst erfahren durfte, sie mein Herz gestohlen hat, mir den Weg gewiesen und mich nie verlassen hat und das einzige ist, woran ich auch in Zukunft gerne weiter festhalten würde...

THEMENVERZEICHNIS

RELEASING IM ALLTAG

Name: Datum:

1. REFLEXION

1.1. Ich habe offensichtlich mein Gleichgewicht verloren, weil ...
(schreibe den Anlass mit dem Namen der betreffenden Person,
dem Ort, der Sache oder dem Ereignis auf!)

....

....

....

1.2. Dies löst folgende Gefühle in mir aus: ....

....

.... Skizziere spontan ein Bild deiner Gefühle!

1.3. Negative Gedanken, die hinter diesen Gefühlen stehen, sind:.. (entdecke die negativen Selbstbilder, die du in deinem Unbewussten aufrecht erhältst. Wo verhältst du dich dir selbst gegenüber so, wie du es einer anderen Person vorwirfst und schreibe es auf!)

....

....

1.4 Ich möchte mich selbst und/oder andere bestrafen, indem ich…: ....

....

....

2. LOSLASSEN
Ich möchte, dass es mir besser geht. Ich entscheide mich jetzt Verantwortung für mich selbst
zu übernehmen (laut aussprechen). Meine persönliche Realität wird durch meine Gedanken
geschaffen. Wenn ich meine negativen Muster und Programme loslasse und meine Gedanken verändere, wird sich auch meine Realität verändern (laut aussprechen und durch einen
tiefen Atemzug bekräftigen).

2.1. Ich lasse los meine negativen Gefühle von (s.1.2.) ....

.... (laut aussprechen und tief durchatmen)

2.2. Ich lasse los meine negativen Gedanken wie (s.1.3.) ....

....

2.3. Ich lasse los darauf zu bestehen, Recht zu haben und zu bestrafen durch (s.1.4) ....

....

AFFIRMATION:
Ich bin bereit friedlich zu leben, glücklich zu sein und die Heilung geschehen zu lassen. Ich entscheide mich den Zustand der Liebe in meinen Gedanken wieder herzustellen.

3. SELBSTTEST
Ein liebender Gedanke, den ich für die Person (s.1.1) habe, ist: ....

....

4. ERKENNTNIS
4.1. Ich bin nicht ärgerlich auf diese Person, Sache, Geschehen sondern auf eine Realität in mir. Ich wähle jetzt, Verantwortung für alle meine Realitäten zu übernehmen. Jede Realität in meinen Gedanken ist veränderbar (aussprechen!).

4.2. Was ich in dieser Situation (1.1) und in meinem Leben wirklich vermisst habe und was mir fehlt, ist

....

4.3. Ich erkenne, dass diese Mangelzustände nur deshalb in meinem Bewusstsein existieren konnten, weil ich die Quelle der Liebe meiner Seele vergessen hatte. Ich bin jetzt bereit, mich wieder an mein wahres Selbst zu erinnern und mich mit der Fülle der Liebe zu verbinden.

4.4. Ich lasse los meine negativen Gedanken und schmerzhaften Gefühle aufgrund früherer Ereignisse, in denen ich mangelnde Achtung und Liebe erfahren hatte, und ich bin jetzt bereit, mich selbst zu lieben und zu achten.

4.5. Ich lasse jetzt die Abhängigkeiten los, die ich gegenüber den betreffenden Menschen (1.1) in meinem Leben empfunden habe. Ich erkenne, dass meine enttäuschten Erwartungen Projektionen gewesen sind.

4.6. Ich bitte für mein Ungleichgewicht um Vergebung und vergebe mir selbst (laut aussprechen und durchatmen).

4.7. Ich bin es wert erfüllt, erfolgreich und glücklich zu sein.

4.8. Ich öffne mich, um aus der Quelle des Lebens mit allem versorgt zu werden, was ich wirklich brauche.

4.9. Ich danke dem ALLERHÖCHSTEN GEIST für die Hilfe beim *Loslassen* und *Verwandeln* meiner schmerzhaften Realität.

4.10. Ich fühle jetzt ....

und ich sehe jetzt ....

.... Skizziere jetzt deine Gefühle!

4.11. Ich verbinde mich jetzt mit der Liebe in dir (s. 1.1) und bin bereit, mit dir ....

....

Dieser Arbeitsbogen wurde ursprünglich von Dr. Michael Ryce entwickelt und mit seiner freundlichen Genehmigung für dieses Buch aktualisiert.
dr. michael ryce, c/o Rt.3, Box 3280, Theodosia, MO 65761 www.whyagain.com 417273-48938®1992

SEVEN LAWS OF LIFE

»Know your true identiy and go forth as a sun of god.«

»Love your opposition into submission.«

»Rise above your negative self and slay the beast.«

»You are your own slave driver – free yourself.«

»Smite the personality with the sword of Gabriel.«

»Blame not yourself nor others for your plight
but proceed to rectify the cause.«

»Go straight to the Temple of SPIRIT OF THE MOST HIGH
shorn of that which you thought you were.«

SIEBEN GESETZE DES LEBENS

»Erkenne deine wahre Identität und schreite voran als Sonne GOTTES.«

»Liebe was immer dir entgegensteht bis zur Ergebung.«

»Erhebe dich über dein negatives Selbst und erschlage die Bestie.«

»Du bist dein eigener Sklaventreiber – befreie dich selbst.«

»Erschlage die Persönlichkeit mit dem Schwert Gabriels.«

»Klage weder dich selbst noch andere für dein Missgeschick an,
sondern ergründe die Ursache und bereinige die Situation.«

»Gehe direkt zum Tempel des HÖCHSTEN GEISTES,
bar dessen, was du zu sein glaubtest.«

A UNIVERSAL PRAYER

»Spirit Most High, I love you
and I open myself to receive your love.«

»Spirit friends, I love you
and I open myself to receive your love.«

»Each one here, I love you
and I open myself to receive your love.«

»*(Your own name)*, I love you
and I open myself to receive your love.«

»All of Life, I love you
and I open myself to receive your love.«

»Spirit Most High, we ask that you bless,
amplify and synchronise our love with you.
We give thanks this day, for everyone here,
for our community, our nation and our world.
We radiate our love to bless all of life.
And so it is.«

EIN UNIVERSELLES GEBET

»Allerhöchster Geist – ich liebe Dich,
und ich öffne mich, um Deine Liebe zu empfangen.«

»Geist-Freunde – ich liebe euch,
und ich öffne mich, um eure Liebe zu empfangen.«

»Jeder einzelne von euch – ich liebe dich,
und ich öffne mich, um deine Liebe zu empfangen.«

»*(Dein eigener Name)*, ich liebe dich,
und ich öffne mich, um deine Liebe zu empfangen.«

»Alles Leben, ich liebe dich,
und ich öffne mich, um deine Liebe zu empfangen.«

Allerhöchster Geist, wir bitten Dich, unsere Liebe zu segnen,
sie zu verstärken und auf Dich einzustimmen.
Wir danken Dir für diesen Tag, für jeden einzelnen hier,
für unsere Gemeinschaft, unsere Nation und unsere Welt.
Wir strahlen unsere Liebe aus, um alles Leben zu segnen.
Und so ist es.

LINDWALL FOUNDATION

»… um die Dunkelheit der Vergangenheit in die Liebe und das Licht der Zukunft umzuwandeln.«
aus »The Children of the Light« von Dr. E. E. Lindwall

Die *Lindwall Foundation, Inc.* wurde im Februar 1998 von Dr. E. E. und Ruth Lindwall gegründet, um an der Realisierung der planetarischen Vision einer »erleuchteten weltumfassenden Gemeinschaft« auch in der Zukunft mitzuwirken.

Die *Lindwall-Foundation* strebt danach, das individuelle und kollektive menschliche Bewusstsein anzuheben und dadurch die Qualität menschlichen Lebens auf der Welt zu verbessern durch:

· die Verbreitung der Lindwall-Releasing-Methode;
· die Unterstützung der Arbeit ähnlicher Organisationen weltweit.

Neben der finanziellen Unterstützung der Releasing-Arbeit der Lindwalls sind die Ziele der Organisation:

· Aufbau eines internationalen Netzwerks gleichgesinnter Menschen im Dienste der Förderung höchster menschlicher Qualitäten;
· Sammlung, Forschung und Vernetzung neuester Erkenntnisse weltweit, die dasselbe Ziel wie die *Lindwall-Foundation* anstreben;
· Bereitstellung von Informationen für die Allgemeinheit in Form von Vorträgen, Seminaren, Beratungen, Internet, Büchern und anderen Medien;
· Schulung interessierter Menschen durch Workshops, Handbücher und andere Medien;

· Ausbildung von Releasing-Lehrern weltweit für die Leitung von Workshops und persönlichen Beratungen.

Das Ziel dieser Tätigkeiten ist es, Menschen in Methoden zu schulen, die ihnen helfen, die Vergangenheit zu heilen, um erfüllter, glücklicher, kreativer und produktiver in der Gegenwart zu leben. Die *Lindwall-Foundation* stellt ihre Dienste allen Interessierten zur Verfügung – unabhängig von Rasse, Glaubensrichtung oder Nationalität.

Die *Lindwall Foundation, Inc.*, gegründet 1998, ist eine staatlich anerkannte gemeinnützige Non-Profit-Organisation. Entsprechend den Gesetzen der U.S. Regierung werden alle Mittel, die nach Abzug der Jahresausgaben für die Arbeit übrigbleiben, als Subvention an andere non-profit Organisationen vergeben, deren Ziele mit denen der Lindwall-Foundation übereinstimmen.

Seit 1996 sind die Lindwalls, unterstützt von freiwilligen Helfern, vorwiegend im Süden Afrikas, in Süd- und Mittelamerika tätig. Die wirtschaftliche Situation in diesen Ländern erlaubt es den Menschen oft nicht einmal, die sehr geringen Workshopgebühren zu zahlen. Da die entstehenden Unkosten durch die Workshopeinnahmen nicht gedeckt werden können, werden Spendengelder benötigt, damit die Arbeit allen, die sie benötigen, weiterhin zugänglich gemacht werden kann.

Lindwall Foundation, Inc.
P. O. BOX 20604, Hot Springs · Ar. 71913, USA

info@lindwallreleasing.org · www.lindwallreleasing.org

VISIONSWERKSTATT CAP SIZUN

LOSLASSEN · WISSEN · GESTALTEN

»Eine neue Sonne geht über der Erde auf – eine Sonne, die neu gesehen wird.«

Die *Visionswerkstatt Cap Sizun* ist ein internationales Seminarhaus und Anlaufstelle für alle Menschen, die von der Releasing-Arbeit von Dr. E. E. Isa Lindwall und R. Yolanda Lindwall begeistert sind. Das Seminarhaus ist ein altes charmantes Dorfhotel in bretonischer Natursteinbauweise mit eigener Quelle, Sauna, Kamin, dem großen früheren Hochzeitssaal des Ortes und einem weitläufigen Garten mit verschiedenen Terrassen zum Spielen, Feiern und Erholen. Es liegt auf dem von drei Seiten vom türkisfarbenem Atlantik umspieltem Cap Sizun, einer abgelegenen, ursprünglich, wild und wunderschön gebliebenen Landzunge im milden Golfklima der südwestlichen Bretagne. Die *Visionswerkstatt Cap Sizun* entstand unter der geistigen Patenschaft von Isa und Yolanda und wird von Markus und Angela Langholf und Katharina Hahn-Engelhardt geleitet. Was ist die Aufgabe der Visionswerkstatt?

Die *Visionswerkstatt Cap Sizun* ist eine kulturpädagogische Initiative und dient dem gesellschaftlichen Dialog und der Versöhnung zwischen rationalen und intuitiven, männlichen und weiblichen, wissenschaftlichen und spirituellen Perspektiven und der Entwicklung eines integrierten, aufgeklärten und holistischen Bewusstseins.

Der Delphin als Sinnbild und Galionsfigur der *Visionswerkstatt Cap Sizun* veranschaulicht die Einheit der Gegensätze: Als im Wasser lebendes Säugetier, das das Licht aus der väterlichen Hemisphäre von oben aufnimmt und in die Tiefe der mütterlichen Meere trägt, hält er durch seinen Atem die beiden Hälften der Schöpfung im Gleichgewicht.

Die Impulse der Visionswerkstatt Cap Sizun verstärken sich in dem Maße, in dem Menschen wagen, die Vergangenheit *loszulassen*, zu *wissen*, wer sie sind und wer sie nicht sind, und in dem sie den gesellschaftlichen Wandel des Bewusstseins und die Verbesserung der Lebensbedingungen für sich selbst und andere aktiv *gestalten*.

Die Prinzipien des *liebenden Loslassens*, des *nicht-wissenden Wissens* und des *dienenden Gestaltens* besitzen das Potenzial alle gesellschaftlich relevanten Lebensbereiche wie Politik, Wirtschaft und Management, Ökologie, Familie, Erziehung und Bildung, Natur- und Geisteswissenschaften, Religion, Medizin, Alternative Medizin, Körper- und Psychotherapie, Medien, Literatur, Theater, Film, Kunst, Musik, Jugendkultur, Handwerk, Architektur und Design von ökonomischen Zwängen zu befreien und den Weg in eine lebenswerte Zukunft der Menschheit zu weisen.

Die *Visionswerkstatt Cap Sizun* manifestiert sich durch Vorträge, Seminare, Ausbildungen, Internetauftritte, künstlerische Produktionen wie Bücher, Filme, CDs, Ausstellungen, Bildungsreisen, Tagungen und internationale Netzwerkarbeit.

Die *Visionswerkstatt Cap Sizun* lädt besonders alle Fachkräfte und Verantwortungsträger ein, die in ihrem Leben und Arbeiten durch die Releasingarbeit von Dr. E. E. und Ruth Lindwall inspiriert sind, sich mit ihr zu vernetzen, neue Arbeitsfelder aufzubauen, eigene Seminare anzubieten und das Projekt der *Visionswerkstatt Cap Sizun* mit zu gestalten.

Die *Visionswerkstatt Cap Sizun* bietet das Know-How über die Systematik, Gesetze und Phasen schöpferischer Bewusstseins- und Gestaltungsprozesse. Sie begleitet, schult und fördert Menschen von der Idee über die Entwicklung bis zur Manifestation bei der Realisierung ihrer tiefsten Lebensträume in allen Altersstufen.

Die *Visionswerkstatt Cap Sizun* ist ein lebendiges Labor für die Erforschung eines erweiterten menschlichen Bewusstseins und innovativer authentischer Lebensentwürfe. Sie ist Atelier, Bühne, Studio und Übungsraum für alle Künste, Lebenskünstler und ein Forum für interdisziplinären Gedankenaustausch über den globalen Bewusstseinswandel.

Ausbildungen zum Releasing-Lehrer: Gegenwärtig finden während der deutschen Schulferien neben Kreativ-Seminaren auch regelmäßig einwöchige Seminare innerhalb der Ausbildung zum Releasing-Lehrer statt. Jeder Wochenblock hat verschiedene Schwerpunkte wie Theorie und Praxis des Releasing-Prozesses, Wahrnehmungsschulung, Theorie und Praxis von Gestaltungsprozessen, Ausdruckstraining, Didaktik und Supervision von Einzelberatung und Gruppenleitung. Jedes Seminar beinhaltet verschiedene Elemente wie Releasing-Sitzungen, Bühnenarbeit, Improvisations- und Präsentationsübungen, kreatives Schreiben und Gestalten und Outdoor-Übungen während regelmäßiger Exkursionen zu den einzigartigen Küsten, Landschaften und Inseln der Bretagne.

Wer sich auf den Weg in die Bretagne macht, reist zu den spirituellen Wurzeln Europas und begibt sich auf eine Pilgerreise zu seinem wahren Selbst.

Katharina Hahn-Engelhardt
Schwarzwaldstraße 10 · 77654 Offenburg
fon: 0781 9664876 · fax: 0781 9664877
e-mail: leilossen@web.de

Markus & Angela Langholf
PF 1239 · 51557 Windeck
fon: 02292 9599105 · fax 02292 9599104
e-mail lasslos@aol.com · info@releasing.de
www.releasing.de

LINKS

Isa und Yolanda haben bisher Workshops in folgenden Ländern gegeben: Ägypten, Australien, Bolivien, Brasilien, Deutschland, England, Finnland, Frankreich, Griechenland, Irland, Italien, Indien, Japan, Kanada, Karibik, Kroatien, Lesotho, Lettland, Litauen, Luxemburg, Namibia, Neuseeland, Österreich, Paraguay, Peru, Rumänien, Russland, Schottland, Schweden, Schweiz, Slovenien, Südafrika, Tahiti, Tschechoslowakei, Ungarn, USA, Zimbabwe

Informationen zu Kontaktadressen bzw. Workshops mit Isa und Yolanda in diesen Ländern:

- www.barbarakroll.de
  die web-site von Barbara Kroll, die weltweit die »Freedom through Releasing« Workshops von Isa und Yolanda koordiniert.
  Barbara Kroll · Solmsstr. 38 · 10961 Berlin
  fon: 030 6944523 · fax: 030 69598956
  e-mail: releasing@barbara kroll.de

- www.lindwallreleasing.org
  die web-site der Lindwall-Foundation, Inc.
  P. O. BOX 20604, Hot Springs · Ar. 71913, USA
  e-mail: info@lindwallreleasing.org

Informationen zu Releasing-Seminaren und -Ausbildungen des Herausgebers:

- www.releasing.de
  die web-site des Herausgebers Markus Langholf und seiner Frau Angela mit Informationen über ihre Seminare und die Visionswerkstatt Cap Sizun
  Markus & Angela Langholf
  PF 1239 · 51557 Windeck
  fon: 02292 9599105 · fax 02292 9599104
  e-mail lasslos@aol.com · info@releasing.de

Info zur Visionswerkstatt Cap Sizun und ihr Netzwerk der Releasing-Lehrer:
Katharina Hahn-Engelhardt · Schwarzwaldstraße 10
77654 Offenburg · fon: 0781 9664876
fax: 0781 9664877 · e-mail: leilossen@web.de

weitere Links

- www.concepttherapy.org
  die web-site des Konzept-Therapie-Instituts

- www.powervsforce.com
  die web-site über die Arbeit David R. Hawkins'
  Isa und Yolanda empfehlen euch, unbedingt diese website zu besuchen.

- www.cl-releasing.de
  die web-site von Christof Langholf, der zu den erfahrensten Releasing-Lehrern in Deutschland gehört. Er bietet, teilweise mit seiner Frau Katrin gemeinsam, schon seit vielen Jahren erfolgreich Releasing-Seminare an und vermittelt von ihm ausgebildete Releasing-Lehrer
  Christof Langholf · PF 1121 · 31077 Sibbesse
  fon: 05065 963168 · e-mail: info@cl-releasing.de

- Henrik Langholf ist Dipl. Pädagoge und mit Isa und Yolanda und der Releasing-Bewegung ebenfalls seit den frühen 80er Jahren vertraut. Gemeinsam mit seiner Frau Helen bietet er Releasing-Seminare an.
  Henrik und Helen Langholf, Lorettastraße 54, 79100 Freiburg, fon: 0761 1377372 · fax: 0761 1377370
  e-mail: helenariel@learningfromtheheart.com

- www.whyagain.com
  die web-site von Dr. Michael Rice, aus dessen Feder der Arbeitsbogen »Reality-Management« stammt, auf dem der Arbeitsbogen »Releasing im Alltag« basiert.
  dr. michael ryce, c/o Rt.3, Box 3280, Theodosia, MO 65761 www.whyagain.com 417273-48938®1992

BUCHEMPFEHLUNGEN

RELEASING:

- Markus Langholf: »Der Pfad des lebendigen Geistes - Loslassen!« – Ein philosophischer Reiseführer durch die inneren Welten. Ein bereits in der 3. Auflage auch als Nachschlagewerk beliebtes Buch zum Erkennen und Bestehen von Schlüsselsituationen auf dem spirituellen Weg. Mit ausführlichen Listen zum Loslassen. Sheema-Medien-Verlag, 2002, ISBN 3-931560-02-3
- Andrea Köster: »Releasing - kann die Seele fliegen« Andrea Köster ist Psychologin und öffnet durch dieses Buch Releasing auch für den wissenschaftlichen Diskurs. In ihrem Buch begleitet sie 8 Menschen in Form von spannenden Interviews während ihrer Persönlichkeitsentwicklung durch Releasing und dokumentiert die positive Wirkung dieser Arbeit. Sheema-Medien-Verlag, 2002, ISBN 3-931560-09-0
- Christof Langholf: »Ich lasse los« – Das Erfahrungsbuch für innere Heilung und spirituelles Wachstum Christof Langholf ist Psychologe und arbeitet in seinem Buch besonders den therapeutischen Nutzen der Releasing-Methode heraus. Durch zahlreiche Beispiele und viele praktische Übungen nimmt er den Leser an die Hand und gibt leicht nachvollziehbare und wertvolle Hilfestellungen auf dem Pfad der Entwicklung des Bewusstseins durch Loslassen. Verlag Hermann Bauer, Freiburg im Breisgau, 2001
- Sabine Tress: »Die Reise der Heldin« Das Abenteuer der Selbstfindung Sabine ist Kulturpädagogin, erfahrene Seminarleiterin und kennt Isa und Yolanda und Releasing ebenfalls schon seit den frühen 80er Jahren. In diesem Buch beschreibt sie mit großer Sachkunde und Liebe das Abenteuer der Selbstfindung, besonders aus der weiblichen Perspektive und gibt viele praktische Beispiele und Übungen zum Thema Loslassen. Erscheint 2003.

WEITERE BUCHEMPFEHLUNGEN:

- David R. Hawkins, M.D., Ph.D.: »Power versus Force - The Hidden Determinants of Human Behavior.« Hay House, 2002, ISBN: 1561709336 In Deutsch: »Die Ebenen des Bewusstseins. Von der Kraft, die wir ausstrahlen« VAK Verlags GmbH, 1997, ISBN 3-932098-02-1 David Hawkins ist eine Ausnahmeerscheinung und vereinigt in seiner Person die intellektuelle Redlichkeit und plausible Gedankenführung eines in den USA hochangesehenen Psychotherapeuten mit den höchsten Graden spiritueller Verwirklichung. Ohne die geheimnisvolle Aura mancher spiritueller Lehren und Lehrer präsentiert er mit großer Sachlichkeit eine schnörkellose Spiritualität mit dem Wissen über die Struktur des Bewusstseins und den Prozess des Bewusstseinswachstums. Sein Buch »Die Ebenen des Bewusstseins« dokumentiert die kinesiologische Methode, mit Hilfe derer wir nachprüfbare »Ja« oder »Nein« Antworten auf Fragen erhalten können. Hawkins Forschung und Erkenntnisse gründen auf seiner über 20-jährigen Erfahrung mit dieser Arbeit und liefern umfassende wissenschaftliche Erklärungen dafür, wie und warum diese Methode wie auch der Loslassprozess, den Isa und Yolanda entwickelt haben, wirkt. Dieses Buch ist ein »Muss« für alle Releaser und sein Material gehört zu den Grundlagen der Ausbildung zum Releasing-Lehrer in der Visionswerkstatt Cap Sizun.
- David R. Hawkins, M.D., Ph.D.: »The Eye of the I« Verlag Veritas Publishing, ISBN 0-9643261-9-1
- Dr. Thurman Fleet: »Rays of the Dawn« – Natural Laws of the Body, Mind and Soul (Strahlen der Morgenröte – Natürliche Gesetze von Körper, Geist und Seele) Dieses Buch wird von Isa und Yolanda auch als Studienbuch für Wahrheitssucher und Gruppenarbeit empfohlen.

LINKS

Isa und Yolanda haben bisher Workshops in folgenden Ländern gegeben: Ägypten, Australien, Bolivien, Brasilien, Deutschland, England, Finnland, Frankreich, Griechenland, Irland, Italien, Indien, Japan, Kanada, Karibik, Kroatien, Lesotho, Lettland, Litauen, Luxemburg, Namibia, Neuseeland, Österreich, Paraguay, Peru, Rumänien, Russland, Schottland, Schweden, Schweiz, Slowenien, Südafrika, Tahiti, Tschechoslowakei, Ungarn, USA, Zimbabwe

Informationen zu Kontaktadressen bzw. Workshops mit Isa und Yolanda in diesen Ländern:

- www.barbarakroll.de
  die web-site von Barbara Kroll, die weltweit die »Freedom through Releasing« Workshops von Isa und Yolanda koordiniert.
  Barbara Kroll · Solmsstr. 38 · 10961 Berlin
  fon: 030 6944523 · fax: 030 69598956
  e-mail: releasing@barbara kroll.de
- www.lindwallreleasing.org
  die web-site der Lindwall-Foundation, Inc.
  P. O. BOX 20604, Hot Springs · Ar. 71913, USA
  e-mail: info@lindwallreleasing.org

Informationen zu Releasing-Seminaren und -Ausbildungen des Herausgebers:

- www.releasing.de
  die web-site des Herausgebers Markus Langholf und seiner Frau Angela mit Informationen über ihre Seminare und die Visionswerkstatt Cap Sizun
  Markus & Angela Langholf
  PF 1239 · 51557 Windeck
  fon: 02292 9599105 · fax 02292 9599104
  e-mail lasslos@aol.com · info@releasing.de

Info zur Visionswerkstatt Cap Sizun und ihr Netzwerk der Releasing-Lehrer:
Katharina Hahn-Engelhardt · Schwarzwaldstraße 10
77654 Offenburg · fon: 0781 9664876
fax: 0781 9664877 · e-mail: leilossen@web.de

weitere Links

- www.concepttherapy.org
  die web-site des Konzept-Therapie-Instituts
- www.powervsforce.com
  die web-site über die Arbeit David R. Hawkins'
  Isa und Yolanda empfehlen euch, unbedingt diese website zu besuchen.
- www.cl-releasing.de
  die web-site von Christof Langholf, der zu den erfahrensten Releasing-Lehrern in Deutschland gehört. Er bietet, teilweise mit seiner Frau Katrin gemeinsam, schon seit vielen Jahren erfolgreich Releasing-Seminare an und vermittelt von ihm ausgebildete Releasing-Lehrer
  Christof Langholf · PF 1121 · 31077 Sibbesse
  fon: 05065 963168 · e-mail: info@cl-releasing.de
- Henrik Langholf ist Dipl. Pädagoge und mit Isa und Yolanda und der Releasing-Bewegung ebenfalls seit den frühen 80er Jahren vertraut. Gemeinsam mit seiner Frau Helen bietet er Releasing-Seminare an.
  Henrik und Helen Langholf, Lorettastraße 54, 79100 Freiburg, fon: 0761 1377372 · fax: 0761 1377370
  e-mail: helenariel@learningfromtheheart.com
- www.whyagain.com
  die web-site von Dr. Michael Rice, aus dessen Feder der Arbeitsbogen »Reality-Management« stammt, auf dem der Arbeitsbogen »Releasing im Alltag« basiert.
  dr. michael ryce, c/o Rt.3, Box 3280, Theodosia, MO 65761 www.whyagain.com 417273-48938®1992

BUCHEMPFEHLUNGEN

RELEASING:
- Markus Langholf: »Der Pfad des lebendigen Geistes - Loslassen!« – Ein philosophischer Reiseführer durch die inneren Welten. Ein bereits in der 3. Auflage auch als Nachschlagewerk beliebtes Buch zum Erkennen und Bestehen von Schlüsselsituationen auf dem spirituellen Weg. Mit ausführlichen Listen zum Loslassen. Sheema-Medien-Verlag, 2002, ISBN 3-931560-02-3
- Andrea Köster: »Releasing - kann die Seele fliegen« Andrea Köster ist Psychologin und öffnet durch dieses Buch Releasing auch für den wissenschaftlichen Diskurs. In ihrem Buch begleitet sie 8 Menschen in Form von spannenden Interviews während ihrer Persönlichkeitsentwicklung durch Releasing und dokumentiert die positive Wirkung dieser Arbeit. Sheema-Medien-Verlag, 2002, ISBN 3-931560-09-0
- Christof Langholf: »Ich lasse los« – Das Erfahrungsbuch für innere Heilung und spirituelles Wachstum Christof Langholf ist Psychologe und arbeitet in seinem Buch besonders den therapeutischen Nutzen der Releasing-Methode heraus. Durch zahlreiche Beispiele und viele praktische Übungen nimmt er den Leser an die Hand und gibt leicht nachvollziehbare und wertvolle Hilfestellungen auf dem Pfad der Entwicklung des Bewusstseins durch Loslassen. Verlag Hermann Bauer, Freiburg im Breisgau, 2001
- Sabine Tress: »Die Reise der Heldin« Das Abenteuer der Selbstfindung Sabine ist Kulturpädagogin, erfahrene Seminarleiterin und kennt Isa und Yolanda und Releasing ebenfalls schon seit den frühen 80er Jahren. In diesem Buch beschreibt sie mit großer Sachkunde und Liebe das Abenteuer der Selbstfindung, besonders aus der weiblichen Perspektive und gibt viele praktische Beispiele und Übungen zum Thema Loslassen. Erscheint 2003.

WEITERE BUCHEMPFEHLUNGEN:
- David R. Hawkins, M.D., Ph.D.: »Power versus Force - The Hidden Determinants of Human Behavior.« Hay House, 2002, ISBN: 1561709336 In Deutsch: »Die Ebenen des Bewusstseins. Von der Kraft, die wir ausstrahlen« VAK Verlags GmbH, 1997, ISBN 3-932098-02-1 David Hawkins ist eine Ausnahmeerscheinung und vereinigt in seiner Person die intellektuelle Redlichkeit und plausible Gedankenführung eines in den USA hochangesehenen Psychotherapeuten mit den höchsten Graden spiritueller Verwirklichung. Ohne die geheimnisvolle Aura mancher spiritueller Lehren und Lehrer präsentiert er mit großer Sachlichkeit eine schnörkellose Spiritualität mit dem Wissen über die Struktur des Bewusstseins und den Prozess des Bewusstseinswachstums. Sein Buch »Die Ebenen des Bewusstseins« dokumentiert die kinesiologische Methode, mit Hilfe derer wir nachprüfbare »Ja« oder »Nein« Antworten auf Fragen erhalten können. Hawkins Forschung und Erkenntnisse gründen auf seiner über 20-jährigen Erfahrung mit dieser Arbeit und liefern umfassende wissenschaftliche Erklärungen dafür, wie und warum diese Methode wie auch der Loslassprozess, den Isa und Yolanda entwickelt haben, wirkt. Dieses Buch ist ein »Muss« für alle Releaser und sein Material gehört zu den Grundlagen der Ausbildung zum Releasing-Lehrer in der Visionswerkstatt Cap Sizun.
- David R. Hawkins, M.D., Ph.D.: »The Eye of the I« Verlag Veritas Publishing, ISBN 0-9643261-9-1
- Dr. Thurman Fleet: »Rays of the Dawn« – Natural Laws of the Body, Mind and Soul (Strahlen der Morgenröte – Natürliche Gesetze von Körper, Geist und Seele) Dieses Buch wird von Isa und Yolanda auch als Studienbuch für Wahrheitssucher und Gruppenarbeit empfohlen.

Geschrieben ist es von dem Lehrer, der Isa und Yolanda maßgeblich beeinflusst hat und es bietet klares Wissen über die Zusammenhänge und Gesetzmäßigkeiten von Körper, Geist und Seele.
Siehe ebenfalls »Rays of the Dawn Study Guide«
Concept-Therapy Institute, 2000
ISBN: 0967184509 (bisher nur auf Englisch)

- Neale Donald Walsch
  Goldmann Verlag
  »Gespräche mit Gott« Band 1
  ISBN 3-442-33737-6
- »Gespräche mit Gott« Band 2
  ISBN 3-442-33612-0
- »Gespräche mit Gott« Band 3
  ISBN 3-442-33627-9
- »Freundschaft mit Gott«
  ISBN 3-442-33632-5
- »Gemeinschaft mit Gott«
  ISBN 3-442-33647-3

Es gibt viele Bücher, die für sich in Anspruch nehmen göttlichen, transzendenten Ursprungs zu sein. Nach Überzeugung von Isa und Yolanda und vielen erfahrenen Releasing-Lehrern auf der ganzen Welt kommt den Büchern von Neale Donald Walsch eine herausragende Stellung zu. Wer auch immer der wahre Autor dieser Bücher sein mag: Er zeichnet sich durch eine lebensnahe, warmherzige, witzige und intelligente Schreibweise aus, die die Bücher auch literarisch zum reinen Vergnügen machen.

- David Bohm: »Die Implizite Ordnung«
  David Bohm war Professor für theoretische Physik. In seinem Werk »Die Implizite Ordnung« versucht er sich auf der Grundlage von Relativitätstheorie und Quantentheorie an der Hypothese einer einheitlichen Deutung unserer multidimensionalen Schöpfung. Nach Auskunft von Isa und Yolanda nähern sich seine Gedanken sehr weit der Struktur der Wirklichkeit wie sie selbst sie durch ihre Arbeit und ihr Leben erfahren haben.
  Goldmann Verlag, ISBN 3-442-14036-6

- Christian Scharfetter: »Der spirituelle Weg und seine Gefahren« Christian Scharfetter ist Professor für Psychologie in Zürich. In diesem Bändchen beschreibt er vor dem Hintergrund alter spiritueller Traditionen wie dem Buddhismus die bekannten Risiken und Gefahren des spirituellen Weges. Besonders die Unterscheidung zwischen selbstsüchtigen, im weitesten Sinn magischen und selbstlosen spirituellen Wegen ist von herausragender Bedeutung für eine seriöse Unterscheidung und Orientierung auf dem unübersichtlichen Marktplatz der neuen Spiritualität.
  Georg Thieme Verlag, ISBN 3-13-124135-7

- Three Initiates: »The Kybalion – Hermetic Philosophy« Ein von Isa und Yolanda empfohlenes Buch mit den wichtigsten Informationen zum Thema »universale Prinzipien«
  Yogi Publication Society
  Die folgenden 3 Bücher haben Isa und Yolanda auf ihrem Weg mit Freude und Gewinn gelesen und möchten sie den Lesern weiterempfehlen:

- Phyllis V. Schlemmer und Mary Bennet:
  »The only Planet of Choice«
  Gateway Books; Bath, ISBN 1-85860-023-5
- Normann Friedmann: »Bridging Science and Spirit«
  Living Lake Books, ISBN 0-9636470-0-8
- John Peniel: »The lost teachings of Atlantis«
  ISBN 0-9660015-0-8
- Paul H. Ray, PH.D. und Sherry Ruth Anderson, Ph.D
  »The cultural Creatives«
  »The cultural Creatives« ist eine aufsehenerregende Studie aus den USA. Darin weisen die Autoren nach, dass es neben den an der Vergangenheit orientierten

»Traditionalisten« und dem neuesten Trend folgenden »Modernisten« eine bereits über 50 Millionen Menschen umfassende Gruppe von »Kreativen« in der westlichen Gesellschaft gibt. Diese Kreativen sind dadurch charakterisiert, dass sie sich selbst die Werte für ihr Handeln geben und ihr Leben an Werten ausrichten. In den Medien und der öffentlichen Wahrnehmung ist diese Gruppe bislang unterrepräsentiert. Es besteht demnach aber überhaupt kein Grund mehr, in den privaten Nischen spiritueller Einzelkämpfer zu verharren, sondern, wenn man diesem Buch glauben darf, ist die Zeit für alle wertorientierten Menschen reif, sich zu vernetzen und gemeinsam für eine lebenswerte Zukunft einzutreten.

Three Rivers Press, ISBN 0-609-80845-1

MUSIK
»Children of Light«
CD zu beziehen über die Lindwall-Foundation
Isa: »Es war 1995 auf der Insel Ischia im Mittelmeer. Da kamen plötzlich diese erstaunlichen Worte durch mich und wunderschöne Melodien erklangen um mich herum. Ich rief Yolanda und sagte ihr: Yolanda, etwas kommt durch mich, das absolut unglaublich ist. Und sie sagte: Schnell, schreib es auf. Ich nahm ein Blatt Papier und schrieb das Lied, das ich hörte, auf. Man sagte mir, dass dieses Lied in die Welt hinausgehen soll, um diejenigen von uns zusammenzurufen, die Kinder des Lichtes sind und die versuchen Aufklärung und Erleuchtung auf den Planeten zu bringen.«

BÜCHER AUS DEM SHEEMA-MEDIEN-VERLAG

DEM FACHVERLAG FÜR RELEASING UND MEHR

**DER PFAD DES LEBENDIGEN GEISTES
– LOSLASSEN!**
Ein philosophischer Reiseführer durch die inneren Welten und ein bereits in der 3. Auflage bei Releasern beliebtes Nachschlagewerk zum Erkennen und Bestehen seelischer Schlüsselsituationen auf dem spirituellen Pfad. Mit praxisnahen Listen der wichtigsten Themen zum Loslassen in den verschiedenen Lebensphasen!
Der Releasing-Klassiker für alle Wahrheitssucher!
von Markus Langholf
Paperback, 245 Seiten, EUR 18,00
ISBN 3-931560-02-3
Sheema-Medien-Verlag 2002

RELEASING – KANN DIE SEELE FLIEGEN?
Eine Studie über die Wirksamkeit von Releasing anhand von 8 Fallbeispielen
von Andrea Köster, Dipl. Psychologin
Im Mittelpunkt dieses Buches, das die Releasing-Arbeit vor dem Hintergrund der humanistischen Psychologie reflektiert und für den wissenschaftlichen Diskurs geöffnet hat, stehen acht Menschen, die in sehr persönlichen Gesprächen über ihre Erfahrungen mit Releasing berichten. Lebensgeschichten, die das Herz berühren, mitfühlen lassen und Mut machen.
Paperback, 260 Seiten, EUR 18,00
ISBN 3-931560-09-0
Sheema-Medien-Verlag 2002

JULIUS SIEHT MEHR
Eine phantastische Reise ins Innenland
von Bettina Oehmen
Dies ist die Geschichte von Julius, der zusammen mit dem Mädchen Fe spannende und lustige Abenteuer erlebt. Durch die Begegnung mit dem »Grünen Auge« entwickelt sich seine Intuition und er erkennt, dass durch die Kraft der Liebe seines Herzens, alles sogenannte Böse besiegt werden kann.
Ein Buch für LeserInnen aller Altersstufen.
Gebundene Ausgabe, 267 Seiten, EUR 15,50
ISBN 3-931560-12-0
Sheema-Medien-Verlag 2001

Detaillierte Informationen zu allen Büchern erhalten Sie im Internet unter
www.sheema.de